은퇴상담

Virginia E. Richardson 저

이장호 · 김연진 · 김현주 · 여정숙 · 오경민 · 윤석주 · 이은경 · 이회란 · 정선화 · 조성자 공역

Retirement Counseling
by Virginia E. Richardson, Ph.D.

역자 서문

이 책은 공동번역진 중 최고령인 이장호 교수의 제안으로 단국대학교 상담심리 전공 박사과정생들로 이루어진 단국대 노인상담연구회 회원들의 첫 공동작품이다.

Virginia Richardson 교수의 『Retirement Counseling』은 노인복지가 발달한 일본에서 이미 번역되어 보급된 책이고, 원서가 15년 전 출간되어 비교적 오래된 책이다. 그렇지만 바야흐로 초고령국가로 줄달음치고 있는 우리나라에서 필요한 기본 참고서로 판단되어 번역작업에 착수하였다.

원서 중 우리나라 실정과 거리가 있는 2개 장(아프리카계 미국인 은퇴자 및 소수민족계 은퇴자 관련)을 제외한 9개 장을 윤석주(제1장), 여정숙(서문, 제2장), 이은경(제3장), 이회란(제4장), 정선화(제5장), 조성자(제6장), 오경민(제7장), 김연진(제8장), 이장호(제9장)의 공역자가 번역초고를 작성하였다. 이후 상호 교차교정 작업을 거친 후, 김현주 선생이 이은경, 여정숙 선생 책임의 용어정리 및 종합 윤문 팀에 합류하여 번역작업이 모두 마무리될 수 있었다.

이 같은 공동작업 과정에서, 참여한 상담심리 전공 동료들 간의 우의가 더욱 돈독해졌을 뿐만 아니라, 노인상담 분야 공부의 한 축을 함께 일궈 냈다는 기쁨을 공역진은 자랑스럽게 나누고 싶다.

아울러 이 번역서가 출간됨으로써 우리나라 은퇴노인상담 및 노인복지 활동가들에게 유익한 하나의 참고서로 활용되기를 바라며, 이 책 번역의 공동참여자들은 앞으로도 노인상담 분야 연구와 관련 활동에 계속 기여할 것임을 기약하는 바다.

끝으로, 본서의 출판 과정에서 여러 노고를 아끼지 않은 학지사의 김진환 사장님과 편집부 직원 여러분에게 감사드린다.

2008년 4월

단국대 노인상담연구회 일동

저자 서문

은퇴라는 현상은 점차 증가되어 가고 있는 추세다. 미국에서 은퇴한 남자와 여자의 수는 증가되고 있으며, 1946년과 1964년 사이에 출생한 베이비붐 세대가 나이를 먹어 감에 따라 그 증가는 계속될 전망이다. 약 2천5백만 명 정도가 1990년도에 은퇴노동자로서 노령유족보험을 지급받고 있다(Blumental, 1991). 공무원, 주정부와 지역행정부 소속 공무원, 철도 노동자를 포함하면 은퇴자 수는 3천9백만 명이 된다(미국 통계청, 1991). 45~54세 사이의 은퇴한 남자의 비율은 1950년에 4.2%에서 1980년에 9.2%로 증가하였으며, 55~64세 연령그룹에서는 그 비율이 배가 되었다. 65세 이상 그룹에서는 1950년에 54.2%에서 1980년에 84.2%가 되었다(Zopf, 1986). 1990년에는 여자가 91.3% 남자가 83.6%였다(Committee on Ways & Means, 1991). 또한 은퇴 이후에 보내야 하는 햇수도 증가하였다.

1900년에 은퇴기간은 남자가 11.3년, 여자가 12년이었다. 1980년에는 남자가 14년, 여자가 18.4년이었으며 2040년까지는 남자가 15.6년(1940년과 비교할 때 31% 증가), 여자가 20.6년(1940년과 비교할 때 54% 증가)으로 증가될 전망이다(Morris & Bass, 1988).

은퇴에 관한 읽을 자료는 아주 많다. 지난 20년 동안 많은 노인학자들이 기고한 것을 포함하여 은퇴에 관해 많은 정보를 제공하는 대중적, 학문적 자료들이 있다. 그 자료들의 주제는 은퇴 전 계획, 은퇴 결정, 은퇴 적응, 은퇴가 건강과 여가에 미치는 영향, 은퇴 정책 등에 집중되어 있다. 최근에는 은퇴가 여자, 흑인, 남미계 등 소수 인종 집단에게는 다르다는 점으로 관심의 방향이 전환되고 있다.

비록 많은 사람들이 은퇴에 잘 적응하고 은퇴를 긍정적인 말로 표현하고 있지만 문제를 경험하는 사람들도 상당수 있다. 여성과 흑인들은 은퇴기간 동안, 특히 경제적 문제에 더욱 취약하다. 상반되는 자료도 있기는 하지만, 남성들보다는 여성들이 은퇴 적응에 더 많은 어려움을 겪는다(Jaslow, 1976). 은퇴한 흑인들 역시 일생 동안 겪어 온 수입 차별의 결과와 사적인 연금을 제공하는 직장에서 일할 확률이 적기 때문에 경제적인 문제에 취약하다(Palmore, Burchett, Fillenbaum, Geourge, & Wallman, 1985). 타의로 은퇴하는 사람들, 즉 사직당하거나, 해고당하거나, 퇴직연령에 이르거나, 병든 경우 등도 은퇴 문제에 취약하다.

그러한 문제를 가진 은퇴자들의 수는 과소평가되어 있다. 은퇴에 관한 대개의 연대기적 연구는 은퇴자들에 관한 정보를 수집하기 위하여 자가보고를 사용하였다(Murray, 1979; Palmore, 1974; Parnes, 1981; Simpson & McKinney, 1966). 이러한 상황에서 자가보고로 얻은 자료의 타당성은 신뢰하기 어렵다. 카스텐슨과 코운(1983)은 응답자들이 삶의 만족도와 행복도에 관하여 사회적으로 바람직하다고 여기는 것들의 영향을 받아서 응답하였다는 사실을 발견하였다. 실제로 현재 노령의 연령대는 우울감이나 고통의 감정을 숨기려는 경향이 있기 때문에 사회적으로 바람직한 응답을 하려는 경향이 강하다(Edinberg, 1985; Hooyman & Kiyak, 1988; Tobin, 1988; Zarit, 1980). 많은 연구자들은 노인들이 심리적 고통에 관한 증상을 호소하는 것보다 신체적 증상을 호소하는 것이 더 편안하다고 느끼는 것으로 보고한다(Hooyman & Kiyak, 1988). 리차드슨과 킬티(1988)도 우울한 것이 확연한 서너 명의 대상에게 설문하고 그들이 삶의 만족도에 긍정적으로 응답한 구조적인 설문조사의 타당성에 의문을 제기한다. 그들은 구조적 설문은 너무 많은 허위 응답을 초래한다는 점과 깊이 있는 질적 설문으로 은퇴에 관한 좀 더 포괄적 이해 자료를 수집할 수 있다는 결론을 내렸다.

은퇴에 관한 관심이 증가하는데도 불구하고 그들에게 서비스를 제공하는 사회기관은 거의 없다. 일반적인 노인에 관한 전문적 서비스는 많아졌지만 은퇴자들을 주 대상으로 하는 것은 아니다. 은퇴 전 상담에 관하여서는 많은 정보가 있지만, 심리적 개입, 사회사업, 노인병에 관하여서는 최소한의 정보가 있을 따름이다.

이 책의 목적은, 첫째로 은퇴기간 동안 사람들이 겪는 문제에 관하여 전문 상담가들의 의식을 향상시키고, 둘째로 은퇴자들이 이러한 문제를 다루도록 도울 수 있는 개입전략을 추천하기 위한 것이다. 은퇴상담의 일반적인 모형과 특정 하위그룹과 관계된 구체적 제안이 소개되어 있다. 또한 이 책은 노인을 대상으로 일하며 정상적인 노화의 변화에 익숙한 전문상담가를 대상으로 하며, 대부분의 사람들은 은퇴에 잘 적응하지만 소수는 문제를 경험한다는 가정을 기초로 한다. 어떤 그룹이 은퇴에 가장 취약하며, 그들의 문제는 무엇이고, 어떻게 그들을 도울 수 있을지에 관하여는 알려진 바가 거의 없다.

이 책은 서너 가지 통합적 개념 위에 조직되었다. 첫째로 환경과 개인의 영향을 인정하는 심리적 관점에 기초한다. 사회적 문제는 상황 안에서의 개인이라는 관점에서 고찰되었다. 빈곤과 정책문제와 같은 사회구조적 요인들은 개인의 대처기술, 개인적 취향, 사회적 지지와 마찬가지로 개인에게 영향력을 미친다고 본다. 둘째로 이론과 실제가 모두 존중되었다. 이론적인 작업은 은퇴자들의 문제에 관한 이해를 증진시키며 삶의 질을 향상시키는 방법을 제안할 수 있다. 연구 결과들은 은퇴문제를 찾고 정의하며, 취약한 그룹을 알아내고 개입전략을 제안한다. 개입전략은 의견이나 통찰, 노인과 은퇴 그룹에 관한 전형에 근거하기보다는 자료와 이론에 근거해야 한다. 마지막으로 은퇴에 관한 정확한 이해를 개발하기 위해서 양적인 자료와 질적인 자료가 모두 필수적이다. 양적인 자료는 은퇴자들의 수입, 결혼상태, 은퇴 만족도, 은퇴기간의 시간활용 등과 같은 특정한 의문에 관한 중요한 자료를 제공하는 반면에 사례들은 은퇴 경험에 관한 더 깊이 있는 설명을 제공한다. 참가자들의 신분이 노출되지 않도록 이름은 모두 가명이 사용되었다.

이 책은 네 부분으로 나누어졌다. 제1부는 은퇴에 관하여 개념적인 논점을 개관한다. 제1장은 개념으로써 은퇴의 의미와 은퇴를 어떻게 정의할 것인가에 대한 논점을 다루고 있다. 은퇴를 내담자의 관점에서 바라보는 것에 대한 중요성을 강조하며, 은퇴에 관한 내담자의 관점을 평가하는 도구를 제공한다. 제2장에서는 은퇴 적응에 관한 이론과 그 강점과 약점을 다룬다. 제3장에서는 은퇴의 단계, 즉 은퇴 이전, 은퇴 결정과 은퇴 적응을 살펴본다. 제2부는 은퇴 개입을 중점으로 한다. 제4장은 은퇴 개입의 일반적인 모형을 소개한다. 제5장은 은퇴 전 상담을 다룬다. 제6장은 은퇴 결정 상담을 살펴보고, 제7장은 은퇴 적응 상담에 초점을 둔다. 제3부에서는 은퇴 문제와 여성의 은퇴 개입에 대하여 알아본다. 제8장에서는 여성에 관한 은퇴 개입문제를 점검해 보고, 제9장에서는 은퇴와 은퇴상담의 미래에 대하여 이야기한다.

참고문헌

Blumenthal, R. (1991). *OASDI Beneficiaries by State and County.* Social Security Administration Publication No. 13-11954. Washington, DC: U.S. Department of Health and Human Service.

Carstensen, L., & Coyne, J. (1983). Social desirability and the measurement of psychological well-being in elderly persons. *Journal of Gerontology, 38,* 713-715.

Committee on Ways and Means, U.S. House of Representatives. *Overview of Entitlement Programs: 1991 Green Book.* (1991). Washington, DC: U.S. Goverment Printing Office.

Edinberg, M. (1985). *Mental health practice with the elderly.* Englewood

〈역자 주〉 원서에서는 아프리카계 미국인과 소수인종의 문제를 다루었으나 번역서에서는 우리나라 사정과 합치되지 않아 그 내용은 다루지 않았다.

Cliffs, NJ: Prentice-Hall.

Hooyman, N., & Kiyak, H. (1988). *Social gerontology: A multidisciplinary approach.* Needham Height, MA: Allyn and Bacon.

Jaslow, P. (1976). Employment, retirement and morale among older women. *Journal of Gerontology, 31*, 212-218.

Kilty, K., & Richardson, V. (1987). [Qualitative interviews from adjustment to retirement project]. Raw unpublished data.

Morris, R., & Bass, S. A. (Eds.). (1988). *Retirement reconsidered: Economic and social roles for older people.* New York: Springer Publishing Co.

Murray, J. (1979). Subjective retirement. *Social Security Bulletin, 42*, 1-7.

Palmore, E. (Ed.). (1974). *Normal aging II*. Durham, NC: Duke University.

Palmore, E., & Burchett, B., Fillenbaum, G., George, L., & Wallman, L. (1985). *Retirement: Courses and consequences.* New York: Springer Publishing Co.

Parnes, H. (1981). *Work and retirement.* Cambridge, MA: MIT Press.

Richardson, V. (1989). Social work practice and retirement. *Social Casework, 70*(2), 210-218.

Richardson, V., & Kilty, K. (1988, November). *The effects of gender and time on adjustment to retirement.* Paper presented at the annual meeting of the Gerontological Society, San Francisco.

Simpson, I., & McKinney, J. (Eds.). (1966). *Social aspects of aging.* Durham, NC: Duke University Press.

Tobin, S. (1988). Preservation of the self in old age. *Social Casework, 69*, 550-555.

U.S. Bureau of the Census. (1991). *Statistical abstract of the United States: 1991* (111th ed.). Washington, DC: US Government Printing Office.

Zarit, S. (1980). *Aging and mental disorders.* New York: The Free Press.

Zopf, P. E., Jr. (1986). *America's older population.* Houston: Cap and Gown Press.

CONTENTS

역자 서문 / 3
저자 서문 / 5

1부 | 은퇴의 개념적 주제들 / 13

제1장 은퇴의 의미 / 15
제2장 은퇴 적응의 이론들 / 49
제3장 은퇴의 단계 / 81

2부 | 은퇴 개입 / 113

제4장 은퇴 개입 모델 / 115
제5장 은퇴 전 상담 / 147
제6장 은퇴 결정 상담 / 173
제7장 은퇴 적응 상담 / 197

3부 | 은퇴 여성, 그리고 은퇴상담의 미래 / 237

제8장 여성과 은퇴 / 239
제9장 은퇴와 은퇴상담의 미래 / 267

찾아보기 / 279

제 1 부

은퇴의 개념적 주제들

1

은퇴의 의미

상담자들은 은퇴가 여러 가지 방법으로 정의된다는 것을 알아야 한다. 은퇴를 어떻게 개념화하고, 해석하고, 운용하는지 알아둠으로써 상담자들이 통제력을 가질 수 있게 된다. 직장을 떠날 것인가, 다른 직업을 모색할 것인가, 연금을 받을 것인가 하는 경제적인 문제에 초점을 둔 은퇴에 관한 해석은 은퇴를 객관적으로 정의한다. 은퇴자들이 사회 내에서 수행할 역할은 사회적 관점을 통해서 가장 잘 이해된다. 여기서 말하는 사회적 관점이란 사회에서 은퇴자에게 기대하는 행동 기준을 정하는 것이다. 사회 현상학적 접근은 은퇴자와 그들의 은퇴 경험의 다양성을 강조한다. 이 장에서는 은퇴 개념의 발달과 정의, 다양한 사례들이 제시된다. 이 사례들은 은퇴 경험의 다양성과 은퇴를 정의하는 것이 대단히 복잡하다는 사실을 보여 준다.

은퇴 개념의 발달

은퇴는 19세기 이전에는 거의 발생하지 않았다. 1700년대는 노인의 70%가 직업을 가졌으며, 지위와 명성을 갖고 있었다(Atchely, 1982; Graebner, 1980). 얼마 후 노동조합이 생겨나고 고참자들의 특권이 요구되자, 고령 노동자에 대한 인식이 변화되었다. 젊은 노동자들은 고령 노동자들의 요구에 불만을 가졌고, 더 많은 일자리와 더 높은 임금을 주장하였다. 고령 노동자가 비용이 많이 든다는 점을 인식하기 시작한 경영진도 이들의 가치에 의문을 품기 시작하였다. 경영자들은 은퇴를 젊은 노동자와 고령 노동자 사이의 긴장을 줄이는 방법으로 보았고, 노동조합은 정년퇴직과 그들의 권리를 교환하였다. 노인은 쓸모없고 쇠약하다는 생각을 반영한 당대의 우세한 이론이 노인들은 무능하다는 생각을 강화시켰다. 결국 정년퇴직 정책은 경영자들과 노동자들에게 폭넓게 수용되었다. 1934년 6월, 의회는 정년퇴직을 의무화하는 철도 퇴직 법안을 만장일치로 통과시켰다. Graebner(1980)는 법안의 원래 취지가 퇴직으로 실업률을 낮추고 고참자를 우대하는 것이었다고 말한다(p. 169). 법안이 통과된 후 개인연금제도가 없었던 당시 많은 노인들이 빈곤에 빠지게 되었다. 경제공황기에 노인들의 빈곤율은 급격히 상승했으며 노인들의 생활조건은 매우 열악해졌다. 이러한 노인 빈곤층의 증가로 1935년 사회보장법령이 통과되었다.

사람들은 점차 은퇴를 호의적으로 생각하기 시작하였다. 은퇴는 강제적으로 요구되거나 불평등한 것이 아니라 평생 열심히 일하여 얻은 권리나 특권으로 이해되었다. 은퇴가 경제적, 사회적 특성을 띤 하나의 현상이 되자, 은퇴자의 역할과 권리와 의무를 규범화하는 집단이 생겨났다. Atchley(1982)는 은퇴자의 경제적 지위가 향상되는 법안이 통과되고 연금이 중요한 요인이 되며, 노동자들이 기대하는 것으로 그려지는 은퇴의 시대가 1965년과 1980년 사이에 도래하였다고 보았다.

한편으로는 나이에 따른 차별에 반대하는 단체들이 1978년에 정년퇴직 연령을 70세로 연장하는 법안을 통과시켰다. 그들은 또한 1986년에 의무퇴직정책을 불법화하는 법안을 마련하였다. 이 단체들은 은퇴가 특권이라는 견해에 의심을 품었다. 즉, 은퇴 정책의 발달 초기에는 인간중심적인 요소가 중요하지만 이후에는 경제적인 요소에 초점을 맞추어야 한다고 주장하였다. 그들은 노인들, 특히 평생 동안 빈곤에 허덕였으며 노년에도 직업을 갖길 원하거나 가져야 하는 사람들이 선택할 수 있는 방법을 궁구하였다.

인구통계의 변화, 직장여성의 증가와 그에 따른 은퇴자의 증가, 변화되는 직업과 여가에 대한 정의는 은퇴의 개념을 계속 변화시켜 갈 것이다. 대부분의 사람들이 미래에는 은퇴가 매우 다르게 정의될 것이라고 믿는다(Morris & Bass, 1988).

은퇴의 경제적 정의

은퇴는 일반적으로 한 사람이 직장을 그만두고 퇴직 연금을 받기 시작하는 경제적 측면의 변화에 초점을 두어 정의되었다.

Atchley(1988)는 '은퇴한 사람'을 ① 주어진 기간 동안 수입이 없는 사람, ② 퇴직 연금을 받는 사람, ③ 1년 내내 직업이 없는 사람으로 정의했다.

이러한 정의는 주류 문화에 분명하게 자리 잡아 왔으나 은퇴기의 삶과 방식의 다양성을 반영하지는 않는다. 몇몇 연구자들은(예를 들면, Gibson, 1987; Howard, Marshall, Rechnitzer, Cunningham, & Donner, 1982; Palmore, George, & Fillenbaum, 1982; Schultz, 1988) 이러한 은퇴의 정의에 관한 문제점을 지적한다. 전통적인 정의는 사회적 변화, 특히 여성의 지위 변화에 발맞추지 못하며, 소수인종에게 적합한가에 관한 의문을 제기한다(Gibson, 1987).

단순히 정규직 노동을 그만둔 것으로 은퇴를 정의하는 것은 은퇴의 문화적, 개인적, 다차원적 측면을 고려하지 못한다고 비판받아 왔다. Kasworm과 Wetzel(1981)은 이러한 일차원적 정의가 생애 주기를 직업역할의 변화로만 파악하고 결혼, 자녀양육과 같은 다른 삶의 역할이 은퇴에 미치는 영향을 고려하지 못했다고 비판했다. 그들은 "성인기의 사람들이 직업역할이라는 한 가지 역할에만 집중한다고 가정하는 것은 인간의 역동적이고 유기체적인 본성과 환경과의 다양한 상호작용을 고려하지 않은 것"(p. 305)이라고 말한다. 예를 들어, 여성들은 아내, 어머니, 가정주부, 자원봉사자, 직업인으로서 여러 가지 역할을 갖고 있다. 그리고 그들은 전 생애를 통하여 각 역할의 변화를 경험한다. 정규직 노동과 급여노동에 초점을 둔 일차원적 은퇴의 정의는 간헐적으로 혹은 시간제로 일하는 여성들과 주부의 생산적인 가사노동을 배제시킨다. 가사노동에서의 은퇴는 전통적 은퇴 논의와 관련이 없는 것으로 여겨져 왔다. Kasworm과

Wetzel(1981)은 은퇴의 다중적 역할 측면을 검토하는 새로운 조작적 정의를 주장하였다.

Gibson(1986, 1987)은 연령, 취업과 실업, 은퇴 자원에서 파생되는 수입 그리고 여타의 객관적 기준으로 은퇴를 구분 짓는 기존의 방법을 비판하였는데, 그 이유는 어떤 범주에도 들지 않는 다수의 흑인 노인을 배제하기 때문이다. 예를 들면, Gibson(1987)과 Jackson과 Gibson(1985)은 은퇴자의 새로운 유형(55세 이상이고 일하지 않고 있는 '은퇴하지 않은 은퇴자 유형')을 확인하였다. 이들은 자신이 은퇴한 것이라고 생각하지 않았다. 그들은 나이에 관하여 일반적인 은퇴자들의 생각과 달랐다. 그리고 그들은 나이와 상관없이 자신을 무능력하게 보았고, 지속적으로 노동을 하지 않았다. Gibson(1987)은 미국 흑인들 사이에 비은퇴자인-은퇴자 상태가 다음과 같은 요인에 기인한다고 결론을 내렸다. 젊은이의 노동과 노인 노동 사이의 불분명한 경계, 은퇴가 아닌 실업상태로 인한 수입의 발생(역자주: 미국 사회보장제도에서 제공되는 빈곤가정 생계비 등으로 추정함), 노년을 비롯한 어떤 나이에도 일할 수 있다는 믿음, 은퇴 대신에 자신을 무력하다고 규정짓는 데서 오는 유익들(역자주: 사회적으로 보호받아야 하는 계층에 속함으로써 국가나 사회로부터 지원을 받을 수 있는 유익을 말하는 것으로 추정). 그녀의 연구는 은퇴에 대한 새로운 개념과 더 타당한 조작적 정의의 필요성을 명백히 보여 준다.

전통적인 은퇴의 정의로는 부분적 은퇴를 설명하기가 어렵다. 은퇴한 노인이라고 해서 모두 무노동 상태에 머물지 않는다. 다수가 새 직장이나 기존 직장으로 돌아가고 또 어떤 사람들은 전적으로 은퇴 역할을 거부한다. 부분적 은퇴에 관하여 깊이 있게 연구된 바는 거의 없다. Scott Beck(1985)은 국가적 차원의 오랜 조사에서 노인의 노동력 참여도를 분석한 결과 다음과 같은 점을 발견하였다. 즉, 남자의 3분의 1은 시간제 혹은 전일제로 취업하였다는 것이다. 이것은 은퇴자의 31%가 어떤 형태로든지 다시 직장으로 복귀하였다는 Morgan(1980)의 연구와 일치한다. 성별의 차이에 관한 Richardson과 Kilty(1988)의 연구에서는 50%에 가까운 표본이 적어도 시간제 직업에 복귀하였다. Honig과 Hanoch(1985)는 부분적 은퇴자들은 완전히 은퇴하거나 은퇴하지 않은 사람들과 몇 가지 면에서 구분된다고 하였다. 부분적 은퇴자들은 사회보장 연금을 받는 데 제한이 있으며, 연금 혜택을 받을 확률이 적고, 전일제로 일하기에는 건강상의 한계가 있다. 또 그들의 평균 자산 정도는 높았고, 그들 배우자들은 수입이 적었다. 이 연구자들은 부분적 은퇴가 전통적인 은퇴 개념과는 구분해서 분석해야 할 특수한 현상이라고 결론 맺었다. Schultz(1988)는 은퇴자를 세 유형, 즉 노동자, 시간제 노동자와 실업자, 완전히 은퇴한 사람으로 분류하여 집계할 것을 제안하였다.

낙심한 늙은 노동자-직업을 원했지만 일할 힘이 없어서 일하기를 포기한 노인(U.S. Department of Labor, 1982)들 역시 은퇴한 것으로 되어 버린 또 다른 집단이다.

Robinson, Coberly와 Paul(1985)은 다섯 명 중에 한 명꼴로 실업이 조기 은퇴의 첫 단계가 된다고 하였다. Bould(1980)는 조기 은퇴가 나이와 상관없이 장기적인 실업을 합리화하는 하나의 수단이 된다는 명백한 증거를 찾았다. 이러한 사람들에게 은퇴는 노동에서부터 벗어나는 용인될 수 있는 방법을 제공하는 것이다. 그들이 은퇴로써 혜택을 받을 수 있으면 그들은 자신을 실업자라고 칭하기보다는 은퇴자라고 할 것이다. 그러나 종종 이러한 사람들도 완전한 은퇴를 원치 않는다.

은퇴의 사회적 정의

은퇴에 대한 사회적 정의는 은퇴가 사람들에게 어떤 의미이며 무엇을 상징하는가에 초점을 둔다. Lowy(1985)는 은퇴란 나이 든 사람들이 어떤 형태로든 만나게 되는 생애 주요 변화이므로 노화와 동의어라고 보았다. 은퇴가 자의적이건 의무적이건 간에 노인의 삶에 주된 지위와 역할의 변화를 가져오기 때문이다. Busse와 Pfeiffer(1969)는 은퇴기를 개인이 자신을 동일시하였던 직업 역할에 더 이상 개입하지 않는 시기라고 정의하였다.

Atchley(1988)는 은퇴자의 역할이 직업이나 자녀양육의 역할과 유사한 권리와 의미를 지니며 문화적인 규범과 함께 인생 후반부에 존재하게 된다고 하였다. 은퇴자의 권리는 직업이 없어도 경제적인 지원을 받을 수 있는 권리, 시간과 다른 자원을 사용하는 데 자발적일 수 있는 권리를 포함하며, 이와 관련한 의무로는 정규직을 피할 수 있는 것에서부터(완전히 은퇴한 사람과 부분적으로 은퇴한 사람을 구분할 필요는 있겠지만) 자신의 일을 알아서 처리할 수 있는 의무까지를 포함한다. Atchley는 은퇴를 하나의 사회적인 역할로부터 다른 역할로 이동하는 것이라고 보았다.

Ekerdt(1986)는 은퇴가 '노동 체계'에 충실한 것에서 '부지런한 체계'에 투자하는 것으로 변화할 것을 요구한다고 제의한다. 부지런한 체계란 은퇴자나 비은퇴자들이 은퇴를 풍요롭고, 활동적인 삶의 한 양식으로 기대하는 것이다. 이는 자신에게만 몰두하거나 삶의 목적을 상실한 것이 아닌, 진지하고 방향성 있는 여가생활을 정당화한다. 다시 말해서, 부지런한 체계는 노동 체계와 다른 것이 아니다. 그것은 은퇴에 도덕적인 의미를 부여하며, 노동에 집중해 왔던 노력과 시간을 크게 감소시키도록 하지 않는다(Ekerdt, 1986). Ekerdt는 노동자들이 바람직한 은퇴 역할과 여가 생활을 준비하기 위하여 50대부터 여가생활 양식을 가질 것을 제안한다.

은퇴의 사회적 정의를 특징짓는 두 번째 요소는 은퇴가 서너 가지 단계를 포함하는 점진적인 과정이라는 견해다. Atchley(1988)은 8단계의 은퇴 과정을 밝혀 내었다. 은퇴 전 기간(a preretirement phase) 밀월 기간(the honeymoon phase), 은퇴 일상 기간(the retirement phase), 쉼과 이완(rest and relaxation), 꿈에서 깨어나는 기간(disenchantment phase), 방향의 재설정(reorientation), 일상(routine), 그리고 만료기간(termination phase)이다. 그 외 Howard(1982) 등은 은퇴를 더 과정적인 개념으로 이해하려고 하였다. 은퇴자가 신체적, 사회적 환경의 변화에 직면하여 스트레스를 받게 되는 데서 퇴임적응 과정을 설명한다. 은퇴자들은 개인적으로 다른 대처 기제를 채택하여 스트레스에 반응한다. 그들은 매우 성공적인 적응에서부터 매우 성공적이지 못한 적응까지의 연장선상에서 적응의 개념을 설명하였다.

어떤 사람들은 부분적인 은퇴에서 완전한 은퇴 상태까지 3~4년 동안 왔다갔다 하는 은퇴 과정을 겪기도 한다. Honig과 Hanoch(1985)는 은퇴란 "3~4년이 걸리는 기간에 한 가지 이상의 은퇴 상태를 포함하는 역동적인 과정" 이라고 하였다(p. 27). 은퇴에 대한 만족도가 점진적으로 높아지는 것은 은퇴를 단절된 사건으로부터 점진적인 과정으로 이해하도록 변화를 촉구할 것이다(Dorfman, 1988).

은퇴의 사회현상학적 정의

은퇴의 사회현상학적 정의는 은퇴자를 다루는 상담자들과 관련이 있다. 이 관점은 개인의 견해를 존중하며 상징, 이미지와 느낌으로 표현된 현상학적 경험을 중시한다(Passuth & Bengtson, 1988). 이 관점의 지지자들은 풍부한 인간 경험을 전달하지 못한다는 이유로 개념들의 조작적 정의를 제한적이라고 여긴다. 여기에는 사건의 주관적, 개인적 해석이 촉구된다. 사회 현상학 이론가들은 인간이 현실을 객관적인 현실에서는 일어날 수도 그렇지 않을 수도 있는 내면적인 현상으로 조직하며 상징적으로 표현할 수 있는 자기 반추적인 존재라고 본다. 자기 체계는 객관적인 증거만큼이나 중요한 것으로, 그것은 사람마다 다르며 매우 개인화된 것이다. 그러므로 상담자의 목표는 현상에 대한 그들의 이해를 증진시키기 위하여 내담자의 내면에 구조화된 현실을 탐색하는 데 있다.

이러한 관점에 의하면, 은퇴의 정의는 모든 개인마다 다르다. 예를 들어, 다시 정규직으로 취업한 은퇴자는 자신을 은퇴자라고 여길 수도 그렇지 않을 수도 있다. 어떤 은퇴자는 자신을 용기가 꺾인 나이 든 노동자로 인식한다. 즉, 취업을 포기한 노인 실업자는 자신을 실업자라고 여기기보다는 은퇴자라고 여긴다. 어떤 사람들은 자신에게 장애가 있다고 여긴다. 은퇴자를 다루는 상담자는 내담자의 관점에서 은퇴가 그 개인에게 어떤 의미인지를 탐색해야 한다. 그들은 내담자가 은퇴를 어떻게 생각하는지를 이해해야 한다. 즉, 은퇴를 어떻게 느끼는지, 은퇴를 생각하면 어떤 이미지가 떠오르는지, 그것이 무엇을 상징하는지, 자신과 가족과 친구에 대해 어떤 감정을 불러일으키는지 이해할 필요가 있다.

상담의 목표는 은퇴자의 은퇴에 관한 개념적 구조의 인지적, 동기적, 감정적 요소를 이해하는 것이다(Reker & Wong, 1988). 인지적 요소는 내담자의 이상, 가치, 세계관을 포함하며 내담자가 은퇴를 어떻게 생각하며 정신적으로 은퇴를 어떻게 구조화하였는지를 알아보는 것이다. 동기적인 면은 사람들의 가치체계, 특히 은퇴가 어떤 가치를 연상시키는지에 초점을 맞춘다. 예를 들면, 은퇴를 자신이 당해야 하는 것으로 생각하는가 아니면 획득한 것으로 호의적으로 생각하는가? 은퇴에 대하여 기대를 가지는가, 규범을 지켜야 한다고 생각하는가? 은퇴로 인한 여가나 생산적인 시간에 대하여 어떻게 느끼는가? 은퇴에 관한 많은 신념은 가치에서 기인한다. 상담자는 내담자의 협조로 이러한 가치가 부가된 생각을 명료화해야 한다. 그것은 상담자와 내담자가 은퇴를 더 잘 이해하고, 내담자 자신에게 은퇴가 어떤 의미인지를 더 잘 이해하도록 돕는다. 마지막으로, 은퇴를 이해하는 데 있어서 정서적인 요소는 매우 중요하다. 그러나 상담자들, 특히 은퇴상담자들은 이러한 영역을 종종 무시하게 된다. 정서적인 요소는 개인이 은퇴에 대해 어떤 감정을 갖느냐와 관련이 있다. 그들은 행복한가, 슬픈가, 화나는가, 수용하는가, 불안한가, 두려운가 아니면 낙관적인가?

물론, 은퇴한 내담자의 은퇴에 관한 개념은 계속적으로 변화한다.

상담자들은 내담자가 은퇴의 각 과정마다 그 의미를 다르게 받아들인다는 사실을 이해해야 한다. 상담 목표는 내담자들이 도움을 필요로 하는 그 시기에 은퇴에 대하여 그들이 어떻게 느끼고 이해하는가에 집중하는 것이다.

은퇴상담자는 은퇴의 의미가 개인적인 성격을 띤다는 것을 이해해야 한다. 은퇴에 관한 객관적 정의뿐만 아니라 주관적 정의가 존재하는 것이다. 비록 이론가들과 연구자들과 전문가들마다 은퇴에 관한 정의와 개념이 다르다고 할지라도 상담자는 내담자의 견해와 경험에서 각각 은퇴가 어떻게 정의되는지 이해하는 것에서 시작해야 한다.

사례

다음에 제시되는 서너 가지의 사례는 은퇴의 정의가 얼마나 다양한지를 보여 준다. 보다 더 개방적이고 질적인 측면에서 관찰했을 때 얼마나 풍부한 은퇴자 개념이 있는지를 보여 준다. 이 사례들은 Kilty와 Richardson(1988)의 은퇴 적응에 관한 질적 연구와, 은퇴자들과 이루어진 임상적 면담에서 발췌한 것이다.

잘 적응한 은퇴자 사례

은퇴에 잘 적응한 밀스 씨(Mr. Mills)의 사례다. 그는 은퇴를 이런 식으로 설명한다.

> 은퇴 후에 가장 좋은 것은 짜여진 시간에서 자유로워진 것이다. 아침 일찍 버스를 타고 출근하지 않아도 되고, 많은 시간적 자유를 얻게 된 것이 가장 기쁘다.
>
> 힘들게 일을 했던 시절에는, 하려고 했던 것이 무엇인지 정말 알지 못했다. 이제는 확실히 안락함을 누린다. 여러 해 동안 아주 바쁘고 힘들게 일했고, 생활에 필요한 적당한 소득을 얻었다. 그런 생활은 계속되었다. 우리 부부는 3명의 자녀를 길러 냈고, 아주 검소한 생활을 하였다. 이런 것들이 지금의 은퇴생활을 즐겁게 누릴 수 있는 데 큰 영향을 주었다. 우리는 또한 매우 건강하다. 건강은 매우 중요하다. 물론, 지병이 있지만 심각하지는 않다.

밀스 씨는 자유의 관점에서 은퇴를 개념화하였다. 그는 은퇴의 유연성과 융통성을 감사하게 생각하며, 그의 과거의 업적과 성취를 자랑스럽게 생각하고 있다. 그는 은퇴의 즐거움을 과거의 보상으로 느끼고 있으며, 떳떳하게 받을 만한 대가라 여기고 있다. 밀스 씨는 삶과 은퇴에 대하여 긍정적인 태도로 받아들인다. 그는 지난날 노력하며, 애쓰며 살아온 것을 인정하고 받아들였고, 지난날의 성취에 대해 만족해하였다.

테일러 부인(Ms. Taylor) 또한 다양한 활동을 좇아서 열심히 살아왔고, 은퇴에 잘 적응하여 즐거움을 누리며 사는 은퇴자의 한 사례다. 다음은 은퇴에 대한 그녀의 설명이다.

> 은퇴는 마음의 상태일 뿐이다. 만약 당신이 은퇴에 대해 좋지 않은 생

각으로 은퇴하면, 은퇴는 좋지 않을 것이다. 나는 항상 바쁘게 살아왔다. 내 주위에는 도시에서의 삶에 만족하지 못하는 사람들이 있다. 그 사람들은 열심히 많은 활동을 하려 하지 않는다. 나는 운이 좋은 사람이다. 나의 가족을 존중하고 좋아한다. 오랜 도시의 클럽 모임은 좋아하지 않는다. 난 가끔씩 여행을 즐긴다. 그것이 나에게 즐거움을 가져다준다. 나 스스로에게 강요하지 않고, 내가 하고 싶을 때마다, 청소기로 청소하기, 설거지 같은 허드렛일을 한다.

요리하기를 좋아하지만, 많이 먹지는 않는다. 또한 쇼핑을 좋아하는데 이는 바쁘게 일하며 살았을 때는 결코 하지 못했기 때문이다. 책도 많이 읽는다. 그리고 세계 뉴스와 경제뉴스를 즐겨 본다. 아주 바쁜 여름에는 미국 뉴스와 Wall Street 저널은 읽지 않고, 창문을 닫아야 하는 겨울이 되면 열심히 읽는다. 나는 행복하다. 나는 평생 독신으로 살아왔고, 거기에 대처하는 방법도 알고 있다.

테일러 부인에게 은퇴는 마음의 상태다. 은퇴는 자신이 선택한 것을 실행하기 나름이다. 그녀는 은퇴가 자신의 삶에 거의 변화를 주지 않기 때문에 다른 사람들이 은퇴에 적응하는 데 어려움을 겪는다는 사실을 이해하기 힘들었다. 그녀는 독신이었고, 자신의 행복을 책임지는 데 익숙해져 있었다. 그녀는 자신의 인생 대처방식을 아주 자랑스럽게 여긴다.

잘 적응한 은퇴자의 마지막 사례로, 볼드윈 씨(Mr. Baldwin)는 은퇴를 이렇게 말한다.

나는 은퇴를 미리 내다보고 퇴직하기 몇 년 전부터 준비하였다. 나는 공무원으로서 정부를 위해 열심히 일하였고, 정년퇴직을 하였다. 그 후에 군대에서도 일하였고 많은 혜택을 입었다. 나 스스로 잘 준비한 것 같다. 나는 은퇴 후의 생활을 즐겼다. 여러 해 동안 정규직으로 일하고 가르쳤으며, 두 번째 은퇴를 하였다. 두 번째 은퇴 후에도 그 생활을 즐겼다. 그리고 이혼하게 되었다. 지금은 혼자가 되었지만 외롭지는 않다. 책과 텔레비전을 보며, 쇼핑을 하며 지낸다. 또한 임대한 자동차도 갖고 있다. 나에게 은퇴는 단지 내가 성취하였던 것에 대한 보상이다. 나는 13세부터 일하기 시작하였고 그 이후로 계속 일을 하였다. 지금은 은퇴를 즐기고 있다. 큰 계획은 없다. 올바른 논리와 마음으로 살아가고 싶을 따름이다. 나는 먼 장래에 대한 계획을 세우지 않는다. 아직 자원봉사자로서 일하지는 않지만, 사람들을 도우며 살고 싶다. 앞으로 그런 일들을 하려고 한다. 경제적으로도 넉넉한 여유가 있다.

은퇴를 미리 준비하는 이점이 이 사례에 잘 나타나 있다.

볼드윈 씨는 은퇴를 예상했던 것처럼 보였고 덕분에 놀랄 만한 일은 거의 없었다.

그는 은퇴 후 몇 년 동안 간헐적으로 몇 차례 직업을 가졌고, 두 번의 은퇴를 경험했다. 그도 오랜 시간 독신으로 살았고 그것을 즐기며 살았다. 볼드윈 씨는 많은 것에 대해 흥미가 있었고 열심히 그것들을 추구하며 살아왔다. 그에게는 재미있는 일을 다 할 시간이 모자라는 것 같았다.

잘 적응하지 못한 은퇴자 사례

다음의 예들은 은퇴에 적응하는 데 어려움을 겪는 사람을 개념화함으로써 은퇴가 얼마나 힘든 것인지를 설명한다. 첫 번째 예는 프랜시스 부인(Ms. Francis)의 사례다.

> 은퇴는 취미와 평소 내가 항상 하고 싶었던 것들을 할 수 있는 기회다. 그것은 여행을 하고, 가족을 만나고 자원봉사자로 활동하고, 과거에 시간이 없어 하지 못했던 일을 하고, 글 쓰는 법을 배우기도 하고, 뜰을 가꾸기도 하고 아름다운 식물을 재배하기도 하는 시기다. 그것은 동시에 매우 혼란스러운 시기이기도 하다. 내 마음은 이런 주제에 대해 생각했다가는 금세 다른 생각으로 빠져 들기도 한다. 나는 좀처럼 집에 있질 않는다. 나는 집에 머무르는 것을 견딜 수가 없다. 나는 이틀 이상 집에 머무르는 것을 견딜 수가 없다. 나는 달려야만 할 것 같은 느낌이 든다. 나는 바구니 만드는 것을 좋아하고, 예술에 소질이 있다. 그러나 그래서 어떡하겠는가? 누가 상관하는가? 나는 항상 내 인생의 목표를 가지고 있다. 나는 이 사실에 대해 평안할 필요가 있다. 나는 항상 너무 많은 목표를 가져 왔다. 그리고 거기에 도달하지 못할 때에는 좌절했다. 그러나 나는 혼란스럽다. 왜 지금 목표를 가져야 하는지, 은퇴는 누군가가 죽었을 때와 같다. 처음 1년이 가장 힘들다. 은퇴도 마찬가지다. 처음 1년은 적응기다. 그러나 1년이 지나고 나는 갑자기 우울에 빠지는 것 같았다. 나는 계속되는 외로움을 견뎌야 했다. '내가 단지 요리만 하는 주부란 말인가? 그리고 누가 상관하는가?' 하는 극심한 외로움의 물결이 나를 엄습했고 심지어 내 주위에 사람이 있을 때조차 나는 외로웠다.

프랜시스 부인은 은퇴를 혼란스럽고 우울하게 느끼고 있었고 구조화된 일상의 상실로 인해 변화된 삶에 아직 적응하지 못했다. 그녀는 자신의 직장 동료를 그리워했고 매우 외로워했다. 프랜시스 부인은 역시 자유롭고 유연하게 은퇴에 대해 말했지만 그녀는 비생산적이고 목표가 없었다. 그녀는 죽음과 은퇴를 같은 것으로 생각했고 비통에 빠진 것 같았다.

칼라일 부인(Ms. Carlisle) 역시 프랜시스 부인처럼 은퇴에 적응하는 데 문제가 있다. 그러나 그녀가 어려움을 느끼는 원인은 다르다.

남편과 나는 우리가 정말 적절하다고 생각하는 바로 그 시기에 은퇴했다. 나의 어머니는 위중한 병에 걸리셨다. 어머니는 우리 집에 머물게 되었고 나는 그녀를 돌보았다. 우리는 병간호에 매이게 되었다. 나는 온종일 그녀를 간호했다. 그녀는 세심한 주의가 필요했기 때문에 난 잠시 그녀를 떠날 때조차 죄책감을 느꼈다. 나는 곧 내가 아무것도 아닌 것처럼 느끼기 시작했다. 나는 기분을 좋게 하기 위해 생산적인 일을 해야 했다. 처음 1년은 어려웠다. 나는 직장으로 돌아가지 않았다. 왜냐하면 거기에는 많은 문제가 있었기 때문이다. 나는 시간제 일을 찾았다. 결국, 원하는 일자리를 찾았고, 예전에 하던 일보다 조금 나은 일이었다. 그래서 지금은 일주일에 이틀 일을 한다. 당신이 은퇴를 했을 때, 갑자기 자기 자신이 아무것도 아닌 것처럼 느껴진다면 힘들 것이다. '당신은 아무것도 아니다.' 어떤 사람들은 그것이 대단하다고 생각한다. 그러나 나는 내가 대단한 사람인 것처럼 느껴야 한다. 올해는 기분이 훨씬 좋아졌다. 나는 내 분야에서 할 일을 가지고 있다.

은퇴는 종종 기대했던 것과는 다르게 드러난다. 그리고 생각지도 못한 사건이 잘 이끌어 온 은퇴계획을 망칠 수도 있다. 칼라일 부인은 어머니의 병환으로 인한 부양 의무 때문에 지쳤다. 이런 갑작스런 일로 인해 그녀는 은퇴에 잘 적응하지 못했다. 즉, 어머니를 부양하는 과정에서 자기 정체감조차 흔들리게 되었다. 결국 그녀는 옛날 직업과 관련된 직장에 시간제로 근무하게 되었고, 이로 인해 고립감과 정체성 혼란을 극복하게 되었다.

은퇴는 도날슨 씨(Mr. Donaldson)에게도 그가 기대했던 것과 다르게 나타났다.

나는 은퇴를 기대했다. 나는 시간에 얽매이지도 않고 어떤 일로 인해 비난받을 일도 없기 때문에 재미있을 거라고 생각했다. 나는 20년간 직장 생활을 했다. 수년 동안 나는 저녁 교대근무를 했고 그로 인해 가족들과 다른 생활을 하게 됐다. 나는 저녁에 집에 있다면 좋을 것이라고 생각했다. 나는 은퇴를 하고 나서, 다음과 같은 경고를 받았다. "흔들의자에 너무 오래 앉아 있지 마세요." 글쎄, 당신은 평생토록 일을 할 수는 없을 것이다. 나는 일찍 일을 시작했다. 나는 우리가 원하는 것을 할 수 있다고 생각했다. 불행하게도 어떤 일이 항상 당신이 원하는 방식으로 나타나지는 않는다. 아버지는 편찮으셨고 그래서 우리는 많은 것을 하지 못했다. 내 친구들은 자신들을 태우고 돌아다니기를 원했다. 그들은 내가 여가 시간이 있다는 것을 알았다. 우리는 여유 자금을 사용했다. 우리는 돈이 더 필요했다. 우리는 많은 것을 즐길 돈은 없었다. 우리는 우리의 삶의 양식으로 인해 불행해졌다. 우리가 하고 싶은 것을 맘껏 할 수 있을 만큼의 돈이 없기 때문에 나는 이런 상황에 대해 비탄에 잠긴 것은 아니지만 다소간 환멸을 느꼈다. 그래서 나는 다시 일을 하기 시작했다. 아내는 그것을

> 더 좋아했다. 그녀는 내가 집에 없는 동안 더욱 쉽게 집안일을 할 수가 있었다.

도날슨 씨는 아버지의 예기치 못한 병으로 은퇴 후의 계획에 차질이 생겼다. 프랜시스 부인처럼 그도 은퇴 이후 구조화된 일상의 상실로 스트레스를 받게 되었고, 재정 문제는 그가 다양한 활동을 하는 데 걸림돌이 되었다. 은퇴에 잘 적응하지 못한 몇몇 사례처럼 그도 자신의 문제를 해결하기 위해 시간제 일을 찾았다. 그는 여전히 자신이 은퇴했다고 생각할지라도 그에게 은퇴는 자신의 정서적 필요를 충족시켜 주는 것으로 변했다.

물론 은퇴 경험을 꼭 잘 적응한 범주와 그렇지 않은 범주로만 이해할 수는 없다. 어떤 은퇴자들은 자신들이 은퇴를 결정한 이후 오랫동안 황홀한 경험을 했다고 보고한다. 오트 씨(Mr. Ott)는 이런 예의 은퇴자다.

> 나는 정말로 은퇴를 원하지 않았다. 그러나 회사에서는 고령자가 나가고 젊은이들이 들어와야 한다는 압력이 있었다. 그때 나는 가슴통증으로 병원에 있었고 그 이후 고통이 점점 더 심해지며 만성 등 질환으로 발전했다. 그래서 회사의 그런 압력에서 벗어날 수 있어서 기뻤다. 이상하게도 내 등의 통증은 상당히 완화되었다. 이미 은퇴한 친구들은 나에게 너무 바빠져서, 스스로도 놀랄 것이라고 말했다. 나는 그 말을 믿을 수 없었지만, 곧 그들이 옳았다는 것을 알았다. 당신은 집에 페인트칠을 하고 그것을 관리하는 것과 같은 시간이 없을 때는 결코 할 수 없었던 일들을 발견하고 그것들을 하게 될 것이다. 나는 어머니를 보살피고 그녀와 함께

많은 시간을 보냈다. 나는 1년 동안 휴가를 가지기로 했고 회사로부터 허락을 얻었다. 그리고 나는 점점 직장으로 돌아갈 이유를 찾기가 어려워졌다. 자금 상태가 위기에 처한 것도 아니고 은퇴도 꽤 괜찮았다. 나의 아내는 일을 하고 있었고 당장 내가 가진 연금으로 다른 분야에서 무언가를 해 볼 수도 있었다. 만약 내가 자유롭게 선택할 수 있다면 두 가지 과정을 가르치고 싶다. 그러나 내가 가진 연금으로 할 수 있을지, 게다가 그들이 나같이 나이 든 괴짜를 원할지 아닐지 알 수 없다. 그래서 나는 그것을 도전해 보려고 하지는 않는다. 나는 아직 토요일 오전에 어린아이들을 가르치고 있다. 그것은 즐거운 일이다. 나는 가르치는 일로 바쁘다. 나는 운동을 하고 어느 날엔 그림을 다시 그릴 것이다. 나는 정말 만족하고 있다. 이전처럼 돈을 벌기 위해 직장을 나가는 것처럼 느낀다. 그러나 그렇다면 나는 '왜' 말하는가? 나는 아마도 내가 적절한 직업을 찾을 수 있다면 그렇게 할 것이다. 당신이 일생토록 한 일을 바꾸는 것은 어려운 일이다. 휴가는 항상 나를 좀이 쑤시게 한다. 일주일만 지나면 나는 나갈 준비를 했다. 가끔 나는 일거리를 찾는다. 나는 죄인인 것 같은 느낌이 들기도 한다. 이웃 사람들이 매일 아침 출근하는 것을 보며 왜 나는 여기에 앉아 있는지 생각하기도 한다. 나는 은퇴를 즐기고 있다고 말할 수 있다. 나는 아내를 직장에 보내는 것을 즐긴다. 그것은 그녀를 바쁘게 하고 나의 속박으로부터 벗어나게 하는 길이다.

오트 씨는 은퇴에 대해 갈등하고 있다. 그는 은퇴를 원하지 않았다. 그러나 동시에 일하는 것도 원하지 않았다. 그는 다시 가르치는 일을 하고 싶어 했다. 그러나 자기와 같은 '괴짜 늙은이'를 고용해 줄 사람이 있을까 의심스러워한다. 그는 일하지 않는 것에 대해 죄책감을 느낀다. 그는 자신이 돈을 벌어야만 한다고 믿었다. 그러나 그는 왜 자신이 이런 수치심을 느끼는지 알지 못한다. 오트 씨는 은퇴의 개념과 그의 정서적 욕구가 상충되고 있었다. 그는 자신이 충분히 오랫동안 일을 했기 때문에 마땅히 은퇴할 자격이 있다고 믿는 밀스 씨(Mr. Mills)처럼 은퇴를 받아들이지 못했다. 그는 수년 동안 전일제 일을 해 왔지만 편안하게 앉아서 은퇴를 즐길 수 없었다. 은퇴에 대한 그의 감정은 아직 미해결 상태이고 몇 번의 변화를 겪을 것이다.

재정 문제가 있는 은퇴자

대부분의 고령자들은 은퇴 이후 수입이 상당히 줄어든다. 아프리카계 미국인을 포함한 몇몇의 사람들에게 은퇴는 불가피한 가난을 의미한다. 이런 경우, 은퇴 이후에 겪는 재정적 어려움이 정신적 변화를 가져온다. 재정적 어려움을 겪는 두 여인 로젠 부인(Ms. Rosen)과 설리번 부인(Ms. Sulivan)의 예가 다음에 제시되었다. 우선 로젠 부인의 사례를 살펴보자.

> 나는 지금까지는 축복받은 사람이라고 느꼈지만 은퇴 이후 재정적으로 엄청난 제약을 받았다. 당신은 돈이 없고, 생활비를 줄여야 한다고 말할 수 있다. 그러나 나는 돈 없이 살아 본 적이 없다. 은퇴 후에 모든 것을 예전의 반으로 줄였다. 돈을 쓰지 않고는 어디든 갈 수 없다. 꽁꽁 얼지 않으려면 겨울에 대비해야 한다. 세탁비를 줄이기 위해 가능한 빨래를 하지 않아도 되는, 즉 적어도 3주일에 한 번 정도만 빨면 되는 시트로 교환했다. 나는 때때로 약값을 걱정했다. 그러나 해결했다. 나에게는 좋은 친

구들이 있었다. 어떤 친구는 항상 나를 이곳저곳으로 초대했다. 그건 참 다행스런 일이다. 나는 재정적으로 너무 어려워서 시간제 일을 찾았다. 그것이 가장 큰 변화다.

로젠 부인이 평생토록 재정적 어려움을 겪었다고 할지라도 은퇴는 수입에 있어서 훨씬 더 궁핍한 결과를 가져왔다. 그녀는 "모든 것을 예전의 반으로 줄였다."고 말했다. 그것은 그녀의 의료비, 생활비, 개인적인 비용 등의 재정적인 불안정을 의미한다. 그리고 그녀는 겨울 동안 어떻게 먹고 살지를 걱정했다. 로젠 부인은 거의 20년 동안이나 일했지만 연금 지급을 보장하지 않는 직장이었다. 은퇴 이후 그녀의 최고 수입원은 사회보장연금이었다. 그녀의 급여가 적었기 때문에 이것으로는 충분하지 않았다. 더욱이 다달이 들어가는 의료비는 그녀의 급여 중 상당 부분을 차지했다. 지금 로젠 부인은 자신이 처한 상황을 받아들였지만 가난으로 인해 은퇴의 즐거움을 망칠 수는 없었다. 그녀는 좋은 생활 체제를 가지고 있었고 강한 신앙적 동지들이 그녀가 역경을 극복할 수 있도록 도왔다.

로젠 부인과 마찬가지로 설리번 부인 역시 은퇴 이후 수입이 상당히 줄어들었다. 그러나 로젠 부인과는 달리 그녀의 재정적 어려움은 남편이 죽고 난 인생 후기부터 시작되었다. 다음에 그녀의 사례를 살펴보자.

나는 아침 일찍 일어나서 직장으로 달려가지 않아도 되는 편안한 생활이 좋다. 그러나 나는 그동안 너무 적은 급여를 받아왔다. 은퇴 이후 내 수입은 예전 급여의 반도 되지 않는다. 내가 너무 일찍 은퇴를 했기 때문

> 이다. 그러나 나는 사회보장연금이 적용될 때까지만 해도 그 사실을 깨닫지 못했다. 나는 그것을 설명할 수가 없다. 은퇴 수입은 내가 지금까지 모아 온 약 200달러가 사회보장연금으로 쌓여 지불되는 것이다. 그럼에도 내가 은퇴를 한 것은 남편의 사회연금을 받고 있었기 때문이다. 만약 남편의 연금이 없었더라면 나의 연금은 지금쯤 모두 바닥났을 것이다. 그랬다면 더 큰 어려움에 처했을 것이다. 나는 은퇴한 직장에서 30년이 채 안되게 일을 했었다. 나는 고등학교밖에 졸업하지 못했다. 내 남편은 결혼한 지 27년 만에 세상을 떠났다. 4년 반의 투병기간 동안 우리는 저축한 돈을 모두 써 버렸다. 우리는 다른 집으로 쫓겨 갔다. 모기지는 아직 덜 갚은 상태였다. 심지어 이전 집의 모기지도 남아 있었다. 우리는 집을 담보로 하여 너무 많은 대출을 받았다. 그래서 나는 그 빚을 갚기 위해 일을 해야만 했다. 나는 엄청난 빚에 시달렸고 지금도 그런 상태다.

설리번 부인은 자신의 사회보장연금에 대해 매우 빈약한 정보를 가지고 있었고 충분한 설명을 듣지 못했다. 그리고 자신의 재정문제에 대해 혼란스러워하고 있었다. 그녀가 만약 자신의 재정상태를 보다 잘 이해했더라면 아마도 은퇴하지 않았을 것이다. 그녀는 자신의 재정상태와 그 속에서 가능한 선택을 설명해 준 상담자와의 은퇴 전 상담이 필요했다.

낙심한 고령 직업인

어떤 은퇴자들은 실제로 낙심한 고령 직업인이다. 플런케트 씨(Mr. Plunkett)는 마지못해 은퇴하고 자신을 은퇴자로 생각하기 시작한 사람이다.

나는 1986년 5월에 처음 은퇴 연금을 받았다. 그러나 4년 전에 직장을 그만두었다. 우리 중 2,000명은 해고당했다. 그러나 나의 은퇴 시기는 서류상으로는 1년 전으로 되어 있다. 나는 보다 많은 사람들과 관계를 맺은 지금에야 그 사실을 알았다. 내가 직장을 다니고 있을 당시, 회사에서 내가 어떻게 말을 했는지 주의 깊게 살펴보았다. 나는 사장에게 불려 갈까 봐 두려웠다. 나는 더 이상 내가 말한 것을 살펴볼 필요가 없었다. 어쨌든 은퇴 점검을 할 것이고 나는 그것을 즐겨 왔다. 우리는 그 일을 할 사람들을 필요로 했다. 내 아내와 나는 계속 자금 문제를 겪어 왔다. 나는 열네 살 된 아들과 함께 지내고 있었다. 나는 해고를 당했기 때문에 몇 가지를 해야 했다. 대부분의 직장인들이 내 나이의 사람들은 아내와 텔레비전이 지루하기 때문에 집을 떠나서 일할 곳을 찾을 것이라고 생각한다. 나는 예전만큼 바쁘지만 그건 사실이 아니다. 잠재적 고용주는 내가 은퇴연금을 받고 있다는 사실을 안다. 그들은 나에게 급여를 주든 그렇지 않든 걱정할 필요가 없다. 그들은 말한다. "그에게 낮은 급여를 주자. 그는 멀리 떨어진 곳의 직장을 찾고 있어." 나는 나 자신을 위한 일을 찾아보았다. 나는 직장을 구하려고 했다. 나는 일과 내 아들을 함께 고려하고 있음을 알았다. 이것은 전적으로 내 문제다. 나는 시간당 4달러를 주는 판매직을 찾았다. 내가 지원했던 어떤 직장의 인사담당자는 나를 보고 놀랐다. 그는 가게를 열어 주기만 하면 된다고 말했다. 솔직히 말하면 그들은 내게 쓰레기를 버리고 지하실을 청소하기를 기대했다. 나는 그에게 우울증을 겪고 있다고 말하자 그들은 이해하지 못했다. 그러나 당신도 알다시피 고학력의 관리직으로 일을 했었는데, 이런 일을 하고 싶겠는가? 그러나 이 나이에 어디에서 무엇을 하겠는가? 나는 무언가를 제공해야 하는 연령층에 속한다. 그러나 당신이 Kroger에서 '직원 구함' 이라는 표지에 응대할 때, 그들은 우리를 원하지 않을 것이다. 그들은 대학생을 원한다. 이런 것들이 절대적으로 나를 망연자실하게 한다. 이러한 사실은 특히 당신의 배우자에게 더욱 이해되기 어렵다. 내 아내는 55세다. 그녀는 여자로서 직장으로 돌아갈 수도 있고, 나보다 더 많은 돈을 벌 수 있다. 이것이 남자가 베이컨을 구해 와서 아내가 그것을 굽는 사회 안에서 일어난다. 그녀는 나를 이해하지 못한다. "나가서 일을 구해요."라고 말한다. 그녀는 중년의 남자인 내가 처한 구직 상황을 이해하지 못한다. 이제는 더 이상 내가 일할 직장이 없다. 이것은 특히 그녀에게 큰 어려움이다. 우리는 30년간 결혼생활을 해 왔고 결혼으로 인한 스트레스를 받아 오고 있다. 그녀는 가족에게 고용되었다. 이제 나는 세탁을 하고 침대정리를 한다.

플런케트 씨의 곤경은 은퇴를 정의하는 것과 관련된 어려움을 잘 보여 주고 있다. 그는 은퇴 연금을 신청했고 일을 하지 않고 있지만 자신을 은퇴자로 생각하지 않는다. 그는 자신을 싸구려 일을 구하는 고령자로 인식한다. 플런케트 씨의 사례는 새로운 일을 구할 때, 고령자가 직면하게 되는 어려움을 잘 보여 주고 있다. 그는 고용주들이 자신을 중요하게 고려하지 않고, 그의 유능함을 믿지 않는다고 생각한다. 플런케트 씨는 은퇴할 나이가 되었다는 압력 때문에 억지로 은퇴하게 된 비자발적인 은퇴자다.

일하는 은퇴자

워싱턴 씨(Mr. Washington)의 사례는 은퇴를 정의하는 것과 관련된 어려움을 보여 주는 또 다른 사례다. 그러나 그의 경우는 플런케트 씨와는 반대다. 워싱턴 씨는 전일제 일을 한다. 그러나 그는 자신을 은퇴자라고 여긴다.

은퇴는 정말로 나를 기쁘게 했다. 나는 많은 여가 시간이 생겼다. 나는 낚시와 사냥을 했다. 그런 후에 나는 시간제 일을 시작했고 내가 원하는 만큼 일한다. 나는 하루에 8시간에서 9시간 정도 일한다. 만약 내가 일주일에 하루 일하기를 원하거나 아니면 일주일에 5일 일하기를 원하면 그렇게 할 수 있다. 나는 규칙적인 일은 원하지 않는다. 그래서 나는 아침 6시 30분에 출근해서 3시까지 일했다. 나는 은퇴의 매순간을 즐겼다. 나는 가능한 모든 사람에게 그것을 추천했다. 그러나 그것이 모든 사람에게 적합한 것은 아니다. 내 아내는 아직도 일한다. 그녀는 매일 거의 같은 시간에 일어나서 직장에 나간다. 그래서 나에게는 문제가 없었다. 나는 일주일에 5일을 하루에 8시간에서 10시간 일한다. 만약 직장에 다닌다면 비가 오지 않는 한 계속해서 일을 하러 나가야 할 것이다. 내 친구들은 대부분 아직도 일을 한다. 나의 가장 친한 친구는 은퇴 후 얼마 뒤에 죽었다. 우리는 함께 많은 것을 하기로 했었다. 그의 죽음으로 그런 일은 기대할 수 없게 되었다. 그래서 나는 다른 계획을 찾기로 결심했다.

워싱턴 씨는 은퇴한 것인가? 객관적인 준거에 의하면 혹자는 그가 전일제 일을 하기 때문에 '아니요' 라고 답할 것이다. 반면에 주관적인 잣대를 중시한다면 '네' 라고 대답할 사람도 있을 것이다. 왜냐하면 그는 자기가 은퇴를 했고 누구에게도 어떤 것으로부터도 강요받지 않고 자발적으로 일을 한다고 생각하고 있기 때문이다. 그는 비 오는 날에는 원하면 집에 머물 수 있고, 그의 고용주는 이것을 받아들인다. 더욱이 그는 그가 원할 때 언제나 일을 그만둘 수 있다. 이런 자유가 그에게는 은퇴와 일을 구별하는 기준이다. 이 사례는 주관적 준거와 객관적 준거를 모두 적용하여 은퇴의 정의를 이해할 때 중요하다.

앞서 본 사례들은 은퇴에 관해 다음과 같은 주제들을 던져 주며, 우리가 은퇴의 의미를 보다 수준 높게 이해할 수 있도록 도와주었다. 은퇴자가 은퇴를 말할 때 얘기될 수 있는 첫 번째 주제는 은퇴가 수년간 직장에서의 스케줄, 일상 그리고 그런 구조로부터의 자유, 유연성과 관련 있다는 것이다. 대부분의 은퇴자들은 느슨해진 일상, 즉 일어나고 싶을 때 일어나고 먹고, 친지를 방문하거나 심지어 자기가 원하면 일하는 시간조차 구속받지 않는 것에 가치를 둔다. 그들은 자신들이 의무를 충실히 했기 때문에 이런 자유를 누릴 자격이 있다고 느꼈다. 어떤 은퇴자들은 구조화된 일상의 상실을 싫어한다. 이런 사람들은 무엇을 하며 시간을 보내야 할지 확신하지 못했고, 어떤 활동을 해야 할지 혼란스러워했다. 그들은 불안정감과 상실감을 느꼈고, 결국 시간제 일로 돌아가는 것이 은퇴의 문제를 해결하는 유일한 길이라고 생각했다.

두 번째 주제는 은퇴 후의 활동에 초점을 맞추는 것이다. 즉, 은퇴자들은 어떤 활동에 계속 관여하고 참여할 것인가를 결정한다. 몇몇은 자신들이 예전부터 해 오던 취미활동을 발전시킨다. 다른 사람들은 새로운 취미를 탐색한다. 여가 시간을 어떻게 최대한 활용할 것인가는 많은 은퇴자들에게 최고의 관심사다. 특히 자신의 시간을 일하는 데 온통 쏟아 온 사람들에게 더욱 그렇다. 다시 말하면 비자발적으로 은퇴를 했거나 적절한 자원이 없는 소수의 은퇴자들은 자신들의 여가 시간을 어떻게 사용해야 하는지에 대해 걱정한다.

세 번째 주제는 사회에 기여할 만한 가치가 있는 생산적인 일을 하고자 하는 은퇴자들의 욕구에 초점을 맞춘다. 생산적인 활동을 할 수 있는 새로운 방법들이 많이 발견되었다. 그러나 몇몇 방식은 이런 쟁점과 근본적으로 상충된다. 어떤 사람들은 새로운 취미 생활을 하고, 새로운 것을 배우고, 새로운 경력을 시작하거나 시간제 일을 했다. 그들은 자원봉사를 하는 일로부터 친척이나 친구를 방문하는 일에 이르기까지 목표를 세웠다.

네 번째 주제는 이전의 것과 관련이 있는데, 은퇴자의 정체성에 대한 관심, 즉 은퇴와 은퇴한 사람의 역할이 그들 자신의 정서에 어떻게 영향을 미치는가 하는 것인데 이것은 상당히 다양하다. 직장생활이 자신의 모든 것은 아니라고 느끼며 산 사람들에게 은퇴는 그들의 정체성에 거의 영향을 주지 않는다. 아마도 대부분의 사람들이 이에 해당될 것이다. 은퇴 후에 정체성의 문제와 투쟁을 하는 사람들은 일반적으로 과거에도 얼마 동안 정체성의 갈등을 겪으며 일해 왔을 것이다. 확고한 정체성을 가진 사람들은 자기 자신을 규명하는 데 내적인 요소에 의존했다. 그들은 일의 역할과 같은 외적인 요소에 의지하는 사람들보다 정체성 문제에 덜 직면했다.

다섯 번째 주제는 재정적인 문제를 둘러싸고 있다. 어떻게 덜 쓰고 살 수 있을까는 거의 모든 은퇴자들의 주된 관심사다. 특히 여성들과 같은 소외된 계층에게 재정문제는 은퇴 생활에서 가장 두드러진 관심사다. 은퇴 전이나 은퇴 후 상담은 이런 은퇴자들에게 종종 도움을 주어 왔다.

결국 많은 경우, 은퇴자들의 마음이나 태도가 은퇴를 어떻게 경험하는지를 결정한다는 사실을 알게 되었다. 이런 관점에서 보면 은퇴의 정의는 개인마다 다르게 만들어지며, 은퇴 경험이 성공적인지 실패인지는 은퇴자 자신에게 달려 있다. 그리고 자신의 시간을 어떻게 구조화할 것인지, 어떤 활동에 참여할 것인지, 사회적 접촉을 시작할 것인지는 모두 자신의 책임이다. 불행하게도 이런 관점은 만약 그들이 불행하다면 그것이 자신의 실패인 것처럼 보이기 때문에 종종 적응문제를 경험하는 사람들의 공감을 얻기 어렵다.

이 사례들을 통해 은퇴자가 일을 할 때, 은퇴의 몇 가지 정의를 고려하는 것이 중요함을 알 수 있다. 한편, 경제적, 사회적 정의는 상담자가 은퇴를 개념화하고 다룰 수 있도록 하는 데 도움을 준다. 상담자는 사람들이 각자 은퇴를 다르게 정의하고 경험한다는 사실을 반드시 깨달아야 한다. 전일제 일을 하고 있지만 자신을 은퇴자로 인식하는 워싱턴 씨나 은퇴 수당을 받고 있지만 고용되지 않은 플런케트 씨의 경우처럼, 객관적인 정의, 주관적인 정의 모두 개인마다 다를 수 있다. 사회현상학적 접근은 은퇴자들이 자신의 경험을 말로 설명하도록 독려하는 상담가를 제공하는 것인데 그들은 은퇴자가 어떻게 은퇴를 이해하고 경험하는지에 대해 비판적인 정보를 가져야 한다. 이런 과정을 통해 은퇴자들은 종종 은퇴에 대해 이전에 깨닫지 못한 감정과 태도를 발견하게 된다.

상담자를 통한 다른 접근 전략은 그들이 문장완성검사를 포함한 심리검사를 통해 은퇴를 이해하는 것이다. 문장완성검사는 간접적, 완성되지 않은 문장으로 은퇴에 대한 내담자의 태도를 측정하는 방식이다. Kilty와 Richardson(1988)은 내담자에게 질문할 때, 은퇴에 대해 몇몇 미완성 문장을 완성하도록 하고 은퇴 적응에 대한 그들의 연구를 성숙시키는 데 이 접근법을 사용했다. 이것 역시 은퇴자와 치료적 면담을 하는 동안 말하는 것을 통해 평가하는 전략이다. 미완성 문장의 예를 보면

- '은퇴란 ________이다.'
- '대부분 은퇴한 사람들의 생활은 ________하다.'
- '은퇴에 대한 나의 최고의 관심은 ________이다.'
- '일반적으로 은퇴한 사람들은 ________필요하다.'

두 번째 방법은 Murray(1937)가 개발한 주제통각검사(Thematic Apperception test)의 활용과 관련된 방식이다. 주제통각검사는 주제에 대해 드러나지 않은 감정을 알아내는 투사적인 방식으로 고안되었다. 은퇴자와 작업하는 상담자들은 은퇴와 나이 듦이 떠오르게 하는 그림을 모은다. 상담자들은 이런 그림들을 내담자에게 보이고 그들이 그 그림에 대해 이야기하고 그림을 보니까 어떤 감정이나 생각이 드는지 말하도록 지시한다. 이런 접근은 특히 말이 별로 없거나 마지못해 하는 내담자에게 유용하다.

은퇴를 측정하는 이런 간접적인 방법은 보다 객관적인 평가 자료가 있는 내담자와 작업할 때 가장 유용하다. 경제적인 정의는 내담자의 실체를 정의하고 특질을 규명한다. 객관적인 준거는 경제적 수준, 주당 몇 시간을 근무했는지, 은퇴 연금을 지급받았는지 그렇지 않은지 등에 대한 정보를 포함한다. 이런 정보가 상담자에게는 필수적이다. 그러나 내담자에게 은퇴의 실제 의미는 사회현상학적 과정을 통해 표현된다. 그러므로 상담자는 반드시 객관적 · 주관적

지표를 통해 은퇴의 의미와 정의에 대한 정보를 모아야만 한다.

요약

은퇴의 개념은 수년에 걸쳐 발전되어 왔고 다양한 방식으로 정의되어 왔다. 은퇴의 경제적 정의는 사람들이 전일제 근무를 하는지 하지 않는지와 그들이 은퇴연금을 받는지 받지 않는지에 집중되었다. 은퇴에 대한 경제적 정의가 너무 단순하고 은퇴의 문화적 · 사회적 고려를 하지 못하는 것은 많은 비판을 받아 왔다. 특히 은퇴의 경제적 정의는 여성과 소수민족에게 적용하기 어려웠다.

은퇴의 사회적 정의는 은퇴가 무엇을 의미하고 상징화하는지를 강조하고 은퇴 역할에 기여하는 특별한 행동과 기대를 의미한다. 이러한 관점에서 은퇴는 몇몇 다른 단계를 통합하는 점차적인 과정이다.

은퇴에 대한 사회현상학적 정의는 은퇴의 의미가 은퇴자의 주관적인 인식에 의존하고 각 집단마다 각 개인마다 다르다는 것을 보여준다. 은퇴자와 함께 일하는 상담자들은 은퇴가 내담자들에게 무엇을 의미하는지, 은퇴에 대해 어떻게 생각하고 느끼는지 탐색해야만 한다. 그들은 은퇴에 대한 다양한 인식이 존재함을 이해해야만 한다. 상담자는 다양한 측정도구를 이용하여 그들을 이해하도록 노력할 수 있다.

은퇴자가 은퇴에 대해 말할 때, 은퇴에 관한 중심 주제가 드러난다. 그들은 은퇴를 통해 얻게 되는 자유와 유연성에 가치를 두고 자신의 시간을 잘 조절하기를 원한다. 또 은퇴 후에도 자신을 필요로 하는 곳에 있고 싶고 자신의 활동이 생산적이라는 느낌을 갖고 싶어 한다. 그리고 남은 인생 동안에 재정적인 안정과 아울러 확고한 정체성을 유지하기를 원한다.

참고문헌

Atchley, R. (1982). Retirement as a social institution. *American Review of Sociology, 8,* 263–287.

Atchley, R. (1988). *Social forces and aging* (5th ed.). Belmont, CA: Wadsworth.

Beck, S. (1985). Determinants of labor force activity among retired men. *Research on Aging, 7,* 251–280.

Bould, S. (1980). Unemployment as a factor in early retirement decisions. *American Journal of Economics and Sociology, 39,* 123–136.

Busse, E., & Pfeiffer, E. (1969). *Behavior and adaptation in late life.* Boston: Little, Brown.

Dorfman, L. (1988). *Retirement preparation and retirement satisfaction in the rural elderly.* Paper presented at the annual meeting of the Gerontological Society of America, San Francisco.

Ekerdt, D. (1986). The busy ethic: Moral continuity between work and retirement. *Gerontologist, 26,* 239–244.

Gibson, R. (1986). Blacks in an aging society. *Daedalus, 115,* 349–371.

Gibson, R. (1987). Reconceptualizing retirement for black Americans. *Gerontologist, 27,* 691–698.

Graebner, W. (1980). *A history of retirement.* New Haven, CT: Yale University Press.

Honig, M., & Hanoch, G. (1985). Partial retirement as separate mode of retirement behavior. *Journal of Human Services, 20,* 21–46.

Howard, J., Marshall, J., Rechnitzer, P., Cunningham, D., & Donner, A. (1982). Adapting to retirement. *American Geriatrics Society, 30,* 488–500.

Jackson, J., & Gibson, R. (1985). Work and retirement among the black elderly. In Z. Blau (Ed.), *Current perspectives on aging and the life cycle* (Vol. 1, pp. 193–222). Greenwich, CT: JAI Press.

Kasworm, C., & Wetzel, V. (1981). Women and retirement. *Educational Gerontology, 6,* 298–313.

Kilty, K., & Richardson, V. (1988). Gender differences in adjustment to retirement: Final report. Washington, DC: AARP Andrus Foundation.

Lowy, L. (1985). *Social work with the aging* (2nd ed.). New York: Longman.

Morgan, J. (1980). Retirement in prospect and retrospect. In G. J. Duncan & J. N. Morgan (Eds.), *Five thousand American families: Patterns of economic progress* (Vol. 8, pp. 73–105). Ann Arbor, MI: University of Michigan, Institute for Social Research.

Morris, R., & Bass, S. (Eds.). (1988). *Retirement reconsidered.* New York: Springer Publishing Co.

Murray, H. (1937). Techniques for a systematic investigation of fantasy. *Journal of Psychology, 3,* 115–143.

Palmore, E., George, L., & Fillenbaum, G. (1982). Predictors of retirement. *Journal of Gerontology, 37,* 733–742.

Passuth, P., & Bengston, V. (1988). Sociological theories of aging: Current perspectives and future directions. In J. Birren & V. Bengston (Eds.), *Emergent theories of aging* (pp. 333–355). New

York: Springer Publishing Co.

Reker, G., & Wong, P. (1988). Aging as an individual process: Toward a theory of personal meaning. In J. Birren & V. Bengston (Eds.), *Emergent theories of aging* (pp. 214–246). New York: Springer Publishing Co.

Richardson, V., & Kilty, K. (1988, November). *The effects of gender and time on adjustment to retirement.* Paper presented at the annual meeting of the Gerontological Society of America, San Francisco.

Robinson, P., Coberly, S., & Paul, C. (1985). Work and retirement. In R. Binstock & E. Shanas (Eds.), *Handbook of aging and the social sciences* (2nd ed., pp. 503–527). New York: Van Nostrand Reinhold.

Schultz, J. (1988). *The economics of aging.* Dover, MA: Auburn House.

U. S. Department of Labor, Bureau of Labor Statistics. (1982). *Employment and earnings.* Washington, DC: U. S. Government Printing Office.

2 은퇴 적응의 이론들

은퇴 적응을 설명하는 이론적 견해엔 역할이론, 단절이론, 활동이론, 지속이론, 위기이론 등이 있다. 이 장의 첫 부분에서는 이러한 이론들이 은퇴상담과 어떤 관련이 있는지 그리고 실제로 상담에 어떻게 적용되는지를 알아본다. 은퇴상담의 기본적인 개념 틀로써는 해석적 · 사회과학적 요소를 아우른 위기이론의 재개념화가 제시되고 있다. 이 장에는 여러 가지 이론적인 관점의 적용을 설명하는 사례들이 제시되었다.

역할이론

은퇴 적응을 설명하는 가장 일반적인 견해는 역할이론(role

theory)이다. 역할이론가들은 사회는 행동과 태도에 관한 기대와 규범을 규정하는 여러 가지 역할들로 구성된다고 말한다. 혹자는 인격이란 사람이 삶에서 차지하는 여러 역할로 구성된다고 주장하기도 하고, 일련의 특정한 역할은 한 사람의 개인적인 존재의 완성이라고 주장한다(Blau, 1973; Cottrell, 1933). 역할에 대한 여러 가지 정의가 있지만, Thomas와 Biddle(1966)은 일반적인 분류체계에 따라 역할을 지위에 따른 적절한 행동으로 규정하고 있다. 지위는 그 지위를 가진 사람들에게 다른 사람들이 보이는 태도, 행동 같은 일반적인 특성 등으로 차별화되는 집합적인 인식 개념이다(Thomas & Biddle, 1966). 역할은 사회적으로 정의된다고 가정되었다. 즉, 역할행동은 학습된 행동이다(Strean, 1979). 역할의 예로는 아내, 어머니, 노동자 등이 포함된다(Thomas & Biddle, 1966).

Streib과 Schneider(1971)와 Blau(1973)는 은퇴 적응을 이해하는 데 역할이론의 개념을 처음으로 적용한 사람들이다. 그들은 사람들에게 직업역할이 자아정체감의 강력한 원천이 되는 매우 중요한 역할이라고 믿었다. 예를 들면 사람들은 자신을 타인에게 설명할 때 종종 직업을 이야기한다. 직업역할은 사람들에게 행동과 가치의 표준과 지침을 제공한다. 고용주들은 수행, 행동, 개인적인 외모까지 한정하는 규칙과 윤리규약을 만들어 내고 의무화한다. 이러한 방법으로 직업인의 행동은 보다 예측 가능하고 양식화되며 평가될 수 있고 용이한 대응이 가능하다. 그러므로 직업역할의 상실은 노인의 삶에서 주된 혼란으로 간주되며 불만, 불안 혹은 우울을 일으킨다. Blau(1973)는 은퇴가 서너 가지 면에서 자아존중감을 위협한다고 믿었다. 즉, 일상적인 사회적 접촉의 기회를 감소시켜서 사기를 저하시킨다는 것이다. 동료, 고객, 여타의 다른 직업적인 접촉과의 관계를 해체시킨다. 게다가 은퇴란 직업적인 집단이나 노동조합 혹은 직업관련 친선 집단과 같은 몇 가지 집단과의 관계 상실을 의미할 수도 있다.

Blau(1973)는 은퇴를 언급할 때 '역할퇴장' 이라는 말을 사용했다. 그녀는 은퇴를 개인이 이미 숙련된 역할에서 벗어나 더 복잡하고 더 큰 노력을 요하고, 그만큼 보람이 큰 새로운 역할을 배울 준비와 능력을 갖추어야 하는 시기라고 설명했다. Blau는 홀로 되거나 정년퇴직과 같이 인생 후기에 역할퇴장을 하는 것과 인생 초기에 결혼과 직업이라는 두 가지 주요한 사회적 역할 사이의 갈등으로 인해 직장생활을 끝내는 것을 구별했다. 인생 후반기의 역할퇴장은 일반적으로 기대하거나 시작해 볼 수 있는 새로운 역할로 이어지지 않는다. Blau는 역할퇴장이 이전의 역할에 얼마나 만족했는가 아닌가에 상관없이 고통과 스트레스를 가져온다고 믿었다. 일상의 붕괴는 감정과 사기에 변화를 가져올 수 있다. 또한 Blau는 자의적 역할퇴장과 타의적 역할퇴장을 구분하였다. 자의적 역할퇴장에는 통상 다른 역할에서 더 큰 만족과 보상을 기대하는 새로운 삶에 대한 희망이 있다. 반면에 타의적 역할퇴장은 더 파괴적인데, 강요에 의하여 역할에서 떠나게 된 사람들은 거부감과 버려짐, 배반감, 인정받지 못한 것 같은 느낌을 갖게 된다.

은퇴가 자의적인가 타의적인가에 따라 적응에 다른 영향을 미치므로 상담자들은 특히나 내담자가 은퇴하기를 원했는가 아닌가 등 내담자의 은퇴환경을 고려해야 한다. 3, 4년간 은퇴를 준비한 직업인은 은퇴 이후의 시기를 어떻게 보낼 것인가를 안다. 이런 사람들은 은퇴에 잘 적응한다. 하지만 병이나 타의적인 해고에 의하여 예기치 않게 은퇴하게 된 사람들은 은퇴 준비를 전혀 하지 않았으므로 적응에 어려움을 느낀다.

Rosow(1974)는 은퇴가 자의적이었던 타의적이었던 간에 필연적으로 역할 단절을 가져온다고 말했다. 전형적으로 새로운 은퇴 역할에 적응하도록 준비시키거나, 직업을 대신할 의미 있는 대체활동을 찾을 수 있는 도움이 거의 없을 때 그러하다.

역할이론은 몇 가지 이유로 비판을 받았다. Strean(1979)은 역할이론이 개인의 고유한 정신적 과정을 고려하지 않으며 주관적 내면심리적인 기능을 평가절하했다고 평가했다. 직업역할이 남자를 포함하여 나이 든 사람들에게 가장 중심적인 역할이라고 가정하는 것에도 의문이 제기되었다. 또한 역할이론가들이 변화에 적응하도록 돕는 데 있어서 사회적 지지 구조, 성격, 대처양식 등을 과소평가하고 있지만, 이러한 요소들은 직업역할 그 자체보다는 은퇴에 적응하는 데 더 큰 영향을 가지고 있는 것으로 보인다. 끝으로 초기 횡단 연구는 현직에 있는 사람들보다 은퇴자들의 사기가 더 낮으며 더 많은 부적응을 보인다고 보고하는 것으로 역할이론을 지지하였다(Kutner, Fanshel, Togo, & Langer, 1956; Phillips, 1957). 그러나 종단 연구의 최근 동향은 이러한 결과를 지지하지 않는다.

단절이론

단절이론(disengagement theory)에서 Cumming과 Henry(1961)는

노인들은 점차로 어쩔 수 없이 중년에 맡았던 여러 가지 역할로부터 물러서게 되며, 삶의 활동 수준이나 소속감을 줄여 가게 된다고 가정했다. 그들은 노인들이 내면으로 향하며 점점 자신에게 몰두하게 된다는 이론을 전개했다.

'참여(engagement)'는 일반적으로 개인의 투자, 헌신 혹은 삶을 향한 에너지를 말하며, 심리적, 사회적 참여를 포함한다. 심리적 참여는 인식차원의 상호작용을 의미하는 반면에 사회적 참여는 행동차원의 상호작용을 의미하는데, 한 유형의 참여가 변화하면 다른 유형의 참여도 변화하도록 영향을 받는다(Richardson, 1983).

Neugarten(1964)에 의하면 사회적 참여는 사회적-구조적 변화나 역할 변화에 매우 민감한데 이러한 사건들이 행동에 한계를 부과하기 때문일 것이라고 한다. 많은 사람들이 새로운 환경에 적절한 욕구를 재정의하고 이에 적응함으로써 사회적 구속에 적응한다. 그러나 그 과정은 필연적으로 함께 일어나는 것이 아니다. 반면에 심리적 적응 요소인 주관적 자질은 외부 환경대체가 더 어려워지고 발달단계나 나이가 듦에 따라 변화하기 쉽다고 Neugarten은 주장한다. 예를 들면, Atchley(1988), Schultz(1985), Neugarten(1977)은 대부분의 이론가들이 내향적인 성격특성(관심과 주의를 외부의 대상보다는 자아를 향하여 돌리는)이 중년이나 그 이후부터 증가한다는 데 동의하였다. 또한 Atchley(1988)는 이러한 내면지향성은 자기수용이나 자기이해 그리고 에릭슨이 말한 통합을 향한 열망이지, 사회에서의 퇴장은 아니라고 제의한다. Richardson(1983)은 또래집단과 기간 효과를 통제했을 때 노년에서의 내면지향성이 발견되지 않는다는 것을 관찰했다.

Cumming과 Henry(1961) 또한 단절이란 직장과 가정에서 더욱 참여적이고, 정서적이고, 의무적이며, 수직적인 유대에서 덜 힘들고, 덜 정서적이며, 자의적이고, 수평적인 동료 관계를 선호하는 쪽으로 변화하는 것으로 설명했다. 그들은 이러한 변화는 필연적이고 본질적이지만, 어떤 특정한 사회적 단절은 이러한 변화 과정을 더 쉽거나 어렵게 만드는 역할을 한다고 강력히 주장하였다. 역할이론가들과 마찬가지로, 그들은 도구적인 직업활동에서 갑자기 단절되고, 은퇴라는 공공연한 요구조건에 직면했을 때 특히 남성에게 적응 문제가 생기며, 사회적인 고립과 우정의 박탈을 가져온다는 점을 지적하였다. 퇴직 전 직장 동료와의 우정 상실은 은퇴 시기에는 대체하기가 극도로 어렵다.

단절이론에 대한 경험적인 지지는 거의 없다. Atchley(1988)는 수년간의 연구에서 단절이 자연적이거나 필연적이라는 사실과, 거의 모든 경우에 관련 활동에 계속 참여할 기회가 없기 때문에 단절이 생긴다는 사실을 밝혀내지 못했다는 결론을 내렸다.

활동이론

활동이론가들은 사람들이 노년에 어떻게 대처하는가에 관심이 있다. 그들은 사람들이 높은 수준으로 활동을 유지하고 중년에 경험한 것과 비슷한 수준에서 참여를 계속하면 은퇴를 비롯한 노년에 잘 적응할 수 있다고 주장하였다(Friedman & Havighurst, 1954; Havighurst, 1963). 그들의 가정에 의하면 자아개념은 중년의 특성을 지닌 역할에 참여하는 데서 형성되며, 가능한 한 중년의 생활양식을 유지하면 노년은 존재하지 않는다고 보았다(Hooyman & Kiyak, 1988). 그러므로 활동이론가들은 활동적인 사회생활과 여러 가지 모임이나 조직에 참여하여 외출을 많이 하는 은퇴자들이 사회적 활동을 덜 하는 사람들보다 더 행복하리라고 결론을 맺었다. 몇몇 연구에서 활동 수준과 웰빙 사이에 높은 상관관계가 있다는 것이 입증되었다(Albrecht, 1951; Burgess, 1954; Havighurst, 1957). 그러나 활동이론(activity theory)은 활동수준을 유지할 수 없는 많은 노인들에게 비현실적인 기대를 주며 활동적이지 못한 사람들에게 패배자와 같은 느낌을 불러일으킬 수 있다.

Atchley(1988)는 중년 때와 비슷한 활동이 노년에는 존재하지 않을 수 있다고 지적한다. 대신할 만한 것이 없을 수 있으며 어떤 활동에는 자원이 충분하지 않을 수 있다. 수입이 거의 없는 은퇴자들에게는 여가활동이 큰 부담이 될 수 있다. 또 어떤 사람들은 지나치게 활동적인 것을 원하지 않으며 더 여유 있는 삶에 보조를 맞추기를 원한다.

지속이론

지속이론가들은 성격기능의 일부로 시간이 지나도 지속되는 습관, 헌신, 기호와 다른 성향을 발달시킨다고 주장한다(Atchley, 1977). 기회가 주어지면 사람들은 초기 생활양식과 이전의 자아존중감 수준과 오랫동안 추구해 온 가치를 지속시키려는 경향이 있다.

Atchley(1977)에 의하면 개인의 노화에 대한 반응은 생물학적 변화와 심리학적 변화의 복잡한 상관관계를 점검해 봄으로써 알 수 있으며, 바로 이것을 지속이라고 한다. 지속은 내적이거나 외적일 수 있다. Atchley(1988)는 내적 지속이 개인의 기억에 근거한 이념 체계이며, 외적 지속은 친숙한 환경에 살면서 친숙한 사람들과 상호작용하는 것을 지칭한다고 정의하였다. 새로운 삶의 경험은 자아와 환경에 대한 친숙한 면과 과정에 역행하여 나타난다. Fox(1981~1982)에 의하면 변화에 대한 반응뿐만 아니라 변화를 일으키도록 허용하는 최적의 지속 수준이 있다고는 하지만, 지속은 어느 정도 적응적이다. 그러므로 과거를 너무 강조하는 것은 새로운 상황에 적응하는 능력을 감소시킬 수 있으며 지속이 너무 적으면 불안을 일으킬 수 있다.

사람들은 이전의 삶의 양식을 지속하려는 경향이 있으므로, 지속이론가들은 은퇴가 부적응과 우울을 야기시킨다는 관점에서 보지 않으려는 경향이 있다. 그러므로 은퇴시기 이전에 설정된 우선순위와 활동이 은퇴 그 자체보다 노년에 더 큰 영향이 있다고 보았다. 은퇴는 단지 노인들이 이전의 삶의 양식과 자아존중감의 수준, 그리고 오래 지속된 가치들을 유지하는 또 다른 기회를 줄 따름이다.

최근의 경험적인 연구결과는 이러한 이론적인 기대를 지지한다. 종적인 연구방법을 채택한 George와 Maddox(1977)의 연구에 의하면 5년 동안 은퇴자의 삶의 만족도에서 놀라운 안정성을 발견했다. Wan과 Odell(1983)은 종적인 은퇴 기간 여론조사에서 얻은 자료를 분석하여 비슷한 결과에 도달했다. Atchley(1971)는 서너 가지 은퇴 적응 연구에서 직업에 대하여 매우 긍정적인 태도를 갖는 것이 은퇴 적응에 거의 부정적 영향을 미치지 않는다는 결론을 내렸다. 그는 매우 직업 지향적인 사람들이 여가 역할을 맡을 수 없다는 증거를 발견하지 못했으며 그 반대, 즉 직업에 대하여 행복하게 느끼는 사람이 은퇴에도 행복하게 느낄 가능성이 있다는 결론을 내렸다. 이러한 결과는 지속이론을 강력하게 지지한다.

Ekerdt(1986)는 은퇴자들이 은퇴 기간 동안 지속성을 유지하는 한 가지 방법은 은퇴 생활이 활동적이고 열정적이 되도록 '노동관(work ethic)'을 '분주한 삶(busy ethic)'으로 변형시키는 것이라고 주장했다. 비록 많은 은퇴자들이 더 이상 급여를 받는 일을 하지는 않지만 그들은 자원봉사, 일용직 활동, 주요 민생 사업, 교제, 시민 활동 그리고 위원회 참여 등으로 활동적이고 사회에 공헌하는 삶을 산다. Ekerdt는 분주한 삶이 은퇴 후의 여가를 인정하게 하고, 은퇴 역할을 정의해 주며, 직업생활에서 은퇴기로 잘 이행할 수 있도록 함으로써 지속을 유지하도록 돕는다고 주장한다.

지속이론(continuity theory)에 대한 비평은 거의 없지만 Covey(1981)와 Palmore, Fillenbaum과 George(1984)는 지속이론이 너무 단순하고 일반적이기 때문에 은퇴가 많은 개인에게 가져오는 재정적, 의료적 그리고 심리적 박탈의 영향을 인식하지 못했다고 지적한다. 어떤 경우에는 삶의 만족도와 이전의 생활양식이 유지되지만 적합한 자원을 갖지 못한 사람들에게는 지속을 유지하는 데(이 전 삶을 지속하는 데) 어려움이 있었다. Palmore 등(1984)은 은퇴한 남자들의 종적인 분석에서 사용된 결과측정 방법의 유형과 직업의 유형, 은퇴시기와 같은 요건에 따라서 은퇴가 삶에 다른 영향을 미친다는 것을 발견하였다. 그러므로 사용 가능한 자원과 사회적인 지지 그리고 은퇴 후의 주변 상황에 따라서 은퇴에 대한 반응은 달라진다. Covey(1981)는 지속을 유지하는 데 성공하느냐 못하느냐를 결정하는 서너 가지 요소가 있다고 주장한다. 한 가지는 개인의 자원이다. 즉, 개인의 자원과 능력이 증가함에 따라 사회적 역할을 지속시킬 수 있는 능력 또한 증가한다(p. 629). 그러므로 사회경제적 지위가 높은 사람은 낮은 사람보다 이전의 사회적인 역할을 유지할 수 있는 자원이 더 많다. 연령을 어떻게 등급 매기며 각 연령대의 전형적 모습이 어떠해야 하는가를 강조하는 사회문화적인 요소 또한 얼마나 쉽게 지속이 유지될 수 있는가에 영향을 미친다. 즉, "사회구조의 제한성이 감소함에 따라서 노인들이 사회 역할을 지속하고 유지할 수 있는 능력이 증가된다" (Covey, 1981, p. 630). 지속성을 구하는 동기도 변하며, 어떤 노인들은 전통적인 사회 역할을 몹시 끝내고 싶어 한다. Covey는 지속이론이 이론가들이 이전에 가정했던 것보다 더 복잡하며 지속을 유지하고자 하는 능력이나 욕구는 개인 자원과 사회문화적인 영향을 포함한 여러 가지 요소에 따라 다르다고 결론 내렸다.

지속이론이 가장 실패한 부분은 인생이 변하지 않는다고 보는 견해다. 지속이론은 정상적인 발달의 변화가 노인에게 미치는 영향을 적절하게 고려하지 못했다. Atchley(1989)는 더 역동적이며 덜 단순한 지속이론을 내놓았는데, 비록 사람들이 지속을 선호하지만(즉, 사람들은 선천적으로 사회적인 행동이나 환경의 외적인 지속뿐 아니라 내적인 심리적 지속도 좋아하지만) 그들은 삶에서 필연적으로 일어나는 단절에 적응해야 한다고 주장했다. 그는 사람들이 환경에 친숙하고, 적응적인 전략인 '지속'을 삶에서 일어나는 변화에 대처하는 데 사용하도록 제안했다. 그러므로 어떤 사람의 삶에서의 변화는 이전의 역사와 지금 갖고 있는 자아개념을 결합하여 통합된다. Fox(1981~1982)와 Atchley(1989) 또한 지속은 세 개의 일반적인 유형으로 분류된다고 주장했다. ① 개인에게 삶이 너무 예측 불가능할 때 일어나는 너무 짧은 지속 혹은 잦은 단절, ② 개인이 적합한 양의 변화를 겪는 최적의 지속, ③ 개인이 지루함을 느끼거나 삶이 너무 단조로워졌을 때 일어나는 과다한 지속.

Atchley(1989)는 최근의 지속이론을 분석하면서 이 이론이 노화에 관하여 더 융통성 있는 설명을 제공하지만 건강이 안 좋거나 자원이 부족하여 이전의 삶의 양식을 지속할 수 없는 사람을 적절히 설명하지 못한다고 지적한다. Atchley는 정상적인 노화란 사람들이 수입, 주택, 건강관리, 영양, 의복, 교통 그리고 여가에 대한 욕구를 성공적으로 충족시켰을 때 발생한다고 생각했다. "장애가 있거나 빈곤하여 자신의 욕구를 충족시키지 못하는 노인은 병리적인 노년을 경험하고 있다"(p. 184). 가령 1980년에 빈곤하게 살았던 삼백만 명의 노인 여성들은(Minkler & Stone, 1985) 병리적인 노년을 경험하고 있는가? 여자들은 남자보다 은퇴 이후에 더 큰 수입 감소를 경험하며 그들은 종종 적절한 연금을 받지 못한다(Richardson, 1990). 1980년 센서스에 의하면 노인 여성의 절반이 연간 5,000달러 이하의 수입을 얻고 있는데 이러한 경험을 병리적이라고 간주할 수 없다(Minkler & Stone, 1985). 게다가 대부분의 은퇴적응 연구가 그룹 평균에 초점을 맞추느라 적응의 여러 가지 형태를 고려하지 못했다. 은퇴자들에 관한 판별분석에서 Richardson과 Kilty(1991)는 어떤 은퇴자들은 이전의 웰빙 수준을 지속하고, 다른 사람들은 첫 6개월 동안 위기를 겪으며, 또 다른 사람들은 은퇴 이후에 생활수준이 향상되었다는 것을 발견하였다. 다양한 유형의 은퇴 적응을 알아보는 정상적인 노화에 대한 견해가 명백히 요구된다.

위기이론

위기이론(crisis theory)은 발달적인 위기가 병리적인 것이 아니라는 점을 전제하며, 변화의 상황적이고 개인적인 면을 강조하는 심리 이론이기 때문에 은퇴기간 동안의 적응 문제를 이해하는 데 더 적절한 이론이다.

위기이론은 1944년에 보스턴의 나이트클럽 화재 사건 희생자들의 슬픔 반응을 연구한 Erick Lindemann(1944)의 연구를 관찰하는 데서 생겨났다. 그는 격렬한 슬픔을 당한 사람들은 다섯 가지의 연관된 반응을 보인다고 결론을 내렸다. ① 신체적인 고통, ② 죽은 사람의 이미지에 사로잡힘, ③ 죄의식, ④ 적대적인 반응, ⑤ 행동 양식의 상실. Lindemann은 '위기개입의 창시자' 이며, Gerald Caplan(1964)은 Lindemann의 개념을 수정하여 '현대 위기 개입의 아버지' 로 알려지게 되었다.

Caplan(1964)은 위기개입 이론에 항상성의 개념을 도입한 첫 번째 이론가다. Caplan에 의하면 사람들은 심리적이거나 신체적인 불균형이 일어날 때 환경과 항상적인 균형을 유지하려고 하며 문제 해결의 전략에 몰두하게 된다. 위기란 통상적인 문제해결 방법이 실패했을 때 일어난다. Rapaport(1965)에 의하면 세 가지의 서로 연관된 요소가 사람들을 위기로 이끈다. ① 위험한 사건, ② 인생 목표에 위협, ③ 적절한 대처 메커니즘으로 반응할 수 없음. 여기에 더하여 항상 갑작스러운 사건이 위기 이전에 일어난다(Bloom, 1965). Parad(1965)는 개인마다 심리적 외상에 대한 반응이 서로 다르며 그 사람에게 갑작스러운 사건은 그것이 위기로 몰아가기 이전에 스트레스로 인식된다고 주장했다. 이러한 생각과 비슷한 맥락에서 Dixon(1987)은 위기를 "개인을 무기력하고 효과적으로 대처할 수 없을 것같이 느끼도록 만들 정도로 너무나 위험하게 인식되는 사건에 대한 반응으로부터 초래되는 쇠약해진 정신적 상태"라고 정의했다(p. 11). 그는 또한 위기이론은 심리병리학이나 심리적 기저의 갈등을 가정하지 않는다고 주장했다. 이와 유사하게 Baldwin(1979)은 스트레스에 대한 개인적인 내구력에 차이가 있으므로 위기는 심리병리학과는 관계가 없으며 건강하게 적응하는 사람들 가운데에서도 발생한다고 믿었다.

Golan(1981)은 모든 사람이 위기로 인해 최대한 변화 가능성을 가진 인생의 전환기를 겪게 된다는 것을 관찰했다. 그녀는 전환기란 하나의 위치, 단계, 주제 혹은 개념에서 다른 것으로 넘어가는 이동이나 움직임이라고 정의했다. Golan에 의하면 전환기란 좀 더 갑작스럽게 발생하며, 한정된 기간이 있고, 상당한 스트레스를 유발하는 위기를 예기치 않게 가져오게 된다. 위기와 전환기는 먼저 목적 없는 활동, 활동중단과 신체 기능, 기분, 정신적 만족과 지적 기능을 포함한 심리적 · 신체적 혼란을 가져온다. 다음으로는 과거에 고통스럽게 사로잡혀 있게 되고, 마지막으로 활동재개에 의하여 활동과 적응을 가져온다. 그녀는 전환기에도 끝이 있으며 결별과 상실의 과정이 있다고 말했다. Whitlock(1978)과 Bladwin(1979)은 거의 모든 위기가 자아 혹은 중요한 타인과의 관계 혹은 상황에 대한 상실이나 갑작스런 변화라는 상실의 위협을 포함한다고 했다. 그들은 상실 감정의 해결은 위기를 해결하는 과정의 일부라고 믿었다.

Caplan(1964)에 의하면, 위기에는 일반적으로 세 단계가 있다. 첫 단계는 위기를 일으키는 사건에 의하여 발생되는 긴장의 초기 증가이다. 긴장이 고조되고, 사람들은 익숙한 대처 형태에 의지하려 한다. 둘째 단계는 익숙한 문제해결 전략이 실패할 때 나타난다. 긴장이 더욱 고조되어 위기 개입이 시도된다. 이것이 실패하면 사람들은 위기 상태나 불균형 상태에 빠지게 된다. 항상성의 안정된 상태는 깨어진다. 마지막 단계에, 사람들은 결정적으로 정서의 외상을 경험하고 도움을 구한다. 대부분의 사람들은 5주에서 8주 사이에 한 사이클의 단계들을 완전히 거치며 새로운 균형 상태를 찾고 이전의 기능 수준으로 돌아간다. 비록 약간의 사람들은 위기 이후에 정신건강이 악화되지만 대부분의 사람들은 이 경험을 통하여 성장하며 정신건강이 향상된다(Smith, 1978). Baldwin(1979)은 사람들은 위기 상태의 취약성과 정서적인 불균형으로 생성된 동기의 결과로 인지적, 정서적, 학습 능력이 향상된다고 주장했다.

노인들의 경험을 이해하는 데 위기이론은 덜 활용되어 왔다. Golan(1981)이 적절하게 인생의 전환기에 위기개입의 개념을 적용하기는 하였지만, 위기이론은 노인들, 특히 은퇴자들에게는 적용되지 않았다. 그러므로 노인들의 필요와 문제를 보다 잘 충족시키도록 중재하는 위기 개입 기술 방법을 아는 상담자들은 거의 없다. 노년층과 상담할 때 환경과 개인적인 영향을 폭넓게 고려하는 위기이론과 같은 심리적인 관점이 사용되어야만 한다. Lowy(1985)는 "노인을 도울 때 인간에 대한 생리-심리-사회적인 개념이 결정적이다."라고 주장했다(p. 53). Hooyman과 Kiyak(1988)은 노인들의 다양성은 사회적, 신체적, 심리적, 경제적 그리고 문화적인 요인을 포함하여 노화에 대한 모든 면을 고려할 수 있는 노인학 상담전문가를 요구한다고 제의했다. 그들은 신체 건강, 정신 건강, 대처 능력/전략, 성격과 같은 개인적 변인을 평가하지 않고 노화에 대한 사회적인 면을 고려하는 것은 불가능하다고 지적했다. 그들의 견해에서 보면, 적응이란 개인이 내적 지속성을 유지하거나 얻으려고 노력함으로써 환경의 특성에 적응하고, 변화를 위하여 조직하거나 이를 옹호함으로써 변화를 초래하는 두 가지 과정을 내포한다. 노인들을 위한 개입 전략은 미시적 수준과 거시적 수준 모두에서 작용해야 한다. 노인들이 환경의 요구에 더 잘 적응하도록 도와야 하며 동시에 자유에 방해가 되는 환경을 변화시키도록 격려해야 한다. 효과적인 노인학 상담자는 지지, 통찰과 공감을 옹호하며 제공하여야 한다. 불행히도, 위기이론가들은 대처 능력/전략이나 성격과 같은 개인적인 요소를 상황적이고 사회문화적인 영향보다 더 많이 강조하였다.

비판노인학의 개념들을 통합한 위기이론의 재개념화가 요구된다. 비판노인학의 관점은 노화에 대한 낙관적인 견해를 제공하는데, 즉 '지배로부터 자유를 향한 운동(자율성, 지혜 그리고 초월성)'으로 인식하는 것이다(Moody, 1988, p. 33). Moody(1988)는 노인에게 위기이론을 적용할 때 포함하고 강조해야 할 몇 가지 비판노인학의 요소를 아울렀다. 비판노인학은 인간 노화의 주관적이고 해석적인 차원을 중요시했다. 이것은 노년을 이해하는 데 객관적 지표를 사용하는 경향의 노인학의 전통적 환원주의의 견해와는 다르다. 주관적 접근은 신체적 건강 상태, 지적 능력, 심리적 기능, 물질적 자원 그리고 생활양식에 있어서 다양한 연령층인 노인들과 일하는 상담자에게 중요하다(Dannefer, 1988). Kenyon(1988)은 상담자들이 노인에 대한 일반화된 언어를 사용하는 데 매우 주의를 기울여야 한다고 말한다. 그는 노인들이 너무나 다양하고 인간의 노화는 너무나 복잡하기 때문에 맥락적이고 상황적인 접근을 추천했다. 그는 또한 노인에 대한 개입은 노화와 노인에 대한 복합적 개념화에 근거해야 한다고 주장한다. 노령 내담자에 대한 주관적이고 해석적인 차원에 초점을 둔 개입은 노인의 개인적 특성과 고유함을 보장하고 상담자의 노인 내담자에 대한 고정관념으로부터 보호할 수 있다.

그러므로 해석적 위기 개입은 위기 경험이 내담자에게 어떤 의미가 있는가뿐만 아니라 내담자의 견지에서 사건이 어떻게 보이는가에 초점이 있다. Reker와 Wong(1988)은 시간의 흐름에 따라 개인이 '현실'을 구성하고 재구성하면서 그들의 내적 표상은 객관적 현실과 유사할 수도, 그렇지 않을 수도 있다고 한다. Rowles와 Reinharz(1988)도 최소한의 선험구조를 가지고 경험된 현실의 의미를 파악하려고 시도하는 질적 노인학 접근을 제의하였다. 이때에는 맥락적 요소가 강조된다.

이러한 접근은 상담자가 개인적 의미와 경험을 내담자의 입장에서 설명하고 해석하는 것에 초점을 두도록 독려하며, 이는 "개인이 사건과 인생의 흐름에 부여하는 가치를 포함한다"(Reker & Wong, 1988, p. 217). Reker과 Wong(1988)에 의하면 "의미는 또한 개인이 그들의 인생과 그들의 존재에 부여하는 중요성에 대하여 이야기할 때 연결되는 의미함축과 상징을 포함한다"(p. 217). 노년의 의미는 명상과 반추와 자기평가를 통하여 삶의 내적인 면을 살피는 것으로부터 도출된다. 그러므로 노인 위기개입에서 중요한 부분은 내담자가 그들 자신의 견해로부터 위기 경험의 의미를 포착하도록 돕는 것을 포함한다. 위기개입에서 의미에 초점을 두는 것은 새로운 일이 아니다. Sands(1986)는 의미가 위기개입이론과 실제에서 본질적인 부분이라고 주장했다. 그녀는 사람들이 위기를 당했을 때 무의미감을 경험하며 이 무의미감을 직면하고 비극에서 의미를 발견할 때 위기를 해결한다고 주장했다. Lantz(1986)에 의하면 의미추구는 모든 사람에게 자연스러운 동기이며 어려운 시기에는 더욱 중요하다. Lantz와 Pegram(1989)은 내담자들이 어려운 시기에 의미를 찾도록 돕는 것이 중요하며, 이러한 노력에 도움을 주는 것이 상담자의 일이라고 주장한다. 그들은 이러한 개입을 '의미의 회복'이라고 지칭했다.

Moody(1988)가 비판노인학의 주요 요소로 밝힌 둘째 요소는 기술보다는 상호적인 숙고와 대화를 강조하는 것이다. 상담자들은 자신들과 노인 내담자들 사이에 상호 교환을 독려해야 한다. 질적 노인학(Rowles & Reinharz, 1988)은 이것을 '협동적인 대화'라고 지칭한다. 그것은 상담자가 내담자와 불필요하고 권위적이거나 지배적인 관계를 피할 때 이루어진다. 많은 노인이 정신건강 서비스의 가치에 의문을 가지며 Hooyman과 Kiyak(1988)에 의하면 정신건강 종사자에 대한 신뢰가 부족하다. Waxman, Carner과 Klein(1984)은 노인들이 정신적 증상을 치료하는 데 정신건강 전문가보다는 의사를 더 선호하고, 우울증은 의사에게 치료받기를 더 원한다는 것을 발견했다. 또한 Lawton(1979)과 Germane, Shapiro와 Skinner(1985)는 대부분의 노인들이 그들의 문제를 심리적이라고 해석하기를 꺼리며 대신에 신체적이거나 사회적인 조건에서 연유한다고 생각하기를 선호한다고 보고했다. 이러한 생각들을 고려할 때, 상담자들은 노인내담자와 라포를 형성하고 상호 간의 대화와 목표를 설정하는 데 있어서 보호자 노릇하기(paternalizing)를 조심해야 한다. Spar(1988)은 노인들과 접촉을 하기 위하여 '상징적 베풂'(giving, 커피 한 잔을 대접하기)과 신체 접촉을 통한 애정 표현을 하도록 제의한다.

마지막으로 비판노인학적 견지는 '역사적 과거의 지배 구조와 현대문화 정신에서 제외된 노년의 의미에 대한 평가절하로부터 자유를 열망하는' 해방 사업 이념에 근거한 것이다(Moody, 1988, p. 36). 해방에 대한 목표는 노인들이 자율성과 지혜 그리고 초월성을 성취하지 못하도록 하는 환경적인 제약을 의식하도록 돕는 데 초점을 둔다. Moody(1988)는 이러한 이념을 통합하지 않는 견해는 자유가 아니라 전문가와 정책자와 상담자들이 새로운 지배로 이끄는 데 사용되는 위험을 초래할 것이라고 주장했다. 그러므로 노인위기개입은 내담자의 자아 강도, 대처 능력/전략과 성격뿐 아니라 지배와조종의 환경적 근원까지 고려해야 하며 이러한 장벽을 극복하는 데 사용할 수 있는 전략을 고려해야 한다.

다음에는 위에 언급된 다섯 가지의 이론적 견해—역할이론, 단절이론, 활동이론, 지속이론과 위기이론—이 어떻게 은퇴적응문제에 대한 서로 다른 해석을 가져오는지 보여 주기 위한 두 가지 상담 사례를 소개하였다.

사례

60세의 교사인 앤더슨 씨(Mr. Anderson)는 30년간 고 1 영어를 즐겁게 가르쳤다. 그는 재혼한 부인과 20년간 결혼생활을 했으며 세 명의 자녀는 모두 성장했다. 그의 아내는 직장을 갖지 않았다. 지난 7년간 앤더슨 씨는 심리적 어려움을 겪었는데 이는 학교 측에서 그에게 은퇴 압력을 준다고 느꼈기 때문이다. 아무도 이것을 직접적으로 언급하지는 않았지만 보수가 더 적은 신입교사가 들어올 수 있도록 그가 퇴직하기를 원한다는 것을 느꼈다. 행정직원들은 새로 온 젊은 교사들이 구태의연하고 비효율적인 교수방법에 매이지 않고 보다 혁신적인 학습 방법을 알고 있다고 생각하는 것 같았다. 학교 측에서 조기퇴직계획 신청을 제의했을 때 그는 거절하기에는 너무 조건이 좋다고 느꼈다. 앤더슨 씨는 퇴직했지만 자신의 결정에 대하여 양가감정을 느낀다. 그는 6월에 퇴직하고 여름을 즐겁게 보냈으며 처음에는 좀 더 여유로운 생활을 기대하기도 했다. 아내와 함께 여름 동안 여행을 하고 자녀와 손자들을 방문했다.

9월이 되자 앤더슨 씨는 상실감을 느꼈다. 그는 다른 사람들이 직장이나 학교로 돌아가자 이상한 느낌이 들었다. 앤더슨 씨는 점점 우울해졌고 10월에는 두드러지게 우울한 사건이 있었다. 잠자는 것이 어렵고, 식욕도 없고, 자신이 무엇을 할지 모르는 것 같았다.

역할이론에 의하면 앤더슨 씨는 직업역할의 상실을 고심하고 있다. 학교 선생으로서 앤더슨 씨의 직업은 그의 정체감의 주요 원천이고 삶의 중심적 역할이다. 그것은 구조화된 일상과 동료들과 연대하는 수단을 제공했다. 직업역할의 상실과 이어지는 '역할 없음

(rolelessness)' 은 상실감과 혼란과 우울감을 초래했다. 역할이론은 앤더슨 씨가 새로운 역할, 즉 은퇴 역할을 수용하고 배울 필요가 있다고 제의한다. 이것은 여가 추구와 연대활동에 참여하며 자신의 시간을 경영하고 자신의 삶의 구조를 개발하며 아마도 지역사회에 자원봉사하는 것까지를 포함한다. 일단 앤더슨 씨가 새로운 은퇴 역할에 적응하면 그는 역할 상실에 의한 아노미현상을 더 이상 경험하지 않을 것이다.

한편 단절이론을 지지하는 사람이라면 앤더슨 씨의 가장 큰 문제가 노화의 피할 수 없는 변화를 수용하지 않으려는 것이라고 볼 것이다. 앤더슨 씨는 결혼과 직업 같은 사회의 주요 제도에서 물러나게 되는 것은 나이를 먹음에 따라 피할 수 없고 자연적인 결과라는 사실을 알아야 한다. 그의 우울함은 노화에 대한 저항 때문에 야기되었다. 앤더슨 씨는 노화의 자연적인 과정에 대항하지 말아야 하며, 고심하기를 멈추고 이를 받아들이며 더 느린 생활양식에 안주해야 한다. 그의 완고함은 더 큰 불행감과 우울을 야기했다.

활동이론가들은 앤더슨 씨의 우울을 다르게 설명한다. 그의 우울은 은퇴에 의해서 야기된 것이 아니라 은퇴 후의 비활동성에 의해서 야기된 것이다. 앤더슨 씨는 더 재미있는 취미를 찾거나 사회활동에 자발적으로 참여하거나 새로운 여가활동을 더 추구할 필요가 있다. 앤더슨 씨가 더 활동적이 된다면 그렇게 우울하지 않을 것이다. 그의 우울이 고립에 의하여 야기되었기 때문에 그가 덜 고립된다면 그는 그만큼 우울하지 않을 것이다.

지속이론에 따르면 앤더슨 씨는 과거에도 다른 문제에 잘 대처하지 못했으며 우울을 오랫동안 경험했기 때문에 은퇴에도 잘 적응하지 못하고 있다. 그는 은퇴 이후의 변화에 익숙한 패턴으로 반응하고 있었으며 그의 변화된 생활에 대하여 익숙함을 회복하는 방법을 찾는다면 기분이 좋아질 것이다. 새로운 것이 과거의 습관과 활동에 동화되어 가면서 그는 점점 더 좋은 느낌을 가지게 될 것이다.

위기이론가들은 앤더슨 씨의 우울이 은퇴라는 주요 발달 전환기에 대한 정상적인 반응이라고 해석한다. 은퇴는 불균형, 불안 그리고 우울이라는 시초의 느낌을 가져온 급박한 사건이었다. 그 변화는 그의 항상성을 일시적으로 무너뜨렸지만, 그는 결국 적응하고 이전의 기능 수준으로 돌아올 것이다. 앤더슨 씨는 점진적으로 응급상황에 대처하는 전략을 발휘하고 아내나 다른 식구들과 친구들이 도울 수 있도록 지지 체계를 요청함으로써 새로운 균형 상태를 이룩할 것이다. 위기이론은 다른 두 가지 요소를 강조한다. 즉, 앤더슨 씨가 자신의 경험을 현상학적으로 해석하는 것과 그가 극복해야 하는 환경적인 장애인 것이다. 은퇴는 그에게 고유한 의미가 있다. 직업은 의미와 구조와 일상과 교제할 수 있는 기회를 제공하였으며 은퇴는 이러한 지지의 자원에 종지부를 찍었기 때문에 그에게는 주요한 상실이었다. 은퇴는 아주 중요한 만족의 원천이 끝나는 것을 의미했다. 게다가 그는 은퇴가 진정으로 자의적이 아니었다고 느꼈으며, 이것은 불공평하고 그가 아직 교실에서 능력을 발휘할 수 있을 때 퇴직하기를 기대하는 것은 부당하다고 느꼈다. 그는 그들의 태도를 바꾸기에 무력했으며 이것이 그를 더 우울하게 만들었다는 것을 인식하게 되었다.

위기개입이론의 견지에서 볼 때 앤더슨 씨는 먼저 자신에게 퇴직의 경험이 어떤 감정을 불러일으키는지 살펴볼 필요가 있다. 상실과 분노의 감정에 대한 상담을 한 후에 그는 그의 인생에 새로운 의미의 원천을 발견하고 만족을 얻기 위한 새로운 방법을 찾을 필요가 있다. 그는 자신의 반응이 정상적이며 이 위기가 자신의 잘못이 아니라는 것을 알 필요가 있다. 그가 통제할 수 없는 사회적인 압박이 자신이 원하는 것을 하지 못하도록 했다. 그는 고용주의 사회적인 고정관념과 연령차별적인 태도가 노령 노동자의 공헌을 깎아내리며 이러한 곤경에 처한 자신과 같은 많은 노인들이 있다는 것을 인식할 필요가 있다. 다른 사람들도 나이 때문에 퇴직하도록 압력을 받았으며 그 자신만이 당한 일이 아니라는 것을 알아야 했다.

각각의 이론적 견해는 앤더슨 씨의 우울에 대하여 서로 다른 설명을 한다. 역할이론은 그가 퇴직 이후에 겪은 직업역할의 상실과 이어지는 '역할 없음' 에서 원인을 찾는다. 그러나 이 접근은 그가 자신의 은퇴에 부여한 의미나 자신의 변화된 인생에 대한 그의 내면적 감정인 우울과 분노에 대하여도 언급하지 않는다. 단절이론은 앤더슨 씨에게 도움도 희망도 주지 못한다. 그는 단지 자신의 운명을 받아들여야 한다. 왜냐하면 그의 문제는 너무나 많은 기대를 갖고 있었던 것이기 때문이다. 활동이론가들은 앤더슨 씨가 삶에 더욱 참여함으로써 우울을 극복하도록 추천하고 있다. 그러나 그는 기관에 가입하거나 자원봉사를 하거나 교제를 하고 싶은 생각이 들기에는 너무나 우울했기 때문에 이러한 추천은 도움이 되지 않았다. 지속이론 역시 그의 우울에 대한 이해를 제공하는 데 거의 도움이 되지 못한다. 이것은 그가 아마도 항상 우울했을 것이라는 사실을 내포하고 있지만, 오히려 그는 과거의 일상이 변했기 때문에 이러한 상황에 맞닥트리게 된 것이다. 지속이론은 앤더슨 씨와 같은 상황에 놓인 사람들에게 개입하도록 기획해야 하는 상담자들에게는 거의 도움을 주지 못한다. 그것은 왜 어떤 사람들은 적응 문제를 경험하지 않는가를 설명하기는 하지만, 적응문제를 경험하는 사람들에 대하여는 설명하지 않기 때문이다. 마지막으로, 위기이론은 앤더슨 씨가 인생의 중대한 발달적인 변화에 대하여 정상적인 반응을 경험하고 있으며, 변화가 전적으로 자의적이 아니었기 때문에 그는 자연적으로 자신의 은퇴 환경에 대하여 분노와 섭섭함을 느끼게 되었다고 이해한다. 이 접근은 사건에 대한 앤더슨 씨의 해석에 초점을 맞추면서 동시에 타의적으로 직장을 떠난 것과 같은 상황적인 영향에 대해서도 고려하고 있다. 그는 자신의 감정을 살펴보고 조기 퇴직을 초래한 물리적 힘을 알아차리고 궁극적으로 새로운 균형상태를 이루게 된다. 지지와 옹호를 통하여 그는 곧 은퇴위기를 극복할 수 있을 것이다.

두 번째 예는 다른 많은 노인 여성들처럼 은퇴를 잘 준비하지 못한 미망인의 이야기다. 그녀의 경우도 여러 가지 이론적인 견해에서 분석되고 비평되었다.

스캇 부인(Ms. Scott)은 65세의 미망인이다. 의류공장 조립 생산직에서 10년간 일하다 퇴직하였다. 스캇 부인은 돈이 필요하고 두 명의 자녀 중 아무도 그녀에게 돈을 줄 정도로 수입이 넉넉하지 않았기 때문에 남편이 죽은 후에 곧 일을 시작하였다. 그녀의 경력이라고는 처녀 시절에 웨이트리스로 일해 본 것밖에는 없었다. 그녀에게는 몇 가지 건강상의 문제가 있었는데 직장 일을 하면서 그녀의 건강이 더 악화되었기 때문에 퇴직을 했다. 은퇴 후에 그녀는 가족과 친구들과 접촉을 유지했다. 그녀는 아

> 들, 딸, 손자, 손녀와 관계가 좋다고 느꼈으며 다른 사람과 함께 있는 것을 즐겼다. 퇴직 후의 가장 큰 문제는 수입의 현격한 감소다. 공장 근로자로서 1년에 일만 달러 정도를 벌었지만 퇴직 후에는 수입이 반으로 줄었다. 회사는 그녀가 불입할 수 있는 연금 계획이 없었으며 그녀는 연금에 가입하는 것이 얼마나 중요한지에 대하여 여태껏 인식하지 못하고 있었다. 그녀의 유일한 수입원은 사회보장연금과 남편의 퇴직금에서 나오는 얼마 안 되는 연금뿐이다. 그녀는 집을 팔아서 저소득 노인을 위한 주택으로 이사했다. 30년 이상을 살며 동네와 이웃에 정이 들었던 집을 떠나기 싫었다. 그녀는 익숙한 환경을 떠나는 일이 몹시 상처가 되는 것을 알았다. 집을 판 돈이 경제적으로 도움이 되기는 하지만 아직도 병원비와 치과비, 식료비 그리고 차량유지비 등 많은 지출로 어려움을 겪고 있다. 그녀는 빈곤에 적응하기가 매우 힘들다는 것을 알게 되었다.

역할이론가들은 스콧 부인의 문제가 앤더슨 씨의 문제와 비슷하다고 주장한다. 왜냐하면 그는 심리적인 어려움을 겪고, 그녀는 경제적인 어려움을 겪고 있지만 둘 다 직업역할을 그만두었기 때문에 생긴 일이기 때문이다. 역할이론은 스콧 부인이 겪는 것과 같은 은퇴 이후의 극적인 수입 감소와 같이 정치적이고 경제적인 어려움에 대하여는 언급하지 않고 있으며, 이와 유사한 내담자를 돕는 상담자들에게 적절한 해결책을 제시하지 못한다. 많은 사람들이 은퇴에서 겪는 수입 감소에 따른 경제적인 적응은 무시된다.

단절이론가들은 수입 감소와 이에 따른 사회적 참여의 감소는 자연적이고 필연적이라고 주장한다. 삶으로부터 점점 철수하는 것은 적응적인 과정이며 스콧 부인은 환경을 받아들이고 더 이상 자신에 대하여 좋지 않은 감정을 갖지 않도록 해야 한다. 물론 빈곤과 그것에 포함되는 문제들은 모든 퇴직자에게 필연적인 일은 아니며, 웰빙에 정치적이고 경제적인 장애가 되는 것을 수용하도록 상담하는 것은 심리학적인 접근이라기보다는 이념적인 접근이다.

활동이론가들은 스콧 부인이 더 활동적이라면 수입 문제로 걱정을 덜 하리라고 믿는다. 더 자주 외출하고 여가를 추구하는 데 몰두하면 그녀의 나머지 삶은 행복하고 생산적일 것이다. 그러나 활동이론가들은 많은 여가 활동이 비용이 많이 들며 그렇지 않더라도 은퇴자들에게는 그림의 떡이라는 사실을 인지하지 못한다. 만약 실제로 여가 활동이 은퇴 문제의 해결이 된다면 노인 빈곤층은 활동이론으로부터 가장 많이 손해를 보고 가장 조금 혜택을 보게 된다.

지속이론가들에 의하면 스콧 부인이 지속성을 유지하지 못한 것이 어려움의 원인이라고 주장한다. 이례적인 재산의 감소가 안정성의 저해물이 되면서 그녀는 병리적인 노화를 보이고 있다. 지속이론가들은 어떻게 은퇴 이후에 재정적인 계속성이 유지되고 재정립될 수 있는가를 설명하지 않는다.

위기개입 관점에서 스콧 부인은 은퇴 위기를 경험하였다. 그리고 구체적으로는 경제적인 위기가 은퇴를 부각시켰다. 그녀에게 위기의 의미는 또한 경제적인 것이다. 낮은 임금과 형편없는 연금 혜택을 포함한 경제적이고 환경적인 상황이 그녀에게 스트레스를 가져왔다. 위기에 대하여 경제적인 해결이 더 좋겠지만 이것은 실현 가능성이 적다. 상담으로 빈곤이 그녀의 잘못이 아니며 복잡하고 사회적인 구조가 그녀의 경제적인 상황에 영향을 주었고, 그녀와 같은 상황에 있는 여자들이 수백만이나 된다는 것을 이해하도록 도울 수 있다. 그녀는 변화를 옹호하도록 독려받아야 하는 빈곤 노인 여성으로 억압받는 계층에 속한다.

어떤 이론이라도 스콧 부인이 당면하고 있는 경제적인 위기를 적절하게 설명하지 못한다. 역할이론은 삶의 만족과 사기 지표와 같은 심리적인 문제를 강조한다. 단절, 활동 그리고 지속이론가들은 거의 배타적으로 웰빙에만 초점을 맞추고 있다. 노인 여성들의 높은 빈곤 발생률에도 불구하고 빈곤 문제를 다룬 노인학 이론은 거의 없다. 위기이론의 전통적인 해석도 더 나을 것은 없다. 비판노인학자들은 노년의 빈곤에 관심이 있지만, 노인학 상담자들은 내담자들과 작업할 때 이러한 관점을 응용하지 않았다. 노인의 삶에 있어서 환경적인 압박과 개인적인 차이의 영향을 적절히 설명하는 비판노인학과 위기이론을 결합한 통합 이론적 관점이 요구된다.

요약

은퇴 적응을 설명하기 위하여 여러 가지 이론이 제시되었다. 가장 일반적인 이론적 견해로는 역할이론, 단절이론, 활동이론, 지속이론과 위기이론이 있다.

역할이론가들은 사회가 행동에 기대를 부과하는 여러 가지 역할을 중심으로 이루어져 있다고 주장한다. 그들은 직업역할을 강조한 나머지 사람들이 은퇴하고 할 일을 잃으면 불행해진다고 가정한다. 최근의 연구는 이러한 주장을 지지하지 않는다.

단절이론가들은 사람들이 은퇴 이후에 위축되는데 이것은 나이가 듦에 따라 자연스럽고 피할 수 없는 일이라고 여긴다. 그러나 많은 은퇴자들은 이후의 삶에서도 매우 활동적인 상태를 유지한다.

비록 비현실적인 기대일지라도 활동이론가들은 나이 든 사람들이 바쁘고 활동적이면 더 행복할 것이라고 제안한다.

지속이론가들에 의하면 사람들은 시간이 지나도 변하지 않으며 이전의 습관과 생활양식을 유지한다고 한다. 은퇴 기간에 행복하지 않은 사람들은 아마도 현역에 있을 때도 행복하지 않았을 것이다. 이 이론은 사람들이 인생을 살면서 때때로 변화하며 혼란을 겪는다는 점을 인식하지 못했다. 이들은 은퇴 이후에 중요한 자원을 잃는 사람들이 은퇴기간 동안 적응 문제에 가장 취약하다고 보았다.

성인 발달에 있어서 개인적인 측면뿐만 아니라 상황적인 측면도 통합하는 이론적인 견해가 요청된다. 나이 든 성인을 상담하는 상담자들에게 효과적이고 성격적인 차이와 대응 기술, 인지적인 유형 그리고 환경적인 영향을 강조하는 접근이 해석적인 위기이론이다. 이 견해는 개인적인 특성과 주관적인 지각, 의미, 대화, 비권위적인 관계 그리고 자유로움에 초점을 둔다.

참고문헌

Albrecht, R. (1951). The social roles of older people. *Journal of Gerontology, 6*, 138–145.

Atchley, R. (1971). Retirement and leisure participation: Continuity or crisis? *Gerontology, 11,* 13–17.

Atchley, R. (1977). *Social forces in later life* (2nd ed.). Belmont, CA: Wadsworth.

Atchley, R. (1988). *Social forces and aging* (5th ed.). Belmont, CA: Wadsworth.

Atchley, R. (1989). A continuity theory of normal aging. *Gerontologist, 29,* 183–190.

Baldwin, B. (1979). Crisis intervention: An overview of theory and practice. *Counseling Psychologist, 8,* 43–52.

Blau, Z. (1973). *Old age in a changing society.* New York: Franklin Watts, New Viewpoints.

Bloom, B. (1965). Definitional aspects of the crisis concept. In H. Parad (Ed.), *Crisis intervention: Selected readings* (pp. 303–311). New York: Family Service Association of America.

Burgess, E. (1954). Social relations, activities and personal adjustment. *American Journal of Sociology, 54,* 352–360.

Caplan, G. (1964). *Principles of preventive psychiatry.* New York: Basic Books.

Cottrell, L. (1933). Roles and martial adjustment. *Publications of the American Sociological Society, 27,* 107–112.

Covey, H. (1981). A reconceptualization of continuity theory: Some preliminary thoughts. *Gerontologist, 21,* 628–633.

Cumming, E., & Henry, W. (1961). *Growing old: The process of disengagement.* New York: Basic Books.

Dannefer, D. (1988). What' s in a name? An account of the neglect of variability in the study of aging. In J. Birren & V. Bengston (Eds.), *Emergent theories of aging* (pp. 356–384). New York: Springer Publishing Co.

Dixon, S. (1987). *Working with people in crisis* (2nd ed.). Columbus,

OH: Merrill.

Ekerdt, D. (1986). The busy ethic: Moral continuity between work and retirement. *Gerontologist, 26,* 239–244.

Fox, J. (1981–82). Perspectives on the continuity perspective. *International Journal of Aging and Human Development, 14,* 97–115.

Friedman, E., & Havighurst, R. (Eds.). (1954). *The meaning of work and retirement.* Chicago: University of Chicago Press.

George, L., & Maddox, G. (1977). Subjective adaptation of loss of the work role: A longitudinal study. *Journal of Gerontology, 39,* 364–371.

Germane, P., Shapiro, S., & Skinner, E. (1985). Mental health of the elderly. *Journal of the American Geriatrics Society, 33,* 264–252.

Golan, N. (1981). *Passing through transitions: A guide for practitioners.* New York: The Free Press.

Havighurst, R. (1957). The social competence of middle-aged people. *Genetic Psychology Monogram, 56,* 297–375.

Havighurst, R. (1963). Successful aging. In R. William, C. Tibbitts, & W. Donahue (Eds.), *Processes of aging* (Vol. 1, pp. 299–320). New York: Atherton Press.

Hooyman, N., & Kiyak, H. (1988). *Social gerontology: A multidisciplinary perspective.* Boston: Allyn and Bacon.

Kenyon, G. (1988). Basic assumptions in theories of human aging. In J. Birren & V. Bengston (Eds.), *Emergent theories of aging* (pp. 3–18). New York: Springer Publishing Co.

Kutner, G., Fanshel, D., Togo, A., & Langer, S. (1956). *Five hundred over sixty.* New York: Russell Sage Foundation.

Lantz, J. (1986). Family logotherapy. *Contemporary Family Therapy, 8,* 124–131.

Lantz, J., & Pegram, M. (1989). Casework and the restoration of meaning. *Social Casework, 9,* 549–555.

Lawton, M. (1979). Clinical geropsychology: Problems and prospects. In *Master lectures on the psychology of aging.* Washington, DC: American Psychological Association.

Lindermann, E. (1944). Symptomatology and management of acute grief. In H. Parad (Ed.), *Crisis intervention: Selected readings* (pp. 7–21). New York: Family Service Association of America.

Lowy, L. (1985). *Social work with the aging* (2nd ed.). New York: Longman.

Minkler, M., & Stone, R. (1985). The feminization of poverty and older women. *The Gerontologist, 25,* 351–357.

Moody, H. (1988). Toward a critical gerontology: The contribution of the humanities to theories of aging. In J. Birren & V. Bengston (Eds.), *Emergent theories of aging* (pp. 19–40). New York: Springer Publishing Co.

Neugarten, B. (1964). *Personality in middle and late life.* New York: Atherton Press.

Neugarten, B. (1977). Personality and aging. In J. Birren & K. Warner Schaie (Eds.), *Handbook of the psychology of aging* (pp. 626–649). New York: Van Nostrand Reinhold.

Palmore, E., Fillenbaum, G., & George, L. (1984). Consequences of retirement. *Journal of Gerontology, 39,* 109–116.

Parad, H. (1965). *Crisis intervention: Selected readings.* New York: Family Service Association of America.

Phillips, B. (1957). A role theory approach to adjustment in old age. *American Sociological Review, 22,* 212–217.

Rapaport, L. (1965). The state of crisis: Some theoretical considerations. In H. Parad (Ed.), *Crisis intervention: Selected readings* (pp. 75–

87). New York: Family Service Association of America.

Reker, G., & Wong, P. (1988). Aging as an individual process: Toward a theory of personal meaning. In J. Birren & V. Bengston (Eds.), *Emergent theories of aging* (pp. 214–246). New York: Springer Publishing Co.

Richardson, V. (1983). Developmental changes in psychological involvement among adults in 1957 and 1976. *Interdisciplinary Topics in Gerontology, 17*, 40–49.

Richardson, V. (1990). Gender differences in preretirement planning among educators: Implications for practice with older women. *Women and Aging, 2*, 27–40.

Richardson, V., & Kilty, K. (1991). Adjustment to retirement: Continuity vs. discontinuity. *International Journal of Aging and Human Development, 33*, 151–169.

Rosow, I. (1974). *Socialization to old age.* Berkeley, CA: University of California Press.

Rowles, G., & Reinharz, S. (1988). Qualitative gerontology: Themes and challenges. In G. Rowles & S. Reinharz (Eds.), *Qualitative gerontology* (pp. 3–33). New York: Springer Publishing Co.

Sands, R. (1986). The encounter with meaninglessness in crisis intervention. *International Forum for Logotherapy, 9*, 102–108.

Schulz, R. (1985). Emotion and affect. In J. Birren & W. Schaie (Eds.), *Handbook of the psychology of aging* (2nd ed., pp. 531–542). New York: Van Nostrand Reinhold.

Smith, L. (1978). A review of crisis intervention theory. *Social Casework, 59*, 396–405.

Spar, J. (1988). Principles of diagnosis and treatment in geriatric psychiatry. In L. Lazarus (Ed.), *Essentials of geriatric psychiatry: A guide for health professionals* (pp. 102–112). New York: Springer

Publishing Co.

Strean, H. (1979). Role theory. In F. J. Turner (Ed.), *Social work treatment: Interlocking theoretical approaches* (pp. 385–407). New York: The Free Press.

Streib, G., & Schneider, C. (1971). *Retirement in American society.* Ithaca, NY: Cornell University Press.

Thomas, E., & Biddle, B. (1966). Basic concepts for classifying the phenomena of role. In B. Biddle & E. Tohmas (Eds.), *Role theory: Concepts and research* (pp. 23–45). New York: John Wiley and Sons.

Wan, T., & Odell, B. (1983). Major role losses and social participation of older males. *Research on Aging, 5,* 173–196.

Waxman, H., Carner, T., & Klein, M. (1984). Underutilization of mental health professionals by community elderly. *Gerontologist, 24,* 23–30.

Whitlock, G. (1978). *Understanding and coping with real–life crises.* Monterey, CA: Brooks/Cole.

3 은퇴의 단계

은퇴는 어느 날 갑자기 퇴직자가 되는 하나의 사건이 아니라 누구나 겪게 되는 과정으로, 직장인에서 퇴직자로 변해 가는 '일련의 과정' 으로 인식되고 있다. 그러나 아직 은퇴 과정에 대해 연구한 사람은 거의 없다. Robert Atchley(1988)는 은퇴 과정을 8단계로 구별하였다.

첫 번째 단계는, 은퇴 전 단계로 은퇴가 먼 단계와 근접한 단계로 구성되어 있다. 먼 단계는 직장인이 '은퇴는 먼 미래에 일어날 일로 생각하는 갈등이 없는 시기' 로 긍정적인 태도를 유지하고 있으며, 탄식, 슬픔, 상실 같은 부정적인 감정은 추상적인 말로 표현하게 된다. 이 기간 동안 직장인이 은퇴를 고려할 때는 어떤 감정이나 관심도 생기지 않는다. 은퇴가 근접한 단계, 즉 은퇴가 가까이 닥치면 비로소 현실적인 문제로 고려된다. Atchley는 이 기간 동안 사람들이 특정한 은퇴 시기를 결정하고 그들의 일로부터 분리되기 시작한다고 한다.

두 번째 단계인 허니문 단계는 은퇴 이후 즉시 따라오는 시기다. Atchley(1988)는 이 시기를 행복감의 시기라고 부른다. 처음에는 은퇴자가 그들이 일하는 동안엔 해 볼 수 없었던, 하고 싶었던 일들을 한다. 사람들은 휴가를 가거나, 친구나 친척을 만나고 최근 유행하는 책을 읽거나 삶을 보다 품격 있게 할 수 있는 만족스런 수준의 휴식을 취한다. Atchley에 의하면 모든 사람이 이 허니문 시기를 경험하는 것은 아니라고 한다.

그리고 몇몇은 급속히 세 번째 단계인 '일상(routine)의 단계' 로 넘어간다. 은퇴자의 삶은 그들의 활동을 둘러싼 계획을 발전시킴으로써 구조화되고 일상적이 된다. 예를 들면, 어느 날 은퇴자는 친지를 방문하거나 골프를 친다. 노인복지센터에서 제공되는 많은 활동 등으로 일상이 조직된다. 이런 시기는 대부분의 은퇴자들에게 편안한 시기이다. 그들은 새로운 일상의 개시를 반긴다.

이어서 활동량이 적은 시기가 따라온다. 은퇴자의 활동량이 줄어들고 덜 활기차고 더욱 조용한 일상을 맞게 된다. 몇몇 은퇴자들은 마법이 풀리는 시기를 통과하게 된다. 그때, 기대했던 것과는 다른 현실이 펼쳐지고 은퇴에 대한 실망감이 표면에 떠오른다. 몇몇 은퇴자들에게 이런 마법이 풀리는 과정은 우울로 발전되기도 한다. 그러나 대부분은 기운을 차리고 재교육 시기로 옮겨 간다. Atchley는 이것을 은퇴자들이 일상적인 생활로 정착하기 시작할 때, 은퇴의 나머지 시기인 마지막 단계, 즉 은퇴의 역할이 더 이상 의미가 없을 때까지 경계해야 할 것이라고 했다. 병이나 무능력은 전형적으로 은퇴자를 이런 마지막 시기로 이끈다.

Ekerdt, Bosse와 Levkoff(1985) 역시 은퇴 과정을 연구했다. 그들은 은퇴 기간과 삶의 만족도와의 관련성, 은퇴 기간과 활동 개입 수준과의 관련성에 대해 연구했다. 그들은 은퇴의 첫 6개월 동안 일시적인 허니문 기간이 존재하는가에 대해 연구했다. 그리고 은퇴 후 13개월에서 18개월까지 삶에 대한 만족도가 점차 떨어진다는 사실을 알아냈다. 그들의 연구는 과정으로서의 은퇴 개념을 지지한다. 그러나 그들의 연구는 동일한 사람들을 계속 연구하는 대신 다른 시기의 다른 사람들을 비교하는 횡단적 연구이고, 비교 목표에 대한 은퇴 전 기초선 설정이 없었으며, 여성을 포함하지 않았다.

Richardson과 Kilty(1988)는 남성과 여성에 대한 종단 연구에서 은퇴 과정을 발견했다. 그러나 그들은 다양한 단계를 관찰했다. 전반적으로 은퇴자들은 은퇴 후 6개월간의 웰빙 측정에서 두드러진 하향 곡선을 보였다. 그리고 은퇴 후 12개월의 회복기가 있다. 남녀 차이는 관찰되지 않았으나 사람들이 어떻게 반응하는가에 대한 개인적인 차이는 드러났다. 전문가들은 모든 은퇴자가 같은 방식을 따른다고 가정할 수 없다고 보았다. 사람들은 은퇴 과정을 경험할 때, 많은 요인의 영향을 받고, 또 어떤 사람들은 상실의 문제로 더 큰 고통을 받지만, 일반적으로 많은 자원이 있는 사람들이 보다 순탄하게 변화의 과정을 밟고 보다 쉽게 연속성을 유지할 수 있다.

은퇴 단계에 대한 더 많은 연구가 필요하다. 몇몇 상반되는 결과가 보고되고 있지만 대부분의 연구들은 은퇴 전, 은퇴 결정 그리고 은퇴 적응의 뚜렷한 세 단계가 존재한다고 본다. 이 단계들은 고용에서 은퇴가 경과되는 결정적인 전환점들이 된다. 그리고 은퇴자들은 이 단계들의 어느 시기에서도 어려움에 직면할 수 있다. 이 세 단계와 은퇴자가 각 단계마다 경험하는 잠재적인 문제는 다음에서 보다 깊이 논의된다.

단계 1: 은퇴 전 단계

은퇴 전 단계는 직장인이 은퇴를 진지하게 생각하기 시작하는 예상적 사회화 단계다. 은퇴가 다가오면 그들은 일에서 떠나는 것에 대해 점점 더 많이 생각한다. Evans, Ekerdt와 Bosse(1985)는 은퇴 전 단계의 징후가 적어도 은퇴하기 15년 전부터 나타난다고 보았다. 사람들은 친척이나 친구, 동료들과 은퇴에 대해 말하기 시작한다. 그리고 은퇴를 대비한 재정계획을 세우기 시작한다. Merton(1966)에 따르면 한 사람이 그가 동경하는 집단에 소속되지 못한 상태에서 그 집단의 가치관을 수용했을 때 예상적 사회화가 일어난다고 한다. 그는 이 과정이 은퇴 후 현재 소속된 집단이 아닌 다른 집단에 그 자신이 실제 일원으로 소속될 때 적응을 쉽게 하도록 한다고 가정했다. 그러나 그 사람이 속한 집단의 다른 구성원에 의해 소외되거나 부적합한 사람으로 해석되기도 한다는 사실을 지적했다. 그러므로 예상적 사회화는 직장인이 은퇴 준비 활동을 시작하는 때인 은퇴 전 단계에서 일어난다.

Keating과 Marshall(1980)은 은퇴 준비 활동을 세 가지 영역으로 구분했다. 재정(직업인은 은퇴를 위해 투자하기 시작한다.), 여가 시간 활용(직장인은 일하는 데는 시간을 좀 덜 쓰고 더 많은 시간을 재충전과 취미를 위해 쓴다.) 그리고 언제 어떻게 은퇴할 것인가에 대해 배우자와 의논하는 것이다. Evans(1985) 등은 아내, 친척, 친구 동료와 함께 은퇴에 대해 얘기를 나누고 은퇴에 관련한 기사를 읽고, 은퇴에 대해 긍정적인 자세를 갖는 것을 포함하여 은퇴 준비 활동의 형식화되지 않은 몇 가지 형태를 설명했다.

재정적인 준비는 은퇴를 준비하는 데 가장 중요한 것 중 하나다. 노후에 거처할 곳에 대한 계획, 개인적인 은퇴 계획, 은퇴 자금 혹은 실제 재산을 포함한 재정에 관해 직장인들은 보통 은퇴 전 단계 이전에는 잘 알지 못하거나 알려고 하지도 않는다. 그들의 관심은 모기지, 자동대출, 신용카드, 가계수표 그리고 개인적인 비용이다. 그들은 은퇴 전 단계가 다가올수록 은퇴와 관련된 재정에 보다 더 많이 관심을 갖게 된다. Keating과 Marshall(1980)에 의하면 은퇴에 대한 재정적 준비가 직장인들 사이에서 다양하게 이루어지고 있으나 은퇴 재정에 대한 본격적인 관심은 48세 정도가 되어야 시작된다고 보았다.

은퇴 전 준비 활동의 세 번째 유형은 다른 사람들과 은퇴에 대해 이야기하는 것이다. 직장인이 은퇴 전 단계 중에 첫 번째로 하는 일은 배우자와 함께 은퇴에 대해 의논하는 것이다. Keating과 Marshall(1980)은 이런 의논은 남자와 여자에게 다르게 나타난다고 한다. 남자는 우선 건강, 은퇴할 시기(timing), 은퇴 후 살 곳에 대해 의논하지만 여자는 은퇴 후 그들의 시간을 어떻게 구조화할 것인가 즉, 생활양식과 일상에 더 관심을 가진다.

이 은퇴 전 단계의 가장 큰 특징은 사람들이 은퇴에 대해 더 많이 생각하고, 나이가 들수록 그것에 대해 더 긍정적으로 느끼게 된다는 것이다(Kilty & Behling, 1985). 이런 사실은 심지어 은퇴를 두려워하고 그것에 대해 생각하는 것조차 싫어하는 사람들에게도 마찬가지다. 심지어 그들이 은퇴를 결정하지 않고 건강이 허락하는 한 일을 계속할지라도 점차 모든 직장인은 이 문제에 직면하고 은퇴의 시기와 환경을 결정한다.

은퇴 전 시기를 경험할지라도 사람들은 그들의 은퇴에 대해 적절하게 준비하지는 않는다. Schultz(1973)는 직장인 중에 겨우 10%만이 은퇴 준비 프로그램에 참여한다고 한다. 대부분의 직장인은 은퇴 전 프로그램이 제공될 때조차도 그 혜택을 받아들이지 않는다(Richardson, 1990). 은퇴를 준비하는 개인들이 은퇴를 더 좋아할수록 은퇴 기간 동안 더욱 사기충천할수록, 은퇴 전 직업을 덜 그리워할수록, 은퇴에 필요한 것들에 대한 보다 좋은 아이디어를 가지게 된다(Teaff & Johnson, 1983). 은퇴상담자들은 은퇴자들이 가장 피할 것 같은 은퇴 계획에 대한 지식을 가져야 하고 그것을 피하려는 이유도 반드시 알아야 한다.

사람들에게 어느 정도 선에서 은퇴를 계획할 것인가에 영향을 미치는 몇 가지 요소가 있다. 사람들이 은퇴 계획을 피하는 가장 일반적인 이유는 재정 문제 때문이다. 예전의 조사 결과를 통해 알 수 있는 것은 충분한 재정 자원은 은퇴 전 계획에 필수적이라는 사실이다(Kilty & Behling, 1985; O' Rand & Henretta, 1982; Schultz, 1980). 충분한 수입이 없는 직업인은 은퇴 자금을 만들 수 없다. 은퇴 재정 계획에 대한 그들의 평가에서 Kilty와 Behling(1986)은 네 가지 형태의 은퇴 투자에 대해 논의했다. 가장 기본적인 것은 사회보장제도, 개인연금, 공공연금을 포함하는 연금이다. 모든 사람에게는 아니지만 어떤 직장에서는 연금을 제공하기도 한다. Schultz(1980)는 전일제로 근무하는(full-time job) 직업인의 47%만이 개인연금을 보장받을 수 있다고 한다. 여자의 경우 비율이 더 낮은데 그 이유는 그들이 퇴직 수당이 포함되지 않은 직업에 종사하기 때문이다. 은퇴 투자의 두 번째 유형은 대담한 투자라고 할 수 있는데, 부동산 투자와 사업투자처럼 돈을 불릴 수 있는 것으로 구성된다. 이런 투자는 종종 엄청난 수익을 올리기도 한다. 그러나 이는 일반적으로 높은 수준의 수입이 있는 사람에게 한정된다. 고소득자는 더 많은 것을 요구하고 낮은 수입의 사람들은 낮은 수준을 요구한다. 예금계좌, 증권, 연금을 제공하는 은행은 세 번째 유형의 투자다. 네 번째 유형은 전통적인 투자 방식으로 주식, 공채, 상호금융 등이다. 이런 것들은 가장 전통적인 투자 방식이지만 전문적으로 활용되는 비율은 반도 되지 않는다. 아프리카계 미국인 중 전문가와 여성들은 이런 투자 방식을 덜 사용한다(Kilty & Behling, 1985; Richardson & Kilty, 1989). 은퇴를 위한 재정 계획 연구에서 그들은 재정 계획을 예측할 수 있는 기준을 수입의 정도로 보았다. 그러므로 기초 생활 수준의 수입을 가진 직업인은 그들이 은퇴기간 동안 가난할 수밖에 없을지라도 재정 계획을 피하게 된다.

사람들이 은퇴 계획을 피하는 두 번째 이유는 그들이 일에만 전념하기 때문이다. 반면 자신의 일에서 떠나기를 원하는 사람들은 보다 일찍 은퇴를 계획한다(Kilty & Behling, 1986; Richardson & Kilty, 1989). 어떤 사람들에게 일은 자존감과 친화감 삶의 구조의 근원이다. 이런 현상은 특히 배우자와 자녀로부터 자신의 필요를 충족하지 못한 사람의 경우 더욱 그러하다. 이런 사람들에게 직장 동료는 가족 대리인이요, 정서적인 지원과 돌봄의 근원적인 기회 제공자요, 상호 교류자이다. 이런 환경에서 일을 떠난다는 생각은 그들에게 생각하고 싶지도 않은 위협이요, 상실이다. 이와 비슷하게 불행한 가족을 피하고 싶어 일을 하는 사람들 역시 은퇴에 대한 생각을 피한다. 이런 사람들에게는 충분한 재정과 은퇴 계획이 더욱 불편함을 느끼게 한다. 그들의 회피는 더욱 복잡한 심리적 문제를 막는다. 이런 경우 은퇴 전 상담이 재정 계획보다 더 많은 것을 포함한다. 상담자는 이런 사람들이 자기 자신과 그들의 가족과의 관계를 더 잘 이해하도록 도와야 한다.

사람들이 은퇴 계획을 피하는 세 번째 이유는 그들이 은퇴에서 죽음과 노화를 연상하기 때문이다. 많은 학자들은 대부분의 사람들이 은퇴에 대해 생각하기 시작하는 시기인 중년에 처음으로 그들 자신이 죽음을 피할 수 없는 존재라는 사실에 직면한다고 한다. 이는 심리적 신체적 변화에서 오는 발달 단계다. Sands와 Richardson(1986)에 의하면 중년은 내면적 관계, 신체건강 그리고 일과 성취를 재평가하는 특징이 있다고 한다. 대부분의 사람들이 중년의 위기와 함께 이런 재평가를 경험하지는 않는다 할지라도 변화에 대해 상당히 두려워하고 자기 반영을 회피하고 싶어 한다.

이렇게 회피하는 사람들이 은퇴를 계획하도록 돕기 위해 고안된 개입은 은퇴를 보다 빠르고 자세하게 계획하도록 은퇴를 추진하기 전에 반드시 그 계획이 이들의 복잡한 사안을 설명하는 것으로 시작해야 한다.

사례

우울 때문에 상담을 요청한 55세의 브래들리 씨(Mr. Bradley)는, 3명의 성인 자녀를 둔 기혼 남성이다. 그는 35년간 가족들의 생계를 위해 보험 설계사로 힘들게 일했다. 그는 특히 자녀들이 고등학생이 되고 대학에 진학하는 시기에 오랜 시간(주당 60시간) 일했다. 심지어 그의 아내까지 전일 근무 접수원으로 일했음에도 불구하고 자녀들의 수업료를 지불하는 것은 무척 힘들었다. 그는 종종 과로로 지쳤어도 분명한 목표가 있었다. 그는 자녀들의 행복을 위해 열심히 일했으므로 자신의 삶은 의미가 있고 자신의 노력도 의미가 있으며 그럼으로써 자녀들의 삶이 증진되었다고 믿었다. 그의 막내가 대학을 졸업했을 때 그는 자랑스러워서 눈물을 흘리기도 했다. 그것은 자기가 진정으로 하고 싶었던 일인 대학졸업을 세 명의 자녀가 모두 할 수 있도록 도왔기 때문이다. 막내가 결혼하고 새롭게 가정을 꾸린 다음 브래들리 씨는 깊은 우울에 빠졌다. 그의 삶은 갑자기 의미가 없어졌다. 그는 지금 55세이고 머리카락은 희어졌고 몸무게는 과체중이다. 그는 더 이상 일해야 할 동기가 없고 자신이 늙었다고 느꼈다. 브래들리 씨는 도움을 받기 위해 은퇴상담자를 찾았다. 브래들리 씨는 누군가와 자신의 감정에 대해 말할 때 안도감을 느꼈다. 그는 자신의 건강한 자아를 위해 자녀들을 얼마나 의지했는지 깨닫지 못했다. 그는 자녀들이 대학을 졸업할 때 행복했지만 그들을 그리워했다. 그들이 자신에게 얼마나 큰 의미가 있었는지 그 전에는 알지 못했다. 그는 처음 몇 회기 동안 슬픔과 상실감에 대한 치료적 대화를 했다. 6개월의 상담 후, 브래들리 씨는 자녀 없는 나이 든 부모의 삶인 '빈 둥지' 에 적응하기 시작했다. 그와 아내는 더 많은 시간을 밖에서 보내기 시작했고 그는 친구와 시간을 보내고 자신이 젊었을 때 즐길 수 없었던 취미 생활을 하는 데 더 많은 시간을 썼다. 그는 여가 활동의 범위를 확장시키고 유행하는 여가 활동도 해 보았다. 그는 새로운 자유를 즐겼지만 한편으로는 그 일이 지겨워졌다. 상담자가 그에게 은퇴상담을 받은 적이 있는지 물었을 때 비로소 자신이 몇 년 동안 상담을 피해 왔던 것을 분명히 깨닫게 되었다. 왜냐하면 첫째, 그의 수입은 자녀 교육비로 사용되었기 때문에 은퇴 자금을 마련할 수 없었다. 그러므로 그의 재정 상태는 은퇴를 생각하고 계획하는 데 장애가 됐다. 둘째, 그는 일만 했기 때문에 어떻게 여가를 즐겨야 하는지 알지 못했다. 그는 일을 할수록 더 많이 일해야 했고 일을 하지 않으면 불안하고 걱정이 됐다. 결국 그는 나이가 들수록 부정적인 감정이 들었다. 그는 은퇴를 떠올리면 불행과 죽음이 떠올랐다. 그의 아이들이 대학을 마치고 집을 떠나서 자신들의 삶을 시작하기 전까지 브래들리 씨는 자신의 수입의 일부를 은퇴를 위해 따로 떼어 놓거나 일을 줄이고, 양육의 의무로부터 자유로울 수 없었다. 브래들리 씨는 자신의 삶이 아이들 주변을 맴돌 때인 그 이전 단계부터 상실에 대해 대비했어야 했다. 그는 아이들에 대한 양육이 끝난 지금의 삶에서 다른 의미들을 찾아야만 한다. 결국 그는 친구를 방문하는 즐거움, 외출하는 즐거움, 새로운 여가활동을 추구하는 즐거움을 발견했다. 그는 처음에는 자신이 바깥 활동을 즐거워한다는 사실에 놀랐다. 그리고 은퇴가 그리 나쁘지는 않다고 생각하게 됐다.

이 사례는 발달적 변화를 경험하고 은퇴 전 단계에 어떻게 진입했는지를 설명한다. 브래들리 씨는 지난날 지나치게 자녀들을 위해 헌신했던 시기에 자신에 대해 이미 염려했어야 했다. 아이들에 대한 헌신으로 인해 그는 몇 년 후에 자신의 삶에 닥칠 은퇴를 생각지 못했다. 아이들 양육에 대한 요구를 최우선으로 해결한 후에 다른 일들을 해 왔다. 결국 그는 늙어 가는 것에 대한 감정에 직면하고 점차적으로 은퇴 전 단계를 받아들이기 시작했다.

단계 2: 은퇴 결정: 시기와 자발성

은퇴의 두 번째 단계는 사람들이 언제 어떻게 은퇴할 것인가를 결정하는 단계다. 은퇴 전 시기 동안 직업인은 우선 그들이 어떤 상황에서 은퇴할 것인가를 고려한다. 활용 가능한 선택사항이 증가할수록, 강제 은퇴법의 폐기로 회사가 나이 든 직원을 더 오래 고용할수록, 고령자가 일하는 것에 대한 규범이 변할수록, 직업인은 점점 더 복잡한 은퇴 결정에 직면하게 된다. 직업인은 은퇴와 관련된 몇몇 논점, 즉 전적으로 은퇴를 할 것인지, 몇 살에 일을 그만둘 것인지, 부분 은퇴나 점차적인 은퇴 그리고 얼마나 자발적으로 결정할 것인지를 포함한 고려가 이루어져야 한다.

비자발적인 은퇴는 병이나 강제 은퇴 정책 혹은 고용주로부터의 압력 같은 것의 결과로 나타난다. 그러나 자발적이든 그렇지 않든 객관적인 결과는 사람마다 다양하다(Kimmel, Price, & Walker, 1978). 예를 들면 남편의 은퇴와 동시에 은퇴하는 여성은 자발적인 은퇴의 형태로 볼 수 있지만 다른 사람은 그녀가 남편의 의지에 반하여 은퇴했다고 느낄 수도 있다. 내담자의 은퇴 결정에 있어서 자발성은 상담자에게는 아주 중요한 논점이다. 스스로 은퇴했다고 믿는 은퇴자는 강제로 은퇴했다고 느끼는 사람보다 은퇴에 보다 더 잘 적응한다.

은퇴의 시기

지난 20년 동안, 은퇴 연령 법규의 유동성 증가는 은퇴 연령의 많은 변화를 가져왔다. 결혼하는 연령, 아이를 갖는 연령, 일을 시작하는 연령 등이 사람들의 은퇴 시기를 보다 다양화하는 요인이 되었다. 전통적인 규범은 62세에서 65세 사이에 은퇴하도록 돼 있다. 그 시기가 사람들이 사회보장을 받기에 적절한 때다. 그러나 현대의 직업인은 은퇴 시기에 대해 많은 선택권이 있다고 믿는다. 예를 들면 일찍 은퇴를 선택하는 게 가능하지만(Williams, 1987) 여전히 상당수의 사람들이 65세에 은퇴한다. 65세가 넘은 직업인들은 고용주나 동료, 친구, 가족들로부터 자주 은퇴에 대한 압력을 받는다(Palmore, George, & Fillenbaum, 1982). 강제 은퇴 금지규정은 결국 은퇴를 더 늦어지게 하는 결과를 초래했다. 현존하는 자료에 의하면 이 법이 무효화되면서 은퇴하는 시기에 사람들의 충격이 최소화되었다고 한다(Ruhm, 1989; Schultz, 1988). 일반적으로 사람들은 은퇴시기를 결정할 때 몇 가지 요소를 저울질한다. 그리고 은퇴에 대한 최선의 결정은 정돈된 형태 속에 일어난다. Ekerdt, Vinick과 Bosse(1989)는 직업인이 그들의 마음을 몇 번 바꿀지라도 일단 은퇴를 결정하면 보통 은퇴하기로 한 날짜의 1년 전부터 천천히 은퇴를 진행한다는 것을 발견했다. 대부분 사람들의 은퇴 결정은 몇 년 동안에 걸쳐 예금, 건강, 재정적 지원, 은퇴에 대한 태도, 가족에 대한 의무 등의 많은 요소와 함께 조심스럽게 고려된다.

은퇴 전문가는 일반적으로 조기 은퇴의 가장 큰 요인을 건강 악화로 보았다. 몇몇 연구자(예를 들면, Bixby, 1976; Burtless, 1986; O' Rand & Henretta, 1982; Palmore et al., 1982)는 조기 은퇴 결정에 있어서 건강 악화의 중요성을 확신해 왔다. 건강이 나쁜 직업인이 일찍 은퇴하는 것은 그들이 더 이상 자신의 일을 적절하게 수행하지 못하기 때문이다. 건강 악화는 특히 수작업을 하는 노동자에게 문제가 된다. 예를 들면, Hayward와 Hardy(1985)는 덜 복잡한 작업보다 상당히 복잡한 작업을 해야 하는 사람들에게 건강상의 문제는 조기 은퇴를 결정하도록 만든다고 설명한다. 그러나 전자가 더 많은 연금을 보장받는다. 그러므로 고된 일에 종사하는 건강이 나쁜 사람들은 만약 그들이 적절한 연금 수혜를 받을 수만 있다면 조기 은퇴를 할 것이다. 한편 건강이 나쁜데 연금조차 조금밖에 받지 못하게 된다면 그들은 종종 일을 계속할 수밖에 없다. 그로 인해 심지어 건강이 더 악화되어 더 빨리 은퇴하게 되더라도 말이다.

실제로는 건강한데 스스로 건강이 나쁘다고 생각하는 직업인 역시 가능한 빨리 은퇴한다. 사실 은퇴 결정에 있어서 건강이 미치는 영향을 조사한 대부분의 연구는 직업인이 자신의 건강에 대해 말하는 평가(실제 직업인의 건강 상태는 거의 측정되지 않는다)를 기초로 한 주관적 평가를 사용해 왔다. 몇몇 사람들은 건강상의 문제를 막기 위해 은퇴한다. 그들은 은퇴 후의 생활양식이 스트레스를 덜 받고, 더 많이 쉬고, 더 자유로우며, 자신이 충분히 보살핌을 받을 수 있기 때문에 건강에 더 좋다고 믿는다. 이런 사람들은 그들이 건강한 상태로 지낼 수 있는 삶이 너무 짧아지기 전에 은퇴하기를 원한다. 그러므로 건강은 은퇴 시기를 결정하는 몇 가지 방식 중에 중요한 요소이다. 그리고 그것은 건강하지 못한 사람들만큼이나 건강한 사람에게도 중요하다. 상담자는 직업인이 은퇴를 결정할 때, 건강 악화에 어떻게 적응할 것인지부터 미래의 건강에 대해 그들이 어떻게 느끼는지를 표현할 것을 요구한다.

직업인의 경제적인 요인은 은퇴 결정에 있어서 가장 중요한 논점으로 인식되고 있다. 몇몇 연구자들은 재정적 자원이 은퇴 전 후에 은퇴 시기를 예측하는 데 중요하다고 확신한다(Campione, 1987; O' Rand & Henretta, 1982; Palmore et al., 1982; Ruhm, 1989; Szinovacz, 1986~1987). 가장 중요한 재정 요소 중에 하나는 연금 수혜의 존재 여부다. 지난 10년 동안 개인연금의 발달과 급증은 더 많은 사람들의 조기 은퇴를 가능하게 했다(Campione, 1987; O' Rand & Henretta, 1982; Wolozin, 1981). Schultz(1980)에 따르면 모든 전일제(full-time job) 직업인 가운데 47%만이 연금을 받는다고 한다. 더욱이 연금을 지급하는 많은 회사 가운데 대부분은 고용 조건으로 10년 이상 근무할 것을 제시한다. 그러므로 많은 직업인은 연금을 받지 못하고 또 많은 사람들은 연금의 권리조차 부여받지 못한다. 낮은 급여와 안정성이 낮은 일에 종사하는 개인들은 만족스런 연금을 받지 못하며, 그들은 대개 충분히 수혜를 받는 사람들보다 더 늦게 은퇴한다.

한편 고임금의 사람들도 더 늦게 퇴직할 수 있다(Burkhauser, 1980; Campione, 1987; Mitchell & Fields, 1984). 수입이 많은 직업인은 만약 퇴직을 하게 되면 손실이 커서 은퇴 전 단계의 수입과 차이가 크다. 예를 들어, Kilty와 Behling의 세 가지 직업에 따른 개인별 은퇴 계획 연구에서 최고의 수입을 얻는 전문직 변호사는 좀 더 늦게 은퇴를 계획하며 은퇴를 향한 태도도 긍정적이다. 보다 많은 급여를 받는 변호사는, 자영업을 하고 다른 사람으로부터 은퇴를 강요받는 일이 적다. 반대로 낮은 임금을 받는 저급한 일에 종사하는 사람들은 은퇴로 인한 손실이 적어서 만약 연금 수혜를 받을 수 있다면 가능한 빨리 은퇴할 것이다. 상담자는 다양한 형태의 은퇴 이점을 고려할 때, 직업인의 은퇴 시기를 결정하는 것을 잘 도울 수 있다는 사실을 알고 이해해야만 한다.

은퇴에 대한 직업인의 태도 역시 은퇴 시기와 관련된다(Atchley, 1982; Palmore et al., 1982). 특히 은퇴를 언제 할 것인지에 대한 결정은 은퇴가 긍정적으로 비치는지 부정적으로 비치는지, 은퇴에 대한 생각이 회피적인지 아닌지, 조기 은퇴가 적절하게 보이는지 아닌지에 의해 영향을 받는다. 은퇴에 대해 최상의 마음을 가진 직업인은 종종 은퇴 후의 삶의 양식을 실험한다. 그리고 그들은 은퇴에 대해 부정적인 사람들보다 일찍 은퇴하는 경향이 있다. 은퇴가 다가올수록 은퇴가 더욱 호의적으로 관찰된 증거도 있다(Kilty & Behling, 1985). 직업인은 나이가 들수록 성공적으로 은퇴하는 친구들을 더 많이 보고 은퇴한 친구의 다른 집단 구성원들과 좋은 협조 관계를 느낄 수도 있다. 그러므로 은퇴에 대한 연령 규정과 기대는 은퇴할 사람들에게 압력을 행사할 수 있다. 한편 긴 은퇴 전 시기는 그들이 이 시기를 은퇴 준비에 사용하도록 하는 이점이 있다. 확장된 은퇴 전 시기는 은퇴를 실험해 볼 수 있는 많은 시간을 허락하고 은퇴에 대한 실제적인 변화를 부드럽게 한다. 오랜 기간 동안 상당한 부를 축적한 사람과 은퇴 후 수입이 넉넉한 사람은 은퇴를 즐길 것을 기대한다(Atchley, 1982). 그들은 몇 년 동안 자주 은퇴를 계획해 왔고 자신들의 성공적 은퇴 경험을 보장할 적절한 자원을 예측한다.

일반적으로 은퇴에 대해 잘 알수록 은퇴를 보다 긍정적으로 느낀다. 상담자들은 직업인들에게 은퇴에 대한 실제적인 기대를 발전시키고 은퇴를 보다 잘 이해할 수 있도록 도울 수 있다. 한편, 엄청난 자금, 훌륭한 지지 체계 그리고 다양한 취미를 가진 직업인 중 일부는 불필요하게 은퇴에 대해 부정적인 반면 어떤 사람들은 비현실적으로 긍정적 관점을 가지기도 한다. 예를 들면, 수입은 은퇴의 만족도에 중대한 영향을 미친다. 그리고 직장생활이 불만족스런 직장인은 그로 인해 일차적으로 자신의 일에서 도망치고 싶어 한다. 그러나 만약 은퇴로 인해 그들의 삶의 기준이 흔들린다면, 은퇴 기간 동안 잘 지내지 못할 것이다. 상담자들은 반드시 은퇴에 대한 내담자의 태도와 감정을 탐색해서 그들이 실제적인 기대를 할 수 있도록 도와야 한다.

몇몇 사람들은 가족을 부양해야 하기 때문에 은퇴한다. 이것은 특히 여성 은퇴를 이해하는 데 중요한 요소다. Szinovacz(1986~1987)는 여성 은퇴에 대한 연구를 통해 26%의 여성들이 그들의 은퇴 이유를 가족 때문으로 생각했다(가족의 요구 때문 17%, 남편의 은퇴 때문 9%). 이것은 은퇴 이유를 재정 문제로 생각하는 사람들의 비율보다 높았다. 이와 비슷하게 Campione(1987)과 Shaw(1984)는 남편의 은퇴와 아내의 은퇴 결정 사이에 긍정적인 조화 관계를 발견했다. 가족 변수는 직장인이 다양한 방식으로 은퇴를 결정하도록 하는 데 영향을 미칠 수 있다. 많은 남편들과 아내들은 인생 후반을 순탄하게 보낼 수 있도록 노력하는 동시에 부부가 같은 시기에 은퇴하기를 원한다. 배우자 둘 다 비슷한 시기에 은퇴할 때, 그들은 더 쉽게 사회화되고 재창조에 관여한다. 함께 여행하거나 영화를 보거나 골프를 치거나 친구가 된다. Kilty와 Richardson(1989b)은 일하는 배우자를 둔 은퇴자는 배우자와 함께 은퇴한 사람보다 더 자주 외로움을 표현하고 적응상의 문제를 드러낸다는 사실을 발견했다.

연로한 병든 부모 역시 은퇴 시기에 영향을 준다. 이것은 여성들에게 중요한데, 이유는 많은 경우 그들이 우선적으로 간호해야 할 사람이기 때문이다. 병든 부모를 간호하며, 일을 하고 고용주의 요구를 충족시키는 것은 매우 어렵다. 사회적인 지원서비스가 있을지라도 그들은 선택의 여지가 없다. 노년 상담자는 이런 사람들이 그들의 상황을 평가하도록 도와 선택의 여지를 발견하도록 도울 수 있다. 그리고 단지 은퇴를 하느냐 마느냐가 아니라 보다 넓은 선택의 상황을 고려하도록 도울 수 있다. 예를 들면, 성인주간보호센터는 연로하신 부모가 주중에 돌봄을 받을 수 있는 단체로 간병인을 보내는 서비스다. 그래서 비자발적인 은퇴를 막을 수 있다.

비자발적인 은퇴 대 자발적인 은퇴

비자발적인 은퇴를 선택한 사람들은 자발적으로 은퇴를 한 사람들보다 은퇴에 적응하는 데 훨씬 많은 어려움을 겪는다(Kimmel et al., 1978; Parnes & Nestel, 1981). KIlty와 Richardson(1989a)은 강요로 은퇴한 사람과 자발적으로 은퇴한 사람 간에 우울에 있어서 큰 차이가 있음을 발견했다. Peretti와 Wilson(1978~1979)은 비자발적인 은퇴자가 자살률이 높고 사람과 사회로부터 보다 큰 아노미와 소외를 경험한다는 것을 발견했다.

비자발적인 은퇴자의 수는 일반적으로 낮게 측정된다. 왜냐하면 연령 정책에 의해 강제로 퇴출되는 많은 사람들이 그들 자신이 비자발적인 은퇴자라고 생각하지 않기 때문이다. Kimmel(1978) 등은 자발적 은퇴의 11%가 은퇴의 주된 이유로 의무적 정년퇴임을 생각했고 다른 자발적 은퇴의 20%는 명령에 의한 은퇴를 은퇴 이유 중 하나로 보았다. 그들은 은퇴에 대한 주관적 인식이 자발적인지 아닌지가 객관적인 상황보다 더욱 중요하다고 결론 내렸다. 이와 비슷하게 건강상의 문제나 가족 때문에 은퇴한 사람들도 그들의 은퇴를 자발적 혹은 비자발적으로 보았다. Szinovacz(1986~1987)은 가족 때문에 은퇴한 여성들은 종종 그들의 은퇴가 너무 이르다고 느끼고 좀 더 늦게 은퇴했으면 한다는 사실을 발견했다. 그들은 가족 때문에 비자발적으로 은퇴를 결정했다. Szionvacz에 의하면 일반적으로 남성보다 여성이 비자발적으로 은퇴하는 경우가 더 많다. 내담자의 은퇴 이유와 은퇴 결정에 대한 주관적 경험이 자발적인지 비자발적인지는 상담자들에 의해 평가되어야만 한다.

사례

화이트 부인(Ms. White)은 남편과 이혼하고 막내가 집을 떠난 이후인 45세에 일을 시작했다. 그녀는 보험회사의 접수원으로 일을 시작했다. 그러나 보수가 너무 적어서 3년 후에 사무원으로 옮겼다. 이 두 가지 일 모두 퇴직 수당을 제공하지 않는 일이다. 그녀는 결국 47세에 보다 많은 급여와 퇴직 수당을 지급하는 직장으로 옮겨서 계속 일을 해 오고 있지만 10년 이상 연금에 투자하지 못했다. 그리고 퇴직 수당은 그녀가 일한 연수에 의해 결정된다. 설상가상으로 화이트 부인의 어머니는 알츠하이머병에 걸려 지속적인 간병이 필요했다. 그녀는 어머니를 요양원에 보내고 싶지는 않았다. 다른 방법으로는 다른 주에 사는 남동생이 도와줄 수 있다. 하지만 가족들은 그녀가 어머니를 돌보기를 기대했다. 화이트 부인도 그렇게 하기 위해 은퇴하고자 했다. 그녀가 적절한 퇴직 수당을 받으려면 앞으로 몇 년 동안은 일을 계속할 필요가 있다. 그녀는 가능한 좀 더 나중으로 자신의 은퇴를 미루기로 결정했다. 그리고 어머니의 간병은 사회복지사의 도움을 받기로 했다. 그러나 어머니의 상태가 점점 나빠지자 그녀는 자신이 일을 그만두어야 함을 알게 됐다. 화이트 부인은 결국 비자발적인 은퇴에 직면했고 은퇴 수입이 최소한도 밖에 되지 않기 때문에 나타날 문제를 둘 다 받아들였다. 은퇴에 대한 압력 때문에 은퇴했기 때문에 그녀의 은퇴 결정은 가족 상황과 재정 문제로 인한 것이다. 그녀는 결국 자신의 재정 문제 부양 의무 그리고 비자발적 은퇴로 인한 스트레스 때문에 상담자를 찾았다.

단계 3: 은퇴 전 단계: 적응

직업인들은 일반적으로 언제 어떤 상황에서 은퇴할 것인지 결정한 후에, 연금 수당을 신청하고 은퇴 날짜를 선택하며 동료, 가족, 친구와 의논하고 새로운 여가 활동을 경험하기 시작한다. 대부분의 전문가들은 은퇴자들이 그들의 삶의 양식을 안정시키기 전에 뚜렷한 적응기를 경험한다고 말한다. 상담자들은 반드시 각 은퇴자의 독특한 적응 방식을 측정할 수 있어야 하고, 수입은 많지만 지원 체계가 없는지, 아니면 가난하지만 친구들이나 가족이 있는지 또는 어떤 형태의 자원도 없는지 알아야 한다. 은퇴자 개인마다 갖고 있는 자원이 차이가 있다 할지라도 그 안에서 만족하고 은퇴에 얼마나 잘 적응하는가에는 몇 가지 요소가 있다. 가장 중요한 요소는 다음에서 논의될 것이다.

은퇴를 위한 준비

은퇴 날짜를 정한 직업인들은 종종 은퇴모임을 통해 임박한 사안을 준비한다. 긴 휴가를 얻고, 취미를 가지고 가족, 친구들과 더 많은 시간을 보내고, 심지어 새로운 조직과 집단 그리고 레저 활동 같은 것을 하기도 한다. 그런 준비는 강제로 은퇴하는 사람들에게는 불가능할 수도 있다. 일반적으로 은퇴를 준비할 시간이 많을수록 은퇴 이후의 적응이 더 쉽고 순탄해질 것이다.

대부분의 은퇴자들은 다음과 같이 보고한다. 은퇴를 계획하는 세미나가 보다 순탄한 은퇴에 기여하고, 좋은 은퇴 계획이 보다 성공적인 은퇴로 이끈다고 결론 내린다. 은퇴 전 준비 모임이 자신의 고용주에 의해 편안하게 제공되었을 때조차도 그 모임에 참여하는 직업인은 거의 없다. 주에서 주관하는 은퇴자를 대상으로 한 연구에서 Richardson(1990)은 단지 11%만이 은퇴 전 워크숍에 참여했다는 사실을 발견했다. 실제로 여자보다 남자가 더 많이 참여했다.

사회경제적 지위

사회경제적 지위에 관한 조사는 사회경제적 지위가 은퇴 후의 적응 수준과 상당한 관계가 있음을 보여 준다(Beck, 1982; Gratton & Haug, 1983; Palmore, Fillenbaum, & George, 1984; Richardson & Kilty, 1989; Riddick, 1985). 수입과 직업 수준은 은퇴 만족의 중요한 지표다(Beck, 1982; Palmore et al., 1984; Richardson & Kilty, 1989). 은퇴 기간 동안 상당한 수입이 있는 사람들은 더 많이 여행할 수 있고 다양한

형태의 레저 활동에 참여할 수 있다. 그들은 재정에 대해 별로 염려하지 않는 사치스런 사람들이다. Rkchardson과 Kilty(1989) 역시 직업 수준이 은퇴 적응에 결정적 요소라는 사실을 발견했다. 예를 들면, 낮은 직업 수준의 여성과 은퇴 이후 6개월 안에 수입이 줄어 재정 상태가 풍족하지 못한 사람들은 은퇴 적응에 문제가 있다는 사실을 발견했다.

건강

연구자들은 은퇴 적응에 있어서 두 번째로 중요한 요소가 건강이라는 사실을 발견하고 건강과 적응의 상호 관련성을 연구했다(Beck, 1982; Dorfman, Kohout, & Heckert, 1985; Palmore et al., 1984; Szinovacz, 1986~1987). 건강이 나쁜 은퇴자들은 여러 가지 문제점이 있다. 첫째, 그들은 자신들의 에너지를 자신의 건강 문제에 집중하고 여가 활동을 즐기거나 다른 것을 하는 데 어려움을 호소한다. 둘째, 시간과 에너지를 병원에 가거나 건강 유지 활동에 참여하는 데다 써 버린다. 셋째, 건강이 좋지 않으면 은퇴 후 할 수 있는 여가 활동에도 한계가 있다. 예를 들면, 일부 은퇴자들은 걷는 데 어려움이 있기 때문에 골프를 그만두어야 했다고 보고한다. 결국 신체적 · 정신적 건강은 종종 상호 의존적이고 또 반대로 건강상의 문제가 정신적 장애를 유발시킬 수도 있다. 만성적인 신체 질환으로 인해 우울증이 오기도 한다. 비공식적인 조직 유지나 신체 질환이 있는 은퇴자를 돕는 노년 상담자들은 그들이 고립감을 덜 느끼도록 도울 수 있다. 비슷한 문제를 가진 은퇴자로 구성된 은퇴자 집단을 지원하면 사람들은 자신만이 투병하는 것이 아니라는 사실을 깨달음으로써 병의 짐에서 좀 가벼워질 수 있다.

결혼 상태

결혼한 은퇴자는 결혼하지 않은 사람보다 은퇴에 더 잘 적응한다(Beck, 1982; Keith, 1985; Palmore et al., 1984; Richardson & Kilty, 1989). 독신자, 이혼자, 미망인은 특히 은퇴기간 동안에 발생하는 문제에 적응하는 데 취약하다(Beck, 1982; Keith, 1985). 결혼은 종종 정신적 신체적 병과 맞서는 데 완충작용을 하는 제도로 이해되어 왔다. Haug, Ford 그리고 Sheafor(1985)와 Lubben(1989)은 결혼한 노인 여성들보다 독신이거나 이혼한 여성들이 더 우울하고 건강 상태가 좋지 않은 것으로 나타났다고 한다. 이전에 결혼했던 은퇴자들은 그들의 삶에서 주된 상실을 경험했고 혼자의 삶에 적응하는 데 어려움을 겪는다. 만약 그 배우자의 죽음이 최근의 일이라면 적응은 더욱 어렵다. 특별하게 지낸 다른 부부들과의 우정은 자신의 상실을 더 상기시킨다. 이런 은퇴자들은 사회적 고립과 우울을 받아들인다. 상담자들은 은퇴자가 최근에 이혼이나 배우자의 죽음 등 계속되는 슬픔을 겪었는지 알아야 하고 상담을 할 때 이런 감정을 이해해야 한다. 그런 미망인을 지원하는 것은 종종 사회적으로 유용하다. 최근에는 특히 황혼 이혼을 한 사람들의 특별한 요구에 대한 인식이 점차 늘어나고 있다.

결혼한 은퇴자들은 함께 여행하거나 저녁식사를 하거나 다른 사람을 방문할 동반자가 있다. 배우자와 함께 은퇴한 사람들은 더욱 그렇다. 그들은 문제를 공유하고 필요하다면 자신들에게 헌신해 줄 누군가가 있다. 물론 은퇴한 부부는 다른 사람을 배려하는 태도를 다시 배워야 한다. 많은 부부는 은퇴의 초기 단계를 결혼 적응기로 묘사하고, 결혼생활의 필수 과정에 성공적으로 적응한다고 한다.

사회적 지원

강한 사회적 지원 역시 은퇴기간의 만족도와 상관관계가 있다(Dorfman et al., 1985; Lewittes, 1989; Palmore et al., 1984). 연구자들은 지속적으로 관계를 맺은 절친한 친구와 인생 후반에 사귄 비공식적 관계의 이점을 설명하고 있다(Lowenthal & Haven, 1968; Lowenthal, Thurner, & Oniriboga, 1975). 견고한 지원 체계가 있는 노인은 사회적 접촉이 거의 없는 노인보다 은퇴에 더 잘 적응한다. 많은 형태의 오락은 다른 친구들을 필요로 하기 때문에 은퇴기간 동안 여가에 대한 강조와 사회적 관계에 대한 요구가 증가된다. 일을 하는 동안 직장 이외의 곳에서 다른 우정을 쌓은 은퇴자는, 직장 동료를 가장 친한 친구로 두고 있는 은퇴자보다 특히 은퇴 초반에 겪게 되는 우울에 더 잘 적응한다. 여성 은퇴자들은 특히 사회적 고립을 겪게 된다(Keith, 1982; Levy, 1980; Lewittes, 1989). 상담자는 은퇴 전의 외부활동 속에서 지속적인 삶의 중요성을 강조해야 한다. 왜냐하면 많은 은퇴자는 새로운 친구를 사귀는 것보다 오랜 친구와의 관계를 유지하는 게 더 쉽다는 사실을 깨닫는다. 은퇴자를 위한 지원 집단이 그런 사람을 도울 수는 있지만 오랜 친구 같은 그런 집단을 제공할 수는 없다.

사례

벤더 부인(Ms. Bender)은 62세의 기혼 여성으로 은퇴 적응에 어려움을 겪고 있다. 그녀는 일하는 시기를 아이들이 성장할 때까지 연기했고 야간 학교에서 컴퓨터 수업을 받았다. 그녀는 50세에 처음으로 컴퓨터를 다루는 직업을 가졌고 7년 동안 그 일을 계속했다. 불행히도 그녀의 고용주는 회사의 재정적인 문제로 일을 그만두게 했다. 벤더 부인은 직장을 떠나고 싶지 않았다. 그녀는 자신이 하는 일을 즐겼고 몇몇 동료와 친구가 되었다. 한편 그녀는 처음으로 자신이 다른 직업을 찾을 수 있다는 사실에 자부심을 가졌다. 그녀는 곧 고용주가 57세의 그녀를 고용하고 싶어 하지 않는다는 사실을 알게 됐다. 몇몇은 그녀가 은퇴할 나이가 다 되었기 때문에 그녀에게 투자하기를 원치 않았다. 어느 누구도 그렇게 말로 표현하지는 않았지만 그녀가 젊은 사람들만큼 빠르고 효율적으로 자료를 입력하지 못한다고 생각한다고 믿었다.

몇 년 동안 일을 찾아본 후 벤더 부인은 점점 자신을 은퇴자로 여기기 시작했다. 그녀의 남편은 아직 일을 하고 있고, 그녀의 가족은 남부럽지 않은 수입이 있었다. 그러나 벤더 부인은 자신의 처지가 우울했고, 아직 은퇴할 준비가 되어 있지 않았다. 그녀는 다른 은퇴자들과 자신을 동일시하는 데 어려움이 있기에 그들을 피했다. 그녀가 아는 나이 많은 여성들은 일해 본 적이 없거나 자발적으로 은퇴했다. 벤더 부인은 아직 자료 입력 일을 하길 원했다. 그녀는 결국 우울 때문에 상담자를 찾았다. 그녀는 강제로 퇴출됐고 다른 일을 찾을 수 있을지 없을지에 대한 감정과 관련해서 도움이 필요했다. 비자발적 은퇴를 한 사람과의 상담은 반드시 이 내담자가 가능한 자신의 삶의 상당 부분을 조정할 수 있도록 돕는 데 상담 방향이 맞추어져야 한다. 그들이 은퇴 상황을 바꿀 수는 없지만, 인식하는 방식은 바꿀 수 있다. 비자발적 은퇴자에 대한 보다 깊은 논의는 제7장에서 할 것이다.

은퇴는 몇몇 단계를 포함하는 과정이다. 많은 은퇴자들이 건강을 안정적으로 유지할지라도 여러 단계의 은퇴 과정을 통과하면서 단절을 경험하고 적응 문제를 겪는다. 은퇴는 세 단계로 구별된다. 은퇴 전 단계는 어느 때든 시작될 수 있지만 그 단계가 더 깊게 확장될 수 있고, 은퇴자들이 은퇴를 준비할 더 많은 기회를 가질수록 은퇴 적응은 더 순탄해지며 은퇴는 더 늦어질 것이다. 사람들마다 은퇴를 준비하는 방법에 차이가 있다. 그러나 대부분은 준비해야 할 마지막 순간까지 기다린다. 두 번째 은퇴 단계는 은퇴 날짜에 대한 구체적 결정을 포함한다. 은퇴에 대해 생각하기 시작한 직업인은 반드시 날짜를 정해야만 한다. 운이 좋은 사람들은 선택권이 많지만 운이 없는 사람들은 자신의 목표를 달성하기도 전에 은퇴 압력을 받게 된다. 마지막 단계는 은퇴에 대한 적응에 초점이 맞춰진다. 이 단계는 이전 단계에서 일어난 것들에 의해 상당한 영향을 받는다. 은퇴를 잘 준비했고 선택권이 많은 사람들은 은퇴에 대한 생각을 회피했거나 강제로 그 상태에 처하게 된 사람보다 더 잘 적응한다. 돈이나 사회적 자원이 풍부한 은퇴자는 자원이 제한되었거나 자원을 잃은 사람보다 더 잘 적응한다. 은퇴 전 단계부터 이후 단계까지 사회적 자원을 유지할 수 있는 사람들은 단절을 경험한 사람들보다 더욱 성공적으로 은퇴 생활을 한다. 불행하게도 많은 은퇴자들은 은퇴 후의 삶에서 심각한 어려움에 직면하므로 상담자들의 도움을 반드시 필요로 한다.

요약

은퇴는 사람들이 오랜 시기 동안 몇몇 단계를 거쳐 경험하는 점진적인 변화 과정이다. 은퇴는 어느 날 갑자기 일어나는 단절된 사건이 아니다. 그럼에도 불구하고 은퇴의 변화 단계에 대한 연구는 거의 전무하다.

은퇴의 1단계는 은퇴 전 단계인데 이는 전형적으로 40세 전후에 시작된다. 이 시기 동안에는 예상적 사회화가 일어난다. 직장인들은 은퇴 활동에 참여하기 시작한다. 그들은 일하는 시간을 줄이고 여가활동을 하는 데 많은 시간을 보낸다. 그들은 이 시기에 종종 새로운 취미를 가지기도 하고, 자신의 재정을 조직하고 평가하고 다른 사람들과 자신의 은퇴에 대해 이야기하기 시작한다. 그러나 이 시기에 은퇴 준비를 하지는 않는다. 많은 사람들은 충분한 은퇴 자금을 가지고 있지 못하고, 일부는 단지 은퇴를 생각하기만 해도 우울해져서 자신이 하고 있는 일에 더욱 헌신한다. 여전히 다른 사람들은 은퇴가 자신을 더 나이 들어 죽을 수밖에 없는 운명임을 떠올리게 하여, 은퇴에 대한 생각 자체를 피한다. 상담자들은 은퇴를 잘 준비한 사람들이 은퇴 이후에 보다 잘 적응하는 경향이 있다는 사실을 알리고, 은퇴 준비를 회피하는 사람들에게 저항 없이 은퇴에 대비하도록 도와야 한다.

두 번째 단계는 은퇴 시기와 자발성에 관한 논의가 현저해지는 결정 단계다. 건강, 재정적 자원, 은퇴에 대한 태도, 가족 부양을 포함하는 다양한 요인들은 은퇴시기를 결정하는 데 영향을 준다. 일반적으로 건강악화와 가족의 압력 등으로 은퇴를 결정한 사람들은 은퇴를 선택한 사람들보다 적응에 어려움을 느낀다. 자발적 은퇴자에 비해 비자발적 은퇴자는 우울증에 빠지거나 자살하기 쉽다. 상담자들은 그들이 자발적으로 은퇴했는지의 여부와 은퇴 결정에 영향을 준 영역들을 반드시 주의 깊게 평가해야 한다.

3단계는 은퇴 후 적응 단계인데, 그것은 다양한 요소에 의해 영향을 받는다. 중요한 요인들은 은퇴 준비 정도, 사회 경제적 자원, 건강, 결혼 상태, 사회적 지원 체제다. 상담자들은 은퇴자가 경험하고 있는 적응 문제의 형태가 무엇인지 정확히 이해해야 한다. 그리고 어떤 영역에 개입할 것인지 정해야만 한다. 적응 문제에 대한 개입 전략에는 부부 · 가족상담에서 약물치료에 이르는 여러 가지 접근이 있다.

참고문헌

Atchley, R. (1982). Retirement: leaving the world of work. *Annals of the American Academy of Political and Social Sciences, 464*, 120–131.

Atchley, R. (1988). *Social forces and aging* (5th ed.). Belmont, CA: Wadsworth.

Beck, S. (1982). Adjustment to and satisfaction with retirement. *Journal of Gerontology, 37*, 616–624.

Bixby, L. (1976). Retirement patterns in the United States. *Social Security Bulletin, 39,* 3–19.

Burkhauser, R. (1980). The early acceptance of Social Security: An asset maximization approach. *Industrial and Labor Relations Review, 33,* 484–492.

Burtless, G. (1986). Social Security, unanticipated benefit increases, and the timing of retirement. *Review of Economic Studies, 53,* 781–805.

Campione, W. (1987). The married woman' s retirement decision: A methodological comparison. *Journal of Gerontology, 42,* 381–386.

Dorfman, L., Kohout, F., & Heckert, D. (1985). Retirement satisfaction in the rural elderly. *Research on Aging, 7,* 577–599.

Ekerdt, D., Bosse, R., & Levkoff, S. (1985). An empirical test for phases of retirement: Findings from the normative aging study. *Journal of Gerontology, 40,* 95–101.

Ekerdt, D., Vinick, B., & Bosse, R. (1989). Orderly endings: Do men know when they will retire?. *Journal of Gerontology, 44,* 528–535.

Evans, L., Ekerdt, D., & Bosse, R. (1985). Proximity to retirement and anticipatory involvement: Findings from the normative aging study. *Journal of Gerontology, 40,* 368–374.

Gratton, B., & Haug, M. (1983). Decision and adaptation: Research on female retirement. *Research on Aging, 5,* 59–76.

Haug, M., Ford, A., & Sheafor, M. (1983). *The physical and mental health of aged women.* New York: Springer Publishing Co.

Hayward, M., & Hardy, M. (1985). Early retirement processes among older men. *Research on Aging, 7,* 491–5151.

Keating, N., & Marshall, J. (1980). The process of retirement: The rural self-employed. *Gerontologist, 20,* 434–443.

Keith, P. (1982). Working women versus homemakers: Retirement resources and correlates of well-being. In M. Szinovacz (Ed.), *Women's retirement* (pp. 77-91). Beverly Hills, CA: Sage Publications.

Keith, P. (1985). Work, retirement, and well-being among unmarried men and women. *Gerontologist, 25,* 410-416.

Kilty, K., & Behling, J. (1985). Predicting the retirement intentions and attitudes of professional workers. *Journal of Gerontology, 40,* 219-227.

Kilty, K., & Behling, J. (1986). Retirement financial planning among professional workers. *Gerontologist, 26,* 525-530.

Kilty, K., & Richardson, V. (1988). *Factors in the retirement decision process.* Paper presented at the annual meeting of the Gerontological society of America, San Francisco, November.

Kilty, K., & Richardson, V. (1989a). *Differences in depression levels between voluntary and involuntary retires.* Unpublished manuscript.

Kilty, K., & Richardson, V. (1989b). *Qualitative study of retirement.* Unpublished manuscript. Ohio State University.

Kimmel, D., Price, K., & Walker, J. (1978). Retirement choice and retirement satisfaction. *Journal of Gerontology, 33,* 575-585.

Levy, S. (1980). The adjustment of the older woman: Effects of chronic ill health and attitudes of retirement. *International Journal of Aging and Human Development, 12,* 93-110.

Lewittes, H. (1989). Just being friendly means a lot-women, friendship, and aging. In L. Grau (Ed.), *Women in the later years: Health, social, and cultural perspectives* (pp. 139-159). New York: Haworth Press.

Lowenthal, M., & Haven, C. (1968). Interaction and adaptation: Intimacy as a critical variable. *American Sociological Review, 33,* 20-30.

Lowenthal, M., Thurner, M., & Oniriboga, D. (1975). *Four stages of life.* San Francisco: Jossey–Bass.

Lubben, J. (1989). Gender differences in the relationship of widowhood and psychological well–being among low income elderly. In L. Grau (Ed.), *Women in the later years: Health, social, and cultural perspectives* (pp. 161–189). New York: Haworth Press.

Merton, R. (1966). Anticipatory socialization. In B. Biddle & E. Thomas (Eds.), *Role theory: Concepts and research* (pp. 347–350). New York: John Wiley & Sons.

Mitchell, O., & Fields, G. (1984). The economics of retirement behavior. *Journal of Labor Economics, 2,* 84–105.

O' Rand, A., & Henretta, J. (1982). Delayed career entry, industrial pension structure, and early retirement in a cohort of unmarried women. *American Sociological Review, 47,* 365–373.

Palmore, E., Fillenbaum, G., & George, L. (1984). Consequences of retirement. *Journal of Gerontology, 38,* 733–742.

Palmore, E., George, L., & Fillenbaum, G. (1982). Predictors of retirement. *Journal of Gerontology, 39,* 733–742.

Parnes, H., & Nestel, G. (1981). The retirement experience. In H. Parnes (Ed.), *Work and retirement* (pp. 155–197). Cambridge, MA: MIT Press.

Peretti, P., & Wilson, C. (1978–79). Contemplated suicide among voluntary and involuntary retirement. *Omega, 9,* 193–201.

Price, K., Walker, J., & Kimmel, D. (1979). Retirement timing and retirement satisfaction. *Aging and Work, 2,* 235–245.

Richardson, V. (1990). Gender differences in pre–retirement planning among educators: Implications for practice with older women. *Women and Aging, 2,* 27–40.

Richardson, V., & Kilty, K. (1988). *The effects of gender and time on adjustment to retirement.* Paper presented at the annual meeting of the Gerontological Society of America, San Francisco, November.

Ricarhdson, V., & Kilty, K. (1989). Retirement planning among black professionals. *Gerontologist, 29,* 32–37.

Richardson, V., & Kilty, K. (1991). Adjustment to retirement: Continuity vs. discontinuity. *Aging and Human Development, 33,* 151–169.

Riddick, C. (1985). Life satisfaction for older female homemakers, retirees, and workers. *Research on Aging, 7,* 383–393.

Ruhm, C. (1989). Why older Americans stop working. *Gerontologist, 29,* 294–299.

Sands, R., & Richardson, V. (1986). Clinical practice with women in their middle years. *Social work, 31,* 36–43.

Schultz, J. (1973). The economic impact on an aging population. *Gerontologist, 13,* 111–118.

Schultz, J. (1980). *The economics of aging* (2nd ed.). Belmont, CA: Wadsworth.

Schultz, J. (1988). *The economics of aging* (4th ed.). Dover, MA: Auburn.

Shaw, L. (1984). Retirement plans of middle–aged married women. *Gerontologist, 24,* 154–159.

Szinovacz, M. (1986–1987). Preferred retirement timing and retirement satisfaction in women. *International Journal of Aging and Human Development, 24,* 301–317.

Teaff, J., & Johnson, D. (1983). Pre–retirement education: A proposed bill for tuition tax credit. *Education Gerontologist, 9,* 31–36.

Wolozin, H. (1981). Earlier retirement and the older worker. *Journal of Economics Issues, 25,* 477–487.

제 2 부

은퇴 개입

4
은퇴 개입 모델

은퇴 위기의 개념

은퇴 위기는 성숙한 성인이 직장을 떠나는 상황에 제대로 대처하지 못하거나, 일상적인 문제 해결 방법들이 실패하고, 무기력감과 어떻게 해야 할지 알 수 없다는 느낌이 생길 때 발생하게 된다. 이러한 일들은 은퇴 이전에 생길 수도 있다. 사람들이 은퇴에 대해 생각만 해도 걱정을 하게 될 때 일어날 수도 있다. 또는 은퇴 직후나 그 후에라도, 해야 할 일이 다 바닥난 상태에서 발생할 수도 있다. 은퇴 위기는 사람들이 긴장감과 무기력감을 느낀다는 점에서 은퇴과정과는 다르다. 사람들은 은퇴 과정에서 미래에 대해 불확실해하고 걱정을 하게 될 수도 있다. 그리고 과거에 대해 상실감을 경험할 수도 있다. 그러나 그 영향의 강도는 은퇴 위기에 겪는 것과는 다르다.

Dixon(1987)에 따르면, 위기는 개인이 사건에 효율적으로 대처할 수 없을 때 생긴다. 그때 사건은 위험한 것으로 지각되고 사람들은 무기력감을 느끼게 된다. 우리는 은퇴가 언젠가는 닥치리라는 것을 안다. 우리는 인생에서 일어나는 그런 과정을 통제할 수 있기도 하고 그럴 수 없기도 하다. 은퇴 위기는 인생에서 반드시 일어나는 생애 사건에 대한 반응으로 발생하게 된다. 피할 수 없는 과정이라는 것을 알고 있더라도, 그 변화에 대한 사람들의 반응은 예상보다 더 큰 스트레스로 나타날 수도 있고, 생각지 않았던 사건을 맞닥뜨리게 될지도 모른다. Golan(1981)은 변화 초기에는 사람들을 심리적으로나 신체적으로 불안하게 한다고 믿었다. 이것은 종종 불안, 무력감 그리고 신체적, 인지적, 정서적 혼란 상태로 나타나게 된다. 그런 혼란 속에 과거의 사건과 옛 사람에게 고통스럽게 몰두하기도 한다. 예를 들면, 동료와의 관계가 대부분 부정적이거나 갈등적이었던 은퇴자는 그들이 직장을 떠난 후에도 여전히 대인관계에 공허감을 느낄 수 있다. 비록 스트레스가 되었더라도 직장 경험의 친근함과 일상이 그리워질 수 있다. 게다가 어떤 은퇴자들은 그들이 함께 일하는 동안 인정하지 못했고 그렇게 할 수 없었던 동료의 긍정적인 면을 인정하게 될 수도 있다. 결국엔 대다수의 은퇴자들이 새로운 활동과 사람들 속에서 일을 시작하고, 적응하고 재투자하게 된다.

Slaikeu(1984)는 위기가 변화의 극단적인 형태라고 주장했다. 그는 보다 안정적인 두 기간 사이의 전환점 또는 경계 지점으로서 변화를 정의했다. 그리고 변화가 위기가 될 수도 있는 몇몇 경우를 설명했다. 먼저, 위기는 특별한 발달 단계에서 과제의 수행이 혼란스럽고 어려울 때 그리고 다음 단계로 넘어가는 데 필요한 기술, 지식 또는 위험을 무릅쓸 능력이 부족할 때 발생할 수 있다. 예를 들어, 다른 이들과 함께 여가 활동을 하는 데 필요한 사회적 기술이 부족한 은퇴자는 종종 은퇴에 어려움을 겪는다. 둘째로 변화는 힘에 버거운 요구가 생길 때 위기가 될 수 있다. 예를 들어 은퇴자가 건강문제로 직장을 떠나게 되면 그 문제는 결과적으로 그의 사회적 활동을 제한한다(Slaikeu, 1984). 이런 경우에 그는 몇몇 발달적 변화를 잘 조정해야 한다. 변화는 또한 개인이 삶의 변화를 받아들이지 못하고 준비되지 않았을 때 위기로 변한다(Slaikeu, 1984). 40년간 직장 생활을 한 후 미처 준비를 하지 못했는데, 은퇴를 강요받은 사람들은 심리적으로 또는 경제적으로 새로운 은퇴 역할에 적응하지 못할 수 있다. 마지막으로, 그들 나이대의 동료연령집단(초기 은퇴자들)에 대해 갖는 사회적 기대 수준과 동일하게 그들 자신을 보는 사람들은 만약 그들이 준비되어 있지 않았다면, 결국 위기에 봉착할 수 있다.

Burgess와 Baldwin(1981)은 은퇴상담자들이 깨달아야 하는 10가지 추론(corollaries)을 약술하고 있다. 추론 1은 "각 개인마다 스트레스를 견디는 능력이 고유하고 한정되어 있기 때문에 정서적 위기는 본질적으로 정신병리와는 관련이 없다. 그리고 위기는 잘 적응된 사람들조차도 겪을 수 있다."는 것이다. 은퇴 위기는 정신 병리의 징후를 전혀 보이지 않는 상태로 매우 잘 기능하며 살아가는 노인들에게서도 생길 수 있다. 은퇴자가 은퇴를 하나의 위기로서 경험할 것인지 또는 생애 변화로서 경험할 것인지는 그들의 직업 이력과 직업에 대한 투자, 교우관계, 대처 자원, 은퇴 자금 그리고 은퇴 상황과 같은 몇 가지 요인에 달려 있다. 모든 노인들은 잠정적으로 은퇴 위기에 취약하다고 말할 수 있다.

추론 2는 "정서적 위기는 적응적이든 부적응적이든 간에 이를 평균적으로 해결하는 데 4주에서 6주 정도 걸리는 자기 제한적 사건이다."라는 것이다. 은퇴 위기는 일반적으로 네 달에서 여섯 달 내에 해결된다. Richardson과 Kilty(1988)는 많은 은퇴자들이 은퇴 상황에 따라 한두 달에서 길게는 1년까지 은퇴 후의 초기 적응 기간을 겪는다고 말했다.

추론 3은 "위기 상태에서, 심리적 방어가 약해지거나 없어지고 개인이 이전에는 잘 방어했고, 접근하기 힘들었던 주제에 대해 인지적, 정서적 자각을 하게 된다."는 것이다. Burgess와 Baldwin(1981)에 따르면, 은퇴자들은 위기의 한가운데에 있을 때, 좀 더 취약해질 수 있고 쉽게 상처받을 수 있다. 그들은 경제적인 문제, 차 문제 그리고 일상적인 말다툼 같은 환경적 장애물에 점점 대처할 수 없게 될 수 있다. 동시에 그들은 변화와 자기 관찰에 더 열린 마음이 되고, 그들이 과거에 수긍하지 못했던 개인적 결점들을 인정하게 된다. 따라서 위기는 나중에 은퇴자들에게 유익한 자기 성장을 위한 기회를 제공한다. 예를 들면, 최근의 어떤 은퇴자는 직업과 직업적 신분의 중요성을 재평가하고 좋은 사람이 되거나, 타인을 돕거나 유머 감각을 갖는 것과 같은 형태의 정체성의 내적 기준을 중요시하게 되고 외적인 기준을 재평가하기 시작했다. 많은 은퇴자들이 은퇴 후에 새로운 형태의 자아를 정의해 보이기도 한다.

이런 자기 성장의 기회로서 은퇴에 대한 낙관적인 견해는 Burgess와 Baldwin(1981)의 추론 4에 잘 반영되어 있다. "위기 상태에서, 개인은 인지적이고 정서적인 학습에 대한 능력을 고양시킨다. 이것은 이 상태의 취약성과 정서적 불균형에 의해 초래된 동기 때문이다."

추론 5는 "적응적 위기 해결은 기저에 있는 갈등을 해결하기 위한 수단이 된다. 이러한 갈등은 부분적으로 정서적 위기를 결정짓기도 하고 또 위기 해결과정을 간섭하게 된다."는 것이다. 예를 들어, 이전의 직업적 타이틀이 없어서 불편했던 은퇴자는 그들이 그 타이틀이 없더라도 똑같이 사랑받게 된다는 것을 발견하게 될지도 모른다.

추론 6은 "위기 상태에서 작은 외적 영향이 비위기 상태에서 발생하는 치료적 변화와 비교해 볼 때 더 짧은 기간에 균형을 잃게 하는 변화를 낳을 수 있다."는 것이다. 위의 예에서 묘사된 정체성 갈등은 만약 그가 은퇴 후에 직접 이 문제를 직면하도록 강요받지 않는다면, 해결하는 데 더 오래 걸릴 수 있다.

추론 7은 "정서적 위기의 해결은 반드시 이전 경험이나 성격 구조에 의해 결정되는 것이라기보다 현재의 그리고 아마도 독특한 사회심리적 영향의 작용에 의해 이루어진다."는 것이다. 이것은 개인에게 충격을 주는 상황적 영향을 인식하고 은퇴자가 얼마나 그들의 위기를 잘 해결하는가를 결정하게 된다. 따라서 견고한 사회적 지지를 지닌 사람들은 사회적으로 고립된 이들과 비교할 때, 그들의 정서를 이야기할 더 많은 벗들과 정서적 지지와 공감을 받을 수 있는 더 많은 사람들을 가지게 된다.

추론 8은 "위기 해결의 일부분으로서 조정해야 하는 개인의 실제적이거나 예상했던 상실감이 모든 정서적 위기의 특징이라는 것이다." 은퇴를 포함해서 모든 삶의 변화는 한 발달 단계에서 다른 단계로 나아가는 중에 친근한 일상, 오랜 친구 그리고 이전의 정체성의 원천 같은 그런 요소를 포기하는 것과 관련되기 때문에 상실이라는 요소를 포함하고 있다. 은퇴는 직장을 떠나는 것과 관련된다. 그리고 직장이 무엇을 상징하였는지 간에, 심지어 그들의 일을 싫어했던 사람들에게조차도 같은 관련을 가진다. Naomi Golan(1981)은 은퇴가 사람들이 말년에 직면하는 가장 결정적인 생애 변화 중의 하나라고 믿었다. 그리고 대다수의 사람들은 처음 은퇴할 때, 신체적이고 심리적인 큰 혼란을 느낀다고 믿었다.

Burgess와 Baldwin(1981)은 대인관계 상황 안에서 위기를 보았고 추론 9에서 이것을 진술하였다. "모든 정서적 위기는 그 위기 상황에서 직간접적 또는 상징적 의미를 지닌, 적어도 한 명의 중요한 타인과 관련된 대인관계적 사건이다." 따라서 은퇴는 아무 문제가 없는 상태에서 발생하지 않는다. 한 사람이 은퇴할 때, 사람들은 일을 떠날 뿐 아니라, 동료와 상사 그리고 부하직원까지도 떠나게 된다. 이 모두는 한 사람의 매일의 일상과 구조의 일부다. 비록 몇몇 은퇴자들이 동료로부터 벗어나기를 갈망할지라도 그리고 이것이 많은 은퇴자들이 은퇴를 결심하는 하나의 요인이 되는 경우에도(Kilty & Richardson 1988), 사람들은 대인관계의 상실을 슬퍼한다. 은퇴는 또한 많은 은퇴자들이 더 많은 시간을 함께 보내게 되는 배우자 그리고 다른 가족 구성원들과의 대인관계 문제를 일으키게 할 수 있다. Vinick, Stanley와 Ekerdt(1989)는 직장인들이 가족 문제를 평가절하하는 경향이 있고 특히 결혼 갈등 같은 문제를 그렇게 취급하는 경향이 있다는 것을 발견했다. 그리고 이것은 은퇴 후에 문제를 발생시켰다. 그들은 많은 결혼 생활이 남편 또는 아내의 은퇴 후에 주요한 변화를 겪는다는 것을 관찰했다.

마지막으로 추론 10은 "효율적 위기 해결은 과거로부터의 취약성을 제거하는 것과 그런 상황에서 사용 가능한 대처 기술의 개인 목록을 늘리는 것으로서 미래의 유사한 성질의 위기를 예방해 준다." 특히 직업역할을 매우 잘 수행하고 이와 깊게 관련을 맺었던 은퇴자들은 그들이 참여할 수 있는 새로운 취미와 여가활동이 많다는 것을 발견하고 놀란다. 여전히 많은 사람들이 그들의 중년 시기를 비업무적인 여가 활동을 무시하면서 직장과 가족의 의무를 충족시키는 데 보낸다.

은퇴상담의 일반 모델

비판 노인학 개념과 해석적 위기 개입(interpretive crisis intervention)의 통합은 앞장에서 제시되었다. 진정한 사회 심리적 입장은 은퇴자들의 상황적이고 개인적인 요소를 강조한다. 해석적 접근방식은 노화를 개인적으로 어떻게 보느냐 하는 개인적인 영역에 가치를 두고 있다. 즉, 내담자가 노화에 관련된 사건에 결부시키는 경험을 어떻게 지각하고 어떤 의미를 부여하느냐에 초점을 둔다. 그것은 또한 상담자와 내담자 사이의 감정의 발산과 포괄적인 상호 대화를 격려한다. 마지막으로 해석적 접근 방식은 은퇴자들이 자신의 행복, 자율 그리고 완전한 삶의 성취를 방해하는 환경적 제약에서 벗어나도록 도와줌으로써 해방의 가치를 중요시하게 한다. 따라서 상담자는 은퇴자의 대처 전략들, 성격, 심리역동뿐 아니라, 그들이 삶 속에서 느끼는 짐이나 압력을 행사하는 영향들도 평가해야 한다.

비록 내담자가 겪고 있는 은퇴 상황과, 문제의 범위, 내담자의 은퇴 과정 단계 그리고 그 경험의 강도에 따라서 상담자의 개입 전략은 달라지지만, 일반적으로 은퇴 노인 상담자들이 은퇴상담에서 알고 있어야 하는 일반적인 지침들이 있다. 은퇴상담의 일반 모델은 세 가지 단계로 제시된다. 경청 단계, 평가 단계, 개입 단계가 그것이다.

경청 단계

은퇴자들이 상담자에게서 도움을 받고자 했을 때, 그들은 은퇴 문제에 관해 누군가와 함께 이야기하고 대화에 몰입할 수 있는 안정되고 안전한 상황을 찾고 있는 것이다. 경청 단계에서 상담자의 첫 목표는 언어적 교류를 통하여 은퇴자와 라포와 신뢰를 형성하는 것이다. 노인 상담자들은 은퇴자들이 어떻게 느끼는지에 대해 이야기 나누고 현재 그들의 마음이 어떠한가를 말하도록 격려해 주어야 한다. 상담자는 관계를 지배하려 하거나, 지나치게 전문적인 언행을 해서는 안 된다. 전통적인 상담 방법에서 종종 강조되어 온 거리감, 객관성 그리고 중립성은 노인들과의 상담에선 덜 바람직하다. 예를 들면, 상담자가 노인 내담자와 함께 자신이 가졌던 유사한 경험을 공유하거나 신체적인 표현을 통하여 돌봄을 표현하는 것도 종종 적절할 수 있다. 물론 상담자는 그 내담자에게 가장 적절한 것이 무엇인지 단서를 얻기 위해 내담자를 주의 깊게 관찰해야 한다. 어떤 노인들은 정신건강 서비스를 불신한다. 상담자는 이 단계에서 불필요하게 권위자인 듯한 모습을 보이는 것을 피해야 하고 지배적인 모습을 보이지 않아야 한다. 게다가 많은 은퇴자들이 심리학적 용어로 그들의 문제를 제시하는 데에 익숙지 않다는 것을 이해해야 한다. 그리고 신체적인 고통에 대해 말하는 것을 더 편하게 여길 수 있다는 사실도 알아야 한다. 따라서 두 번째 목표는 은퇴자들이 그들의 감정을 다루고, 받아들이고, 조절하도록 도와주는 것이다.

세 번째 목표는 내담자들이 은퇴 경험에서 의미를 발견하고 나름의 시각을 갖도록 격려하는 것이다. Reker와 Wong(1988)은 사람들이 그들의 경험을 타인과 나눌 때 그들의 말과 견해에 나타나는 내적인 숙고와 자기 평가를 통하여 의미를 얻을 것을 제안하였다. 달리 말하면, 상담자가 노인 은퇴자들이 통합을 경험하도록 돕게 된다는 것이다. Erikson(1963)에 따르면 통합은 우리 모두가 직면하는 마지막 사회심리 과제다. 통합은 성격의 총체적이고 일관된 정서를 말한다. 거기에는 인생이 목적과 의미를 가지고 있다는 것도 포함된다. Jung(1933)은 사람들이 의미에 대해 가장 관심 있어 하는 때가 인생의 남은 절반 시기라고 말했다. 그는 40세 이전에 사람들은 기본적으로 직장과 가족의 의무 충족에 관심을 갖게 되나 40세 이후부터 가족의 요구가 줄어들고 자신이 흥미 있어 하는 활동을 추구할 더 많은 자유로운 시간을 갖게 된다고 주장했다. 이와 유사하게 은퇴 후에 사람들은 더 이상 고용인의 의무를 충족시키도록 강요받지 않게 되고 지금 중요하다고 생각되는 문제와 관심사에 숙고할 수 있게 된다. 이런 방식으로 노인 은퇴자들은 절망보다는 통합을 경험하는 쪽으로 일을 해 나가게 된다. 노인 상담자들은 은퇴자들이 말하도록 격려함으로써 그리고 그들이 은퇴 위기에 대한 자신의 느낌을 숙고하는 것을 잘 들어주는 것으로써 의미를 발견하고 통합을 경험하도록 도와주게 된다. 이 단계의 마지막 목표는 위기에 원인을 제공한 외부적 요인들과 촉발 문제를 확인하기 위해 은퇴자와 함께 작업해 나가는 것이다.

Gilliand와 James(1988)는 상담자들이 세부적인 테크닉을 통하여 이 목표를 이룰 것을 제안했다. 먼저, 상담자들은 공감적으로 경청해야 한다. 그들은 은퇴자가 말하는 것을 집중해서 듣고 있음을 알리기 위해 몸의 자세와 얼굴 표정을 유지해야 한다. 목소리 톤, 음조, 고개 끄덕임, 눈 맞춤 그리고 자세 등과 관련된 비언어적인 행동들이 있어야 하고 이 모든 것들은 상담자의 관련성, 관심, 헌신, 신뢰를 전달하게 된다. 게다가, 상담자는 공감적 이해를 언어로 전달할 수 있어야 한다. 상담자는 내담자가 경험하는 감정을 표현하는 많은 어휘들을 알고 있어야 한다. 이런 방식으로 상담자는 은퇴자가 이해받고 있음을 전달하게 된다. 공감적 이해의 효율적인 의사소통은 내담자의 정서적이고 인지적인 메시지를 전달하는 것을 말한다. 따라서 상담자들은 은퇴자가 어떻게 느끼는가뿐만 아니라, 그들이 하나의 경험에 대해 어떻게 생각하느냐에 대해서도 초점을 맞추어야 한다. 다시 말하면, 그들이 은퇴 위기의 원인을 무엇에 귀인시키는가에 중점을 두어야 한다는 말이다. 후자는 특히 서투른 기술이 안정적 고용을 유지하지 못한 원인이라고 믿는 실의에 빠진 노인 직업인에게 중요할 수 있다. 상담자는 내담자가 말하는 것과 비언어적으로 전달하는 것 사이에 불일치가 있는지를 주의 깊게 확인해야 한다. 예를 들어, 내담자가 말로는 슬프지 않다고 했더라도 얼굴 표정이 우울해 보일 수도 있고, 말할 때 느리게 하거나 아래를 보고 있을 수도 있다. 그런 내담자는 그들의 진짜 감정을 인식하고 받아들이는 데 도움을 필요로 하는 것이다. 마지막으로, 공감은 침묵을 통하여 전달될 수 있다. 아무도 말하지 않는, 생각에 잠긴 순간은 낭비되는 것이 아니다. 그것은 내담자에게 자기 숙고의 시간을 주게 된다.

진실함은 경청 단계에서 또 하나의 중요한 일면이다. 상담자들은 특별한 방식으로 느끼는 척하거나 가지지 않은 전문적 기술을 가진 척해서는 안 된다. Egan(1986)에 따르면 진실함은 역할로부터 자유로워지는 것과 관련된다. 다시 말하면, 자신이 지금 맡고 있는 역할에 관계없이 진실하고 자기 자신에게 솔직해지는 것이다. 자발적이고 자유롭게 자신을 표현하는 것이다. 적대적이거나 비판적인 견해를 이해하고 방어적이 되지 않는 것이다. 상황에 관계없이 자신의 가치관에 일치하는 진실된 행동을 하고 자기 개방을 하는 것이다. 상담자들은 이 경청 단계에서 수용과 무조건적인 긍정적 존중을 전달해 주어야 한다. 이것은 판단하지 않는 관계를 형성시켜 줄 뿐 아니라 라포를 형성하게 해 준다.

성공적으로 공감, 진실함, 수용을 전달한 상담자는 경청 단계에서 내담자로부터 감정을 더 잘 끌어낼 수 있게 되고 내담자가 감정을 통하여 자신을 표현하고 확인하며 작업해 가는 것을 더 잘 도와줄 수 있게 된다. 내담자는 누군가가 자신을 이해하고 돌보아 준다고 느낄 때, 마음의 짐을 덜게 된다. 이런 방식으로 은퇴자들은 그들의 경험에 대한 의미를 재구성해 가기 시작한다.

위기 상담자는 종종 이런 과정을 촉진적 경청이라고 말한다. 이 과정에는 내담자에 의해 표현되는 감정과 경험을 이해하는 것뿐만 아니라, 내담자가 만족하는 방식으로 중요한 감정을 정확하게 재진술하는 것도 포함하고 있다(Gilliand & James, 1988). Gilliand와 James(1988)는 상담자가 촉진적으로 상담을 이끌어 가기 위해 ① 그들의 모든 정신력을 내담자의 세계로 집중시키고 ② 내담자의 언어적 · 비언어적 메시지에 귀를 기울이고, ③ 내담자가 현재 타인들과, 특히 상담자와 정서적이거나 신체적인 접촉을 하는 것을 어려워하지 않게 되고, ④ 언어적이고 비언어적인 행동을 통하여 주의집중하여, 내담자와의 관계를 강화시키고 내담자가 개입 과정을 신뢰할 기반을 마련해 준다.

촉진적 요약은 이 단계에서 상담자가 회기나 토론을 끝내고자 할 때 자주 사용하는 또 하나의 기술이다. 이것은 상담자가 중심 주제나 두드러진 정서라고 생각하는 것과 내담자가 그 모든 것으로부터 도출시키기 시작한 의미들을 내담자에게 요약해 주는 것이다. 이것은 내담자가 자신의 경험을 이해하는 것을 도와준다. 또한 상담자가 그들의 생각을 조직화시키는 것을 도와준다. 촉진적 요약은 특히 집중회기 후에 도움이 될 수 있다. 이 시기는 내담자가 그들 스스로를 일으켜 세우는 데 도움을 필요로 할 때다.

이 경청 단계의 마지막 목표는 촉발 문제, 다시 말하면, 위기를 일으킨 사건을 확인하는 것이다. Slaikeu(1984)는 촉발적 사건을 확인하고 이해하려는 노력 속에서 상담자는 그 또는 그녀의 삶의 맥락 내에서 그 일이 그들에게 무엇을 의미하는지를 검토해야 한다고 주장했다. Nowak(1978)는 특별한 삶의 사건이 주는 충격은 발생 시기, 강도, 지속성, 순서 그리고 타 사건들과의 연관 정도에 달려 있다고 주장한다. Slaikeu(1984)에 따르면, 촉발적 사건은 위기에 처한 은퇴자에게 마지막 지푸라기 또는 깊은 상처를 준 사건들 후, 겉보기에 아주 작은 사건으로서 해석될 수 있다. 이런 촉발적 사건을 확인하는 과정은 경청 단계에서 상담자가 집중해야 할 마지막 주제 중 하나다. 그것은 다음 평가 단계의 일부가 될 수도 있다.

사례

존스 부인(Ms. Jones)은 학교 교사로서 최근에 퇴직한 57세의 여성이다. 그녀는 직장을 그만둔 후에 우울했다. 그러나 누구에게도 이러한 감정을 말한 적이 없다. 아래는 경청 단계에서 상담자가 존스 부인과 어떻게 상담을 해 나가고 어떻게 그녀가 상실감을 처리해 가도록 돕는지에 대한 실례를 보여 주고 있다.

존스 부인: 글쎄요, 저는 비록 제가 좀 지쳤을지라도 은퇴한다는 생각을 싫어했어요. 제 관절염은 훨씬 더 나빠졌고 때론 지팡이를 사용할 필요가 있었죠. 그래서 7월에 은퇴하는 게 낫겠다고 결정했어요. 그렇게 일을 진행하는 것은 좋았어요. 저는 내년 이맘때쯤 은퇴에 들어가서 이 모든 일을 해야 할 필요가 없을 거라 생각했었죠.

상담자: 그래서 은퇴를 고대했단 말인가요?

존스 부인: 예, 적어도 부분적으로는요. 그런데 제가 사랑하는 사람들과 우리 팀과 저의 상사는 정말 좋은 사람이었어요. 매우 다정다감하고 도움을 주려 하고 뭐 그런…… 그래서 저는 정말 그 팀을 떠나는 게 싫었어요. 물론 마지막 날이 왔고 파티와 뭐 그런 것들이 있었어요.

상담자: 아. 그분들이 파티를 열어 주셨군요?

존스 부인: 아, 그럼요. 그리고 모든 것이 유쾌했죠. 그러고 나서 그 여름은 제게 다른 여름과 같았어요. 그리고 가을도 뭐 그렇게 나쁘진 않았죠. 저는 제가 돌아가지 못할 학교의 첫날과 그 모든 것들이 잘 되어 갈 거라고 생각했어요. 그런데 그러고 나서 그 모든 것이 제게 시작되었어요. 저

는 정말로 재주가 많은 사람이 아니에요. 집을 잘 관리하는 걸 싫어해요. 제가 마음속에 두고 있는 유일한 것은 여행 같은 멋진 일이죠. 그러나 아직 해 보지는 않았죠. 그리고는 외로움이 느껴지기 시작했어요.

상담자: 당신은 동료들과의 친밀한 관계를 다소간 그리워하셨군요.

존스 부인: 네, 저는 우울해졌어요. 저는 저의 동료들을 많이 그리워하고 있어요.

상담자: 이것은 당신에게 정말 상실로 다가온 것처럼 보입니다.

존스 부인: 저는 더 이상 그들을 규칙적으로 볼 수가 없어서 슬펐어요. 우리는 아주 오랫동안 함께 일했어요.

상담자: 당신은 오랫동안 그들을 알아오셨군요?

존스 부인: 네, 저는 20년 동안 그들 중의 몇 사람과 알아 왔어요.

상담자: 정말 긴 기간이네요. 당신은 더 이상 그들을 계속 만날 수 없을 것처럼 느끼셨군요.

존스 부인: 네, 그래요.

상담자: 일을 떠나는 것이 당신에게 큰 상실인 것처럼 보이는군요.

존스 부인: 네, 저는 제가 떠나는 것에 대해서 얼마나 슬프게 느끼는지를 알고 깜짝 놀랐어요. 당신에게 작별 인사를 하고 문을 닫고 떠나는 것에 대해 아무 감정도 가지지 않는 그런 종류의 것이 아니었어요. 저는 몇 년이 걸릴 거라는 생각이 들었어요.

상담자: 당신이 그걸 극복하는 데, 몇 년이 걸릴 거라고 느끼시나요?

존스 부인: 대부분의 사람들이 하는 것보다 더 오래 걸릴 거예요. 네, 아마도 좀 걸릴 거예요. 적어도 제게는 그래요.

상담자: 네, 당신의 감정은 매우 정상적인 거죠. 이런 종류의 상실감에 적응하는 데는 시간이 걸립니다. 대다수의 사람들은 어느 정도의 적응 기간

을 겪습니다. 그것은 단지 몇 주가 걸리기도 하고 어떤 경우에는 1년이 걸릴 수도 있습니다. 그러나 은퇴의 초기에 상실감을 가지는 것은 조금도 이상한 일이 아닙니다.

존스 부인은 그녀의 삶에 있어 주요한 변화를 겪고 있는 중이다. 그리고 그녀의 직장 동료들을 자주 못 보는 것에 대해 명백히 슬픔을 느끼고 있었다. 이 경청 기간 동안에 상담자는 존스 부인에게 그녀의 감정을 말하고 표현하고 그녀의 경험 속에서 의미를 만들어 갈 기회를 주었다. 존스에게 그녀의 관심사와 감정을 숙고해 보는 것을 허락함으로써 상담자는 그녀의 감정이 타당하다는 것을 인정해 주었고, 그녀가 그런 감정을 정상적인 것으로 보도록 도와주었다. 존스 부인은 상담을 계속했다. 그리고 그녀의 상실감을 잘 겪어 낼 수 있었다. 그녀는 덜 우울해졌고, 결국 새로운 친구를 사귀고 그녀의 삶 속에서 새로운 구조와 일상을 만들어 가면서 은퇴 후의 새로운 생활 방식에 적응하였다.

평가 단계

은퇴자들이 그 자신의 시각에서 그리고 자신의 말로 감정을 표현할 기회를 가지게 된 후에 상담자는 평가 단계로 나아간다. 내담자가 은퇴문제를 제기했을 때 상담자는 몇몇 분야를 평가해야 한다. 은퇴 문제나 은퇴 위기의 심각성, 내담자의 내적 외적 자원 그리고 은퇴 과정의 단계 등이 그것이다. 평가 단계에서, 상담자는 경청과 반영적 대화 그리고 공감적 의사소통과는 거리를 두고 내담자의 문제를 좀 더 포괄적으로 이해하기 위해 의도된 질문을 하게 된다. 일단 상담자가 은퇴 문제가 내담자에게 얼마나 심각한지를 알게 되면, 내담자가 얼마나 잘 대처하느냐, 어떤 선택이 가능한가, 가능한 해결책이 무엇인가를 탐색할 수 있다.

은퇴 문제나 은퇴 위기의 심각성은 몇 가지 방식으로 평가된다. 은퇴자가 위기에 처한 기간은 중요하다. 위기가 몇 주, 몇 달 또는 1년 동안 지속되었다는 사실은 위기의 심각성과 대처하는 사람의 능력에 대한 중요한 정보를 제공해 준다. 예를 들어, 1년 동안 위기 상태에 있었던 은퇴자는 전통적인 대처 수단이 더 이상 효과가 없다는 것을 발견할지도 모른다. 그런 경우에, 상담자는 이 사람이 새로운 방식의 대처 기술을 발견하도록 도와주어야 한다. 최근의 위기는 상담자에게 초기 단계에서 개입할 기회를 주게 되고 부적응적 대처 전략을 예방할 수 있게 한다. 위기의 지속 기간과 관계없이, 은퇴자들은 대개 은퇴 초기 적응 기간이 정상적인 것이고, 시간이 가면 해결될 것이라는 사실과 대다수의 사람들이 결국 은퇴에 적응하게 되고 그것을 즐기는 방법을 배우게 된다는 사실을 알게 될 때 안도하게 된다. 은퇴자들이 위기를 보는 방법은 아주 중요하다. 즉, 위기를 심각하거나 또는 그렇지 않은 것으로 지각하는 것은 은퇴자가 그 문제에 의해 상처를 입은 정도를 보여 준다. 예를 들어, 존스는 은퇴를 그녀 삶의 주요한 변화와 상실로서 경험했다. 많은 이들이 직장을 떠난 후에 우울해지는 것은 아니지만, 존스는 중요한 상실로써 그 변화를 지각했고, 경험했다. 내담자의 주관적 시각은 분명히 은퇴 후에 우울해지는 것은 아니지만, 존스는 중요한 상실로써 그 변화를 지각했고 경험했다. 내담자의 주관적 시각은 분명히 평가 단계의 중요한 일면이다. 심리적 기능의 객관적 지표는 또한 유용할 수 있다. 특히 내담자가 그들의 경험을 해석할 수 없고 그들 문제의 이해와 해결 둘 다에 있어 도움을 필요로 할 때 그렇다. Gilliand와 James(1988)는 객관적 평가가 세 가지 분야의 조사에 기초하고 있다고 말한다. 인지적(사고 패턴), 정서적(감정 스타일), 행동 경향이 그것이다. 인지적 평가는 내담자의 위기에 대한 사고의 적절성과 내담자가 그 문제와 상황에 대해 현실적인 시각을 가지고 있는지와 관련이 있다. 상담자는 은퇴한 내담자가 그들의 문제에 대한 사고가 발전하고 있는지, 또는 단지 편집적 생각을 하고 있는지 그리고 문제에 대한 적절한 해결책을 찾고 있는지, 그들이 해결책을 찾을 수 없는지에 대해 고려해야 한다.

정서적 평가는 상황에 대한 내담자의 정서의 적절성에 중점을 둔다. 이러한 정서의 적절성 평가는 감정에 의해 압도되거나 공포에 질리거나, 감정의 내용에 의해 혹은 감정의 강렬함에 의해 두려워지고, 그 감정을 자각하거나 부인하는 것 등을 포함한다. 은퇴 내담자가 감정을 부인할 때, 상담자는 그 감정의 수용을 가로막는 요소를 이해해야 한다. 많은 은퇴자들은 은퇴를 부끄러워하기 때문에 상실의 감정을 부인한다. 초기에 상실의 감정으로 고통받는 은퇴자들은 그들 자신들에게조차도 그 감정을 인정하는 것이 너무 당황스러운 일일 수 있다. 상담자들은 내담자에게 감정을 표현하도록 독려하고 그들이 피하고 있는 감정을 확인하도록 도와주어야 한다.

평가의 세 번째 분야는 은퇴자의 행동을 평가하는 것이다. 즉, 그들이 어떻게 행동하는가 그리고 그들이 문제에 어떻게 대처하고 있는가를 평가하는 것이다(Gilliand & James, 1988). 상담자들은 은퇴 내담자들이 새로운 시작을 하는지, 새로운 생활양식을 시도해 보는지 그리고 새로운 친구를 만나거나 혹은 전혀 그렇지 않는지, 새로운 상황을 너무 두려워하지는 않는지 등을 평가해야 한다. 은퇴 후에 때로 발생하는 음주 문제 같은 건강하지 못하고 자기 파괴적인 행동들은 언급되어야 한다(Richardsoon & Kilty, 1989).

상담자가 평가해야 하는 가장 중요한 자기 파괴적인 행동은 자살에 대한 가능성이다. 노인과 상담하는 상담자는 항상 자살에 대한 잠재성을 평가해야 한다. 특히 만약 내담자가 우울하다면 꼭 그렇게 해야 한다(Gilliland & James, 1988; Lazarus, 1988). 노령 인구가 총 인구의 10%만을 구성하고 있지만, 모든 자살의 25%가 65세 이상의 사람에게서 발생한다(Gilliand & James, 1988). 그리고 Janosick에 따르면, 백인 남성 노인은 특히나 자살에 취약하다. 미국에서 60세 이상의 백인 남성의 자살률은 일반적으로 연간 100,000명당 9~13명에 비교할 때, 연간 100,000명당 40~75명이다(Lazarus, 1988). 게다가 조사는 노인들이 다른 연령 그룹보다 자살에 더 성공한다는 것을 보여준다. 따라서 노인의 자살 시도는 심각하게 받아들여져야 한다.

노인들 중에서 자살할 소지를 알려 주는 몇 가지 요소가 확인되었다(Lazarus, 1988; Miller, 1978). 사회적 고립, 신체적 질병, 특히 혼자 사는 것은 노인의 자살과 일관되게 관련이 있어 왔다. 자살한 노인의 3/4 정도는 그들이 죽기 한 달 전에 내과의사를 방문했다(Miller, 1978). 자살을 시도하는 많은 이들이 우울해하고 특히 미래에 대해 비관적이 된다. Miller(1978)는 노인 자살이 말년에 자주 발생하는 상실감이 쌓여 일어난다고 주장했다. 그는 "아주 중요한 것은 특히 어떤 한 가지 상실의 결과가 아니라 오히려 그 시작의 예상치 못함과 갑작스러움, 그 일에 고통을 받는 이의 개인적인 반응 그리고 외부 문제가 지속될 때 그것이 결합하여 일으키는 상승작용 등이다. 따라서 빠르게 계속되며 다가오는 일련의 상실감은 종종 파괴적이다"(p. 29). Miller는 또한 '은퇴 충격'을 언급하고 있다. 이것은 사람들이 적절한 준비, 취미, 다양한 관심거리들 또는 직장 밖의 친구가 없는 상태에서 은퇴를 하게 되었을 때 발생한다.

많은 상담자들은 노인들의 자살 잠재성을 평가할 때, 중요한 몇 가지 요인을 말하고 있다. 첫째로, 상담자들은 인구학적 통계에 주의를 기울여야 한다. 특히 그 사람이 남성인지 여성인지(나이 든 남성은 나이 든 여성보다 더 자살하기 쉽다), 인종(흑인 미국인들은 백인들보다 더 낮은 자살률을 보인다), 결혼 상태(미혼인 사람들이 결혼한 사람들보다 자살 위험이 더 높다.), 생활 환경(혼자 사는 사람들이 타인과 함께 사는 사람들보다 자살에 더 취약하다). 그리고 건강 상태(건강이 좋지 않은 사람들은 위험이 더 높다. 특히 그 사람이 이전 6개월 동안 병원에 입원했거나 수술을 받았다면 위험은 더 높아진다). 인구 통계학적 정보와 함께 상담자들은 그 사람이 자살 계획을 가지고 있는지도 알아보아야 한다. 자살에 대한 상세한 전략을 가진 사람들은 자살을 어떻게 시도할지에 대해 아무 생각이 없는 사람들보다 훨씬 더 높은 위험에 처해 있다. 과거의 자살시도는 높은 자살 잠재성을 보여 주는 명백한 신호이다. 자살 방법의 치명성(즉, 그 사람이 총이나 로프나 또는 약을 사용하고자 하는지에 대한) 또한 고려되어야 한다. 마지막으로 만약 자살할 수단이 손쉽게 이용할 수 있는 것이라면(즉, 장전된 총이 가까이 있다면) 자살의 가능성은 더 커지게 된다. 따라서 상담자는 은퇴자의 자살 잠재성을 몇 가지 요인에 근거하여 평가해야 한다.

상담자는 내담자가 은퇴 단계 어디쯤에 있는지를 평가해야 한다.

이것은 어려움에 처한 은퇴 상황을 확인하기 위해서다. 은퇴 과정의 3단계나 결정적 전환점은 제3장에서 이미 살펴보았다. 1단계인 은퇴 전 시기는 중년 시기에 일어난다. 2단계인 은퇴 결정기는 은퇴하기 바로 직전으로 매우 중요하다. 3단계인 은퇴 적응기는 그 사람이 공식적으로 은퇴할 때 직면해야 한다. 상담자는 내담자의 문제에 개입해서 해결하려 하기 전에 어느 단계에서 문제가 일어나고 있는지를 이해해야 한다.

마지막으로 상담자들은 내담자의 내적, 외적 자원들을 조사해야 한다. 이 자원들에는 자존감, 성격 강점들 그리고 대처 전략들이 있다. 즉, 스트레스를 감소시키고 평형상태를 새로이 설정하려는 목적을 지닌 요구와 도전에 대한 반응을 보는 것이다(Harel, 1988). 비록 Harel이 자신의 문화적 민족적 배경에 의존한 대처 방식의 변화에 주목했다고 하더라도, 그는 회피와 같은 전략이 어떤 경우에는 고통과 스트레스와 불안을 줄여 주는 데 효과적이라고 결론지었다. 그러나 직접적이고 특히 도구적인 전략들은 다른 상황에서는 더욱 적절했다.

사례

헨리 씨(Mr. Henry)는 67세의 백인 남성으로 최근 은퇴했고, 우울 때문에 상담자를 찾았다. 첫 상담 회기 중에 그의 정서는 단조로웠다. 그는 얼굴 표정이 거의 없었고 피곤해 보였다. 그는 몇 번 술에 취한 채 운전하다 체포된 적이 있다고 이야기했다. 그러나 그는 음주 문제에 대한 처치는 시간 낭비라고 주장했다. 그의 건강은 악화되고 있었고, 4개월 전에 심장병 진단을 받았다. 상담자는 헨리 씨가 그의 나이, 인종, 건강 상태 그리고 최근의 은퇴 등을 고려할 때, 자살 위험이 높다고 걱정하였다. 먼저, 상담자는 헨리 씨에게 자살하고 싶은지를 물었다. 그는 "최근에 자살에 대해 많이 생각 중"이었다고 대답했다. 두 번째로 상담자는 그가 자살 계획을 가지고 있는지를 물었고, 그는 총을 가지고 있으며 그의 재정 문제를 정리하면 사용할 계획이 있다고 인정했다. 세 번째로 상담자는 비록 헨리 씨가 이전에 자살을 시도한 적이 없지만, 그가 자살할 시기에 대하여 상세한 계획을 가지고 있다는 것을 알게 되었다. 이런 평가에 근거하여 상담자는 헨리 씨가 자살 고위험 상태에 있다고 결론지었다. 그는 자살 관념, 자살 계획 그리고 자살 수단을 가지고 있었다. 그는 아팠고 최근에 은퇴한 나이 많은 백인 남성이었다.

개입 단계

◈ 비지시적 접근방법

Gilliand와 James(1988)에 따르면, 상담자는 비지시적이고 협력적이거나 또는 지시적인 방법으로 내담자의 문제에 개입한다. 어떤 방식을 따를지는 이전 단계에서 시행된 평가의 결과물과 내담자 문제의 심각성, 문제의 종류 그리고 은퇴자가 이용할 수 있는 개인 자원 등에 달려 있다. 비지시적 접근 방식은 강한 개인적 강점과 사회적 지지를 가지고 있으며 다소 경미한 위기 상태에 있는 은퇴자에게 추천된다. 이 접근 방식은 은퇴자가 행동 계획을 발의할 것을 허락한다. 상담자들은 초기에 내담자에게 지지적이며 그들이 문제를 해결해 가도록 격려한다. 상담자들은 촉진적 경청을 하고, 내담자가 그들의 감정을 훈습해 나가고 결국, 행동의 과정을 결정하도록 도움을 주기 위해 고안된 개방형의 질문들을 한다. 예를 들면, 당신의 은퇴 문제를 어떻게 보십니까? 해야 할 최상의 일이 무엇이라고 생각하십니까? 당신이 처한 상황을 어떻게 해결할지에 대해 많이 생각해 본 적이 있습니까? 비지시적 접근방식의 질문 유형은 내담자가 자신의 감정을 표현할 기회를 가진 후에 그리고 상담자가 완전한 평가를 실행한 후에만 적절하다. 상담자는 내담자가 결정을 내리고, 그들의 위기를 해결하도록 돕기 위해 공감적 지지자로 행동하고, 반영적 진술과 개방형 질문을 사용한다. 상담자는 직접적 충고나 도전을 하지 않고 내담자를 관리하려 하지 않는다. 비지시적 접근방식의 중요한 목표 중 하나는 직장에서 은퇴로 이동할 때 겪게 되는 일반적인 반응과 단계를 내담자에게 교육하는 일과 관련이 있다. 이것은 내담자들이 은퇴에 따른 변화로 겪게 되는 외로움을 덜어 준다. 비지시적 상담 사례는 아래에 기술되어 있다.

사례

린든 부인(Ms. Linden)은 70세 미망인으로 최근에 20년 동안 근무한 비서직에서 은퇴하였다. 그녀는 50세의 나이에 일을 시작하였다. 그것은 그녀의 막내가 대학을 들어간 후였다. 그녀는 그녀의 일을 즐겼으나 강제적 은퇴 법률 때문에 은퇴하지 않을 수 없었다. 린든 부인은 그녀가 70세에 은퇴할 거라는 사실을 알고 있었지만 은퇴를 잘 준비하지 못했다. 따라서 은퇴 후 한 달이 지나자, 직장을 그리워하기 시작하였다. 특히 그녀의 동료들에 대해서는 더하였다. 린든 부인이 상담을 하러 왔을 때, 그녀는 그녀의 상실감을 잘 표현하였다. 그 상실감은 동료들과 헤어짐뿐 아니라 그녀의 생활에서 일상을 잃어버린 상황에 대한 것도 있었다. 상담자는 문제의 심각성(그녀와 상담자 둘 다 그리 심각하지 않은 것으로 생각하였다.)과 그녀의 대처 기술을 평가한 후에 비지시적 타입의 개입을 사용하기로 결정하였다. 상담자는 린든 부인이 직장을 잃은 것에 대한 감정을 나누는 것을 경청하였고 그에 지지와 공감을 보냈다. 린든 부인은 직장을 떠나도록 강요받은 것에 대해 화가 나 있었다. 상담자는 그녀가 이 화난 감정을 표현하고 관찰하도록 격려해 주었다. 상담자는 린든 부인에게 은퇴는 결혼이나 이혼, 아이를 갖는 것과 유사한 생애 중요 변화라고 설명해 주었고, 그녀의 감정은 정상적이며 많은 노인들이 은퇴 후에 겪게 되는 일반적인 감정이라고 말해 주었다. 린든 부인은 그녀의 감정이 이상하거나 정신적이 이상이 있는 것이 아니라는 사실을 알고서 안심했고 그녀의 고통스런 상실감은 시간이 지나자 옅어졌다. 그녀는 점차적으로 은퇴에 대해 흥분감을 느끼게 되었고 새로운 생활 양식을 만들어 가는 것을 열망하게 되었다.

상담자는 재빨리 린든 부인이 심각하지 않은 위기를 겪고 있고 많은 장점을 갖고 있다고 결론 내렸다. 린든 부인의 강점을 강화시키고 그녀가 필요로 하는 지지를 보내는 비지시적 접근방식은 그녀가 시간적으로 적절치 못한 은퇴에 대해 느낀 감정을 잘 겪어 내게 해 주었다. 린든 부인은 상담 후 한결 더 기분이 좋아졌고 상담자가 비위협적이고 비지시적인 방식으로 상담해 준 것에 감사했다.

◈ **협력적 접근방식**

문제가 좀 더 심각할 때, 상담자는 협력적 접근방식을 사용하게 된다. 문제를 확인하고 가능한 해결책을 평가하고 변화를 이끌기 위해, 내담자와 함께 작업해 간다. Gilliand와 James(1988)에 따르면 협력적 접근방식은 상담자에게 내담자가 그들의 문제에 관한 답을 찾는 데 촉매제로서 행동해 줄 것을 요구한다. 내담자는 홀로 해결책을 만들어 내지 못한다. 왜냐하면 그것이 그들에게는 불안을 일으키는 일이기 때문이다. 대신, 상담자는 내담자에게 무엇이 잘못되었고 어떻게 그 문제를 정정할지에 대한 이해를 돕기 위해 격려를 해 준다. 이 방식을 사용하는 상담자는 내담자에게 이렇게 말할지도 모른다. "지금 당신에게는 몇 가지 문제가 있는 것처럼 보입니다. 아마도 우리는 그것들의 우선순위를 정해야 할 것이고 당신이 어느 것을 맨 먼저 작업했으면 하는지 확인해야 할 것입니다." 또는 이런 식으로 말할지도 모른다. "자, 몇 가지 대안적 해결책을 생각해 보고, 각각의 장단점을 조사해 봅시다." 문제와 해결책은 상호적으로 평가된다.

사례

앤드류스 부인(Ms. Andrews)은 여행 컨설턴트로서 10년간 일했고, 은퇴 후 8개월이 지나 상담자의 도움을 청했다. 그녀와 그녀의 남편은 동시에 은퇴할 계획을 갖고 있었고 그들의 은퇴를 고대했었다. 그런데 앤드류스 부인의 어머니가(점점 아파 가고 있었던) 넘어져서 엉덩이뼈가 부러지는 일이 생겼고, 그들의 은퇴 계획은 수포로 돌아갔다. 그녀의 어머니가 그들의 집으로 이사 왔을 때, 앤드류스 부인은 준비도 안 된 채, 은퇴 계획의 변화를 맞게 되었다. 어머니의 건강은 계속 악화되었고, 그녀는 결국 앤드류스 부인이 은퇴 후 첫 1년이 되었을 무렵 몸져 눕게 되었다. 앤드류스 부부는 이 기간 동안 여행도 할 수 없었고, 앤드류스 부인은 그녀의 남편이 이 예상치 못한 계획의 변화에 잘 적응했다고 믿었을지라도, 그녀 자신은 그렇지 못했다. 그녀는 점점 우울해졌고 어머니를 돌보는 일에 조금 화가 나게 되었다. 그녀는 거의 모든 시간을 어머니를 돌보는 데 썼고, 친구를 방문하거나 여가 활동 같은 것은 거의 하지 못하였다. 앤드류스 부인은 결국 은퇴상담자에게 우울증 때문에 도움을 구하였다.

상담의 초기 회기 동안 앤드류스 부인은 은퇴 계획을 망친 것에 대한 실망감 때문에 울었다. 그녀는 어머니에 대해 분노의 감정을 느끼는 것 때문에 죄의식을 느끼고 있었다. 동시에, 어머니의 의존성과 악화된 건강은 그녀를 슬프게 했다. 따라서 초기 회기 동안 상담자는 그녀의 감정을 잘 경청했고 지지를 보냈으며 공감을 표현하였다. 앤드류스 부인은 어머니의 건강에 대해 강박적으로 반응하기 시작했고, 돌보는 일에 대한 책임감에 대해서도 강한 강박감에 사로잡히게 되었다. 그녀가 외출하는 동안 남편이 어머니와 함께 있을 수 있었지만, 그녀는 계속 친구들과의 점심 초대를 거절했다.

상담전문가는 앤드류스 부인이 이야기를 하고, 그녀의 상황에 대해 감정을 표현한 것을 들은 후에, 앤드류스가 겪는 위기의 심각도, 그녀가 처한 은퇴 단계, 그녀의 대처 스타일, 그녀의 과거 우울 경험 그리고 그녀의 비형식적 지지 등을 평가했다. 그리고 그녀가 어머니의 건강 악화, 직장을 떠난 것, 은퇴 계획을 이행할 수 없었던 것에 대한 실망감 등 여러 상실감 때문에 임상적 우울증으로 고통받고 있다고 결론지었다. 협력적 접근방식은 앤드류스 부인이 위기를 해결하는 데, 분명 누군가의 도움을 필요로 했기 때문에 가장 적절해 보였다. 상담자는 우선 앤드류스 부인에게 우울증에 빠진 것으로 보인다고 설명하고 그녀에게 불행을 가져오는 여러 요인들을 확인시켜 주었다. 상담자는 우선, 그녀가 삶 속에 있는 다양한 스트레스와 변화에 대해 감정을 표현할 시간을 그녀 자신에게 줄 것을 제안하였다. 두 번째로 문제의 해결책을 찾기 위해 어떻게 함께 작업해 나갈 건지 설명해 주었다. 상담자는 앤드류스 부인이 고려하지 않았던 몇 가지 개입 방법을 그녀와 함께 목록으로 만들었다. 그리고 각 개입의 장단점을 토론하며 목록을 훑어 나갔다. 예를 들면, 그녀가 어머니를 위해 간호사를 고용하는 것이 적절하다고 느끼는지를 토론하였다. 처음엔 그 방법에 그녀가 저항하였지만, 결국 그녀는 어머니에게 그녀가 해 줄 수 없는 의료적 돌봄이 필요하다는 것을 깨달았다.

앤드류스 부인은 그녀와 상담자가 동의한 개입 방법을 실천해 보았다. 그녀는 여전히 오랜 기간 어머니에게서 떨어져 있거나 먼 거리를 여행하는 것은 불편했지만, 남편이나 친구와 함께 점심식사를 위해 외출하는 동안 어머니를 떠나는 것에 대해서는 서서히 안정감을 느끼기 시작했다. 게다가, 상담자는 돌봄을 주는 사람들이 때로 불안해지고, 분개하고 심지어는 우울해지기까지 하는 것은 특별한 일이 아니라는 점을 앤드류스 부인이 이해하도록 도움을 주었다. 그녀는 그렇게 느끼는 사람이 혼자만이 아니라는 것을 깨닫자, 한층 기분이 나아졌다.

협력적 접근방식을 사용한 상담자는 내담자의 문제를 해결하는 데 완전히 내담자에게 의존하지는 않는다. 상담자는 앤드류스 부인이 느끼는 감정이 그녀가 처한 상황에 정상적이라는 것을 이해하도록 도와주었다. 그러나 그녀의 문제를 관리하거나 해결책을 결정하지는 않았다. 상담자는 대안을 제공해 주었다. 개입 방법을 결정한 것은 앤드류스 자신이었다. 이러한 협력적 접근방식은 그녀에게 효과가 좋았다.

◈ 지시적 접근방식

세 번째 유형의 상담은 지시적 접근방식이다. 이것은 은퇴 위기를 통제할 수 없고, 해결할 수도 없는 은퇴자들에게 필요하다. Gilliand와 James(1988)는 이 접근 방식을 필요로 하는 유형의 내담자 범주를 7가지로 밝혔다. ① 약물 사용이나 신체 기관의 기능 이상 때문에 즉각적 입원을 필요로 하는 내담자, ② 정상적으로 기능할 수 없게 할 정도의 심한 우울로 고통받고 있는 내담자, ③ 심각한 정신 이상적 일화로 고통받고 있는 내담자, ④ 심각한 충격, 가족 등을 잃었거나, 상실감으로 고통받고 있는 내담자, ⑤ 불안이 가라앉을 때까지 일시적으로 정상적인 기능을 할 수 없을 만큼 불안 수준이 높은 내담자, ⑥ 현실과 접촉을 하지 않는 내담자, ⑦ 현재 그들 자신들에게나 타인들에게 위험이 되고 있는 내담자. Gilliand와 James는 이러한 내담자들은 가벼운 위기를 겪고 있는 내담자보다는 좀 더 높은 자살 경향성을 보인다고 지적했다. 상담자는 이런 내담자들에게 지시적 접근방식을 사용해야 한다. 상담자는 신속하게 내담자가 가지고 있는 오도 가도 못하게 하는 어떤 감정들을 다루고, 해결책을 확인하고 개입 전략을 결정해야 한다. 상담자는 가능한 한 내담자가 고통스럽지 않을 때 통제력을 가지고 자율적일 수 있도록 격려할 필요가 있다. 어떤 경우에는 상담자가 내담자가 무엇을 해야 하는지를 물었을 때 그들에게 단 한 가지 선택사항만을 제시하는 것 외에는 달리 방법이 없는 경우가 있다. 왜냐하면 그것이 그들이 다룰 수 있는 전부이기 때문에 그렇다. 지시적 접근 방식의 한 예는 아래에 기술되어 있다.

사례

도날슨 씨(Mr. Donaldson)는 40년 동안 자동차 정비공으로 일했고, 얼마 전 그 일을 그만두었으며, 최근에 상처한 71세의 은퇴자다. 그는 체중 감소, 불면증, 무기력 그리고 위장 문제 때문에 의사의 진료를 받았다. 도날슨 씨에게 몇 가지 질문을 한 후에 내과의사는 재빨리 그가 자살 의도를 가진 심한 우울증으로 고통받고 있다고 진단하였으며, 즉각 노인 상담자에게 그를 위탁하였다. 상담자는 그날 도날슨 씨를 만났고 그와 이야기를 나눈 후에 의사의 우울증 진단이 맞았음을 확인해 주었다. 상담자는 그에게 자살하고 싶은지, 자살 계획을 가지고 있는지를 물었다. 도날슨 씨는 그가 자살 계획을 가지고 있다고 인정했을 뿐 아니라, 장전된 총을 가지고 있고, 딸에게 그의 슬픔을 설명하는 편지를 쓴 후에 그것을 사용할 계획이라고 폭로했다. 상담자는 그의 나이, 인종, 혼자인 상태, 최근의 은퇴, 자살 계획, 극도의 절망감과 무기력감을 볼 때, 도날슨 씨가 자살 위험이 높은 상태에 있다고 결론짓고 그에게 입원하여 정신과 치료를 받을 필요가 있다고 설명했다. 도날슨 씨는 이에 동의했고 상담자는 노인 우울증 치료를 전문으로 하는 정신과 병원에 도날슨 씨가 허가받도록 조치를 취해 주었다.

이 경우에 상담자는 즉각 도날슨 씨의 자살 잠재성에 초점을 맞추었고 그에게 자살 계획에 대한 몇 가지 질문을 하였다. 상담자는 도날슨 씨가 현재 그의 문제를 다룰 수 없는 상태이기 때문에 지시적 상담 접근방식이 필요하다고 결론지었다. 도날슨 씨는 누군가가 그의 상황을 통제해 주는 것에 안도감을 느꼈다. 왜냐하면 그는 자신의 감정에 압도되어 있었고, 그것 때문에 옴짝달싹할 수 없었기 때문이다.

일반적인 개입 접근방식은 경청, 평가, 개입의 3단계로 제시되었다. 그리고 제2장에서 제시했던 수정된 위기 개입의 견지에서 요소들을 통합하였다. 초점은 은퇴자의 주관적 해석에 맞춰지게 된다. 즉, 그들이 은퇴 문제를 어떻게 바라보는지, 그것을 어떻게 느끼는지를 주로 다루게 된다. 그리고 은퇴자들의 문제는 개별적이며, 독특하다는 것을 강조한다. 상담자는 내담자가 그들의 현실을 구성하고, 재구성하도록 돕고, 자기 반성, 자기 평가 그리고 언어적 상호 교환을 통하여 은퇴 경험에서 의미를 발견하도록 도움을 주어야 한다. 마지막으로 상담자들은 은퇴자가 자율성, 이해, 고결함을 성취하는 데 방해가 된 환경적 제약을 확인해 줌으로써 내담자가 거기에서 벗어날 수 있도록 격려해 준다. 후자는 다음 장에서 좀 더 논의될 것이다.

요약

은퇴 위기는 사람들이 직장을 떠나거나 직장을 떠난다는 기대를 다룰 수 없을 때 일어나게 된다. 이때, 일반적인 대처 방식들은 실패하게 되고, 무기력감이 나타나게 된다. 물론 대다수의 사람들은 큰 문제없이 은퇴 과정의 변화를 겪지만, 어떤 사람들에게는 변화가 극도로 파괴적이고 스트레스 상황이라는 것을 발견하게 된다. 이러한 은퇴자들은 혼란에 대한 도움을 구하게 된다.

은퇴상담의 일반 모델은 경청 단계, 평가 단계, 개입 단계를 포함한다. 경청 단계에서 상담자는 내담자가 자신의 곤경에 대해 어떻게 느끼는지를 경청하고 이를 통해 내담자와 라포와 신뢰감을 형성하는 데 중점을 두게 된다. 내담자가 자신의 감정을 이야기하는 것은 자신의 감정을 다루고 받아들이는 데 도움이 될 뿐만 아니라, 그들이 고통에 대한 의미를 찾고 외적인 환경제약과 시급한 문제를 알아내는 데 도움이 된다. 이런 일을 하는 데는 특정한 상담기술이 필요하다.

다음으로, 상담자는 은퇴자가 겪는 위기의 심각성, 그들의 내 · 외적 자원, 그들이 처한 은퇴 위기를 평가한다. 인지, 정서, 행동에서 잘 기능하며 살고 있는지에 대한 객관적 평가가 이루어진다. 상담자는 항상 은퇴자의 자살 잠재성을 평가해야 한다. 특히 내담자가 우울한 상태일 때는 더욱 그렇다. 상담자가 알고 있어야 하는 몇몇 자살에 선행하는 요인들은 사회적 고립, 좋지 않은 상태, 정신적 질환이다. 평가를 위한 다른 주요한 영역으로는 성, 인종, 나이, 결혼 여부, 생활 방식, 건강 상태, 과거의 자살시도 여부, 만약 있다면 자살 계획의 정도 그리고 자살에 이용할 수 있는 수단 등이 있다.

상담자는 자살 위험군 내담자에게는 지시적 개입방식을 사용해야 하고 빨리 그들의 감정을 다루어야 한다. 상담자들은 해결책을 확인하고 지시적으로 개입한다. 협력적 개입은 적절한 안내를 필요로 하는 내담자들에게 사용된다. 이 경우에 문제와 해결책은 상호작용을 통해 결정된다. 마지막으로 비지시적 접근방식은 위기가 심각하지 않고 내담자가 강한 사회적 지지와 대처할 만한 자원을 가지고 있을 때 이용된다.

참고문헌

Burgess, A., & Baldwin, B. (1981). *Crisis intervention theory and practice: Clinical handbook*. Englewood Cliffs, NJ: Prentice-Hall.

Burgess, A., & Holmstrom, L. (1985). Rape trauma syndrome and post traumatic stress response. In A. W. Burgess (Ed.), *Rape and sexual assault: A research handbook* (pp. 56–60). New York: Garland.

Dixon, S. (1987). *Working with people in crisis* (2nd ed.). Columbus, OH: Merrill.

Egan, G. (1986). *The skilled helper: A model for systematic helping and interpersonal relating*. Pacific Grove, CA: Brooks/Cole.

Erikson, E. H. (1963). *Childhood and society* (2nd ed.). New York: W. W. Norton.

Gilliland, B., & James, R. (1988). *Crisis intervention strategies*. Pacific Grove, CA: Brooks/Cole.

Golan, N. (1981). *Passing through transitions*. New York: Free Press.

Harel, Z. (1988). Extreme stress and aging. *Social Casework, 69*, 575–583.

Janosick, E. H. (1984). *Crisis counseling: A contemporary approach*. Belmont, CA: Wadsworth.

Jung, C. G. (1933). *Modern man in search of a goal.* New York: Harcourt Brace.

Kilty, K., & Richardson, V. (1988). *Factors in the retirement decision process.* Paper presnedted at the annual meeting of the Gerontological Society of America, San Francisco, November.

Lazarus, L. (Ed.). (1988). *Essentials of geriatric psychiatry.* New York: Springer Publishing Co.

Miller, M. (1978). Suicide after sixty. *Aging, 28–31,* 289–290.

Nowak, C. (1978). *Research in life events: Conceptual consideration.* Paper presented at the thirty-first annual meeting of the American Gerontological Society, Dallas, November.

Redker, G., & Wong, P. (1988). Aging as an individual process: Toward a theory of personal meaning. In J. Birren & V. Bengston (Eds.), *Emergent theories of aging* (pp. 214–246). New York: Springer Publishing Co.

Resnik, H. L., & Cantor, J. (1970). Suicide and aging. *Journal of the American Geriatric Society, 18,* 152–158.

Richardson, V., & Kilty, K. (1988). *The effects of gender and time on adjustment to retirement.* Paper presented at the annual meeting of the Gerontological society of America, San Francisco, November.

Richardson, V., & Kilty, K. (1989). *The effects of gender and time on mental health before and after retirement.* Paper presented at the annual meeting of the Gerontological Society of America, Minneapolis, November.

Slaikeu, K. (1984). *Crisis intervention: A handbook for practice and research.* Boston: Allyn & Bacon.

Vinick, E., Stanley, E., & Ekerdt, D. (1989). *Retirement expectation vs. experience among married couples.* Paper presented at the annual meeting of the Gerontological Society of America, Minneapolis.

5
은퇴 전 상담

대부분의 은퇴 전 상담 프로그램들은 집단상담 형태로 재정 문제 상담에 집중되고 심리적, 사회적인 문제들은 대체로 무시되어 왔다. 이들 프로그램들은 일반적으로 감정을 표출하거나 애도 작업(grief work)을 필요로 하는 사람이 있음에도 그것을 다루지 않았다. 게다가 상담 전에 참가자들의 우선적인 욕구를 거의 평가하지 않는다. 이전 장에서 은퇴상담의 일반적인 모델로서 경청 단계, 평가 단계, 개입 단계를 제시하였다. 이 3단계는 모든 은퇴 전 집단 상담이나 은퇴 전 개인 상담에 포함돼야 한다. 이러한 3단계의 적용을 아래에서 논의하겠다.

경청 단계

은퇴 전 단계는 직업인들이 언제 은퇴할 것인지, 미래에 무엇을 할 것인지 등을 생각하기 시작하는 단계로 적어도 은퇴 15년 전부터 시작된다. 제3장에서 말했듯이, 은퇴 전 기간의 특징은 재정상의 준비, 은퇴에 대한 보다 긍정적인 태도와 가족, 친구들과 은퇴에 대해 의논하는 것이다. 직업인들은 늘어난 휴가로 가족과 친구들과 지내는 시간들을 더 갖게 되고, 새로운 취미생활을 개발한다. 동시에 그들은 직장 동료들과 보내는 시간, 일하는 시간이 적어져서 직장 일에 적극적이지 않게 보일지도 모른다. 사람들은 은퇴를 예상하고 은퇴했을 때를 준비하고자 한다. 대부분의 사람들이 중년기(40~60세)에 은퇴 전 단계를 경험하기 때문에 은퇴 준비는 중년의 이슈로서 이 시기에 여러 가지 심리적, 생리적 변화들이 일어난다.

Neugarten(1968)에 따르면 이 시기의 사람들은 복잡한 사회적 환경과 그들 자신의 의미와 위치를 재평가하는 면에서 민감성이 높아진다. 그들의 일과 가족, 출생에서 현재까지의 시간 보다는 앞으로 남은 시간에 대해 더 생각하게 된다.

Jung(1933)은 성인기, 특히 중년기에 대해 처음 연구한 심리학자 중 한 명이었다. 그는 중년기에는 드러나지 않던 아동기 때의 성격이 내적으로 변형되어 나타나는 것을 경험한다고 주장했다. 인생의 초반에서 중요하게 인식하던 책임과 사회적 의무에 대한 관심은 줄어들고 개인적인 자기 성찰과 인생의 의미에 보다 관심을 갖게 된다고 했다.

Levinson 등(1978)은 중년에는 젊음과 늙음, 소멸과 창조, 남성다움과 여성다움 그리고 소속감과 소외감 등 네 가지의 극단적인 문제에 직면하게 된다고 했다. 상담을 청하는 이 시기의 직업인들은 종종 늙어 가는 것, 쇠약해지는 것, 신체적인 웰빙, 은퇴를 포함한 많은 중년기 문제들과 부딪치고 있다. 은퇴 전 시기에는 가족, 건강, 일을 포함해 몇몇 심리적 영역에 대한 재평가를 하게 된다. 그들은 또한 이 시기에 심리적인 문제인 우울증, 불면증, 식욕감퇴, 피로 등을 많이 호소하고 직업이나 가족과의 불행에 대해 상담하기도 한다.

상담자들은 실질적으로 중년의 문제를 해결하고자 하는 사람들에 대한 적절한 상담전략을 가지고 은퇴 전 상담에 임해야 한다. Sands와 Richardson(1986)에 따르면, 중년기에는 지나간 시간, 젊음, 자식, 직업으로 인해 많은 것을 잃은 고통을 견뎌 내야 한다. 이러한 역경을 이겨 내면 그들의 미래를 재평가하고 인생을 낙천적으로 변화시키게 된다. 은퇴 전 상담은 사람들이 젊음, 과거와의 소외감 등에서 벗어나 나이가 들어 가는 것과 은퇴를 기분 좋게 받아들일 수 있는 방향으로 나가게 도와줘야 할 것이다. 상담이 그들의 슬픈 마음을 표현할 수 있게 하는 데 중점을 두고 있기 때문에 은퇴 전 상담의 경청 단계를 강조하나 애도작업은 개입 단계까지 지속해야 한다. 게다가, 상담자들은 집단 프로그램과 개인상담을 통해 비통한 사건과 마음을 표현하게 해서 성공적으로 해결하도록 한다.

William Worden(1982)은 임상심리전문가들에게 은퇴 전 상담에 적용할 수 있는 애도상담의 가이드라인을 제시해 주고 있다. 첫 번째, 그는 애도에 대한 네 가지 과제를 정리해 주었다. 그 네 가지는 내담자가 상실을 현실로 받아들이도록 돕는 것, 애도의 고통을 충분히 경험하는 것, 고인이 없어진 환경에 어떻게 적응해야 하는지와 감정적인 열정의 철수와 다른 관계에 재투자하는 것을 포함한다. 상담자들이 은퇴 전 상담에서 내담자들이 상실을 현실로 받아들이는 것을 돕는 과정에서 중년기와 연합된 상실, 독창성, 젊음, 일, 가족과의 관계 변화에 대해 특별히 중점을 두고 있다. 이 시기에 체력 저하, 주름살과 흰머리가 생기는 등 신체적 변화가 일어나는데 많은 사람들이 젊은 시절은 이제 끝났으며 노년에 가까워졌다고 생각한다. 가족관계의 변화는 자식들이 집을 떠나 그들 자신의 가족을 형성하는 것이다. 사람들은 이 시기에 자신의 일을 재평가하고 은퇴에 대해 생각하기 시작한다.

Worden(1982)은 노화에 대한 부정적인 견해가 여러 측면에서 나타나는데, 상실 자체를 부정하기도 하고, 이 단어의 의미와 과거로 돌아갈 수 없음에 대해 부정하기도 한다고 설명했다. 나이가 드는 것 자체를 부정하는 사람들은 노후에 대한 계획이 없고 은퇴에 대하여 심사숙고하지 않는 사람들이다. 그러므로 경청단계의 상담자들은 내담자 측이 나이가 들어 감을 받아들이는 것뿐만 아니라 그들의 신체적인 기능, 가족관계 및 직장에서의 변화를 수용하도록 도와야 한다. 주로 내담자들은 슬픔의 고통을 경험하면서 현실적 변화의 여건을 수용하게 되는데, 이를 애도의 두 번째 과제라고 Worden(1982)이 명명했다. 은퇴 전 상담자들은 그들이 나이가 들어 가는 것에 대해서 서로서로 느낌을 나누고 격려하도록 돕는다. 어떤 사람들은 은퇴를 오랫동안 의지하였던 정체성의 근본을 포기하게 되는 것으로 생각하고 있다. 또 다른 사람들은 오래된 습관과 행동을 모두 버려야 한다고 생각하지만, 어떤 사람들은 같이 지냈던 사람들과의 관계상실에 집중한다. 상담의 목표는 애도의 원인을 찾아 상실감에 대한 고통스러운 감정을 해소하도록 도와주는 데 있다. Worden(1982)은 이러한 상실 감정들을 인식하지 않고 해결하지 못하면 이후에 이상증세로 발전될 수 있다고 주장한다.

세 번째 과제는 죽은 사람이 그리운 환경에 적응하도록 도와주는 것이다. 은퇴상담자들은 이 과정에서 내담자들이 새로운 일, 새로운 취미, 새로운 친구를 사귀는 것 등 직업 이외에 성취할 수 있는 것들을 하도록 지원하지만 내담자들이 이전의 자기 감정들을 실제로 정리해야만 성공적인 상담결과가 나온다. 만약 그렇지 못하다면 은퇴 준비를 제대로 못하고, 전반적으로 침체에 빠지며 불안감을 느끼게 된다. 그러나 애도를 성공적으로 받아들인 사람들은 나이가 드는 것, 가족과 일에 대한 새로운 역할에 적응하고, 은퇴를 기대하게 되는 등 긍정적인 결과를 얻을 수 있다. 그들은 조금만 일해도 되고, 더 많은 시간을 즐기게 되어 그들에게 더 의미 있는 시간이 온다고 여기기도 한다.

Jung(1933)은 아동기 때 드러나지 않던 성격의 양상이 중년이나 노후에 표출된다고 하였다. 사람들은 은퇴 전에 다른 성격 양상들을 접하게 되므로 상담자들은 은퇴 전 상담에서 그들의 내면적인 성격을 통합하게 돕고, 인생의 의미를 찾도록 도와주는 것이 중요하다. 또한 경청 단계에서 상담자에게 자신의 느낌을 표출하도록 하고, 과거의 슬픔 등이 미래에 대한 좋은 감정으로 바뀔 수 있도록 도와주기도 한다.

Worden(1982)은 사람들이 죽음을 고통 없이 생각할 수 있을 때 애도가 끝난 것으로 믿었다. 유사하게, 은퇴 전 상담에서 내담자들이 불필요한 고통 없이 과거에 대해 생각할 수 있을 때 슬픔의 단계가 끝나게 된다. 여기에서 과거란 이전의 역할과 과거의 행동들 또는 불행했던 과거를 일컫는 말이다. 은퇴 전 상담이 끝날 때는 내담자들이 미래에 대한 기대를 갖게 되고 남은 삶에 대해 좀 더 의미 있는 생각을 하게 된다.

상담자들은 애도 상담의 적절한 기법을 사용하여, 네 가지 과제를 성취해야 한다. 한 가지 기법은 경청 단계에서 그들의 상실감을 현실화하는 것이다. 앞장에서 설명했듯이 대화를 통하여 상담자들은 내담자들과 친밀감과 신뢰를 형성한다. 이는 그들의 불안을 낮춰주고, 의미 있는 것을 찾도록 도와준다. 비슷한 방법으로, 내담자들과 공감하고 그들이 감정을 표현할 수 있도록 상담자는 내담자의 말을 주의 깊게 경청한다. 내담자들은 은퇴 전 상담의 첫 번째 단계에서 슬픔, 분노, 죄책감, 불안 등 여러 가지 감정들을 경험하게 된다. 슬퍼하기는, 애도의 가장 주된 요소인데, 은퇴 전 상담에서 일반적으로 이 면이 덜 주목되고 있다. 사람들은 과거에 경험했던 슬픔을 받아들이는 것을 거부하기도 하는데, 이는 그들이 과거에 이런 느낌을 부끄러워했거나, 중년기에 이런 슬픈 감정이 정상적이라는 것을 이해하지 못하기 때문이다. 과거에 대해서 예민하게 느끼고, 슬픈 감정을 갖는 것은 중년기에 당연한 일이며, 아이가 있거나 육체적으로 더 강인할 때, 직업에 책임감을 느낄 때, 더 강하게 나타난다. 상담자들은 내담자의 슬픈 감정이 당연하다는 것을 알려 주고 이런 감정들을 표현하도록 도와준다.

비슷한 예로, 은퇴 전 기간 동안 사람들이 분노를 느끼는 것도 보편적인 일이다. 어떤 사람들은 젊음(모든 관련 상징도)에 대한 상실감과 신체적인 변화에 대하여 거부하고 분노한다. 그들은 자식들과 함께 살았던 지난날과 젊음이 넘치고 순발력이 있던 시간들, 신체적으로 건강했던 시간들을 그리워할 것이다. 직업인들은 나이에 대한 차별과 젊은 직업인들을 선호하는 회사측에 화를 내게 된다. Worden(1982)은 상담자들에게 내담자들의 분노와 부정적인 감정을 조절하고 과거를 그리워하지 않게 할 한 가지 방법으로 그들이 과거의 무엇을 그리워하지 않는지를 묻도록 제안했다. 사람들은 젊었을 때의 고생을 흔히 잊고 즐겁고 가벼운 일만을 생각한다는 것이다.

죄책감은 다양한 경로로 오게 되는데 특별히 그들이 인생에 성취하지 못한 것을 생각할 때 후회하며 죄책감을 느낀다. 내담자들에게 죄책감을 표현할 수 있게 하면 미래를 긍정적으로 볼 수 있는 가능성이 있고, 절망과 좌절을 피할 수 있다. 여러 가지 복잡한 애도 반응들은 풀리지 않은 죄책감에서 오기도 하는데, 상담자들은 주의 깊게 그들의 죄책감과 후회들을 평가하고 표현할 수 있도록 해야 한다.

또한 은퇴 전에 느끼는 불안감은 새로운 행동과 익숙하지 않은 단계에 대한 두려움이며 다음 단계에 대처할 지식과 기술들을 습득할 수 있을지에 대한 것들이다. 내담자들의 10가지 걱정은 새로운 친구를 잘 사귀는 것, 새로운 여가를 즐기는 것, 은퇴를 체계적으로 받아들이는 것, 은퇴한 사람들과 적응할 수 있을지 등이다. 상담자들이 은퇴 전 내담자들의 불안을 다루는 방법은 내담자들이 나이가 든 자신을 직시하고, 은퇴 후의 정보를 제공해서 미래를 준비하도록 도와주는 것이다. 은퇴와 노화에 대한 정보가 많을수록 불안과 두려움은 감소하므로 정보교환은 은퇴 전 상담의 중요한 부분이다.

Worden(1982)은 은퇴 전 상담의 경청 단계에 적용할 수 있는 다른 기법은 감정 해소를 촉진하고 애도시간을 주며, 이러한 것이 정상적이며, 또 개인마다 다르다는 것을 인식하게 하는 것이라고 했다. 상담자들은 경청 단계에서 내담자들이 은퇴 전 감정을 충분히 설명하도록 격려하면 그들의 느낌을 서서히 표현하게 된다. 내담자들은 그들을 지지하고, 이해해 주며, 차분하게 만들어 주는 상담자와 대화하는 시간이 필요하다. 상담자들은 이러한 것이 정상적이며, 다른 사람도 비슷한 감정을 가졌다는 것을 알려 준다. 마지막으로 애도 상담에서 상담자는 개인마다 반응의 차이가 있다는 것을 명백히 알려 주어야 한다. 개인마다 해석과 철학과 관점이 다르다는 것은 아무리 강조해도 지나침이 없다. 은퇴 전 상담의 경청 단계에서 중요한 목표는 은퇴를 준비하는 내담자를 돕는 것이다. 불행하게도 대부분의 은퇴 전 상담 프로그램은 내담자들의 감정을 표현할 수 있는 기회를 주지 않는다. 은퇴 전 프로그램들은 참가자들을 교육하고 정보를 제공하는 것에 집중되어 있다. 은퇴 전 프로그램이 보다 효과적이려면 참가자들에게 그들이 느끼는 감정을 표현하게 도와주고, 프로그램 과정 중에 제공된 정보들의 영향에 대한 의견을 공유할 수 있도록 하는 것이다.

평가 단계

은퇴 전 프로그램에서 경청 단계는 드물게 포함되나 평가 단계는 거의 포함되지 않는다. 프로그램들은 주로 남자, 여자, 미국인, 히스패닉 백인, 중산층 등 성별, 인종, 직업에 상관없이 공통으로 적용하고 있다. 또한 문제 유형이나 참가자들의 문제의 심각한 정도를 고려하지 않는다. 일반적인 은퇴 전 상담은 내담자들이 감정을 표현할 기회를 제공한 후에 평가 단계로 나아간다. 평가 단계에서 상담자들은 은퇴를 준비할 수 있는 현재 내담자의 능력에 대하여 질문하고 내담자들이 가진 은퇴 전의 문제 정도를 판단해야 한다. 또한 은퇴 준비 과정에서의 이슈와 은퇴에 대한 계획을 알아보는 것이 중요하다. 특히, 재정적인 것이 중요한데, 연구에 의하면 소득이 높고 은퇴 준비가 되어 있는 사람들은 그렇지 않은 사람들에 비해 은퇴 적응이 빠르다고 한다. 은퇴 전 사람들은 증권이나 채권, 펀드, 저축예금, 은행 잔고 등의 충분한 뒷받침이 없이는 투자를 할 수 없다. 많은 사람들이 아직도 주택 융자금, 자동차 할부금, 의료비, 학자금 대출금 등의 부담을 가지고 있다. 놀랍게도 25%만이 은퇴에 대해 준비하고 있는데, Greenough(1980)에 의하면 저축과 투자 수입은 노인에게 주어지는 수입의 15%이며 직업인들의 47%만이 개인연금 프로그램에 가입되어 있다. 여성, 아프리카계 미국인 들은 적은 수입과 부족한 자산, 준비 프로그램 부족 등으로 은퇴와 노후를 준비하지 못하는 경우가 많다. 은퇴 전 상담은 인종, 성별, 수입에 관계없이 모든 사람들에게 평등하게 이루어져야 한다.

어떤 사람들은 은퇴에 대한 생각을 회피하려고 하는데 죽는다는 것과 나이 드는 것에 대한 좌절감 때문에 거부하는 사람들도 있다. 노후에는 외로워지고 정신적으로 쇠약해지며 행복하지 않고, 빈곤하게 될 수도 있다는 두려움 때문이다. 상담자는 여러 사람들이 은퇴 전 기간에 많은 도움을 필요로 하고 있으며 부정적 생각을 하는 것을 이해할 필요가 있다. 상담자들은 은퇴에 대한 정보를 제공하고, 전반적으로 노후를 다시 조명하며, 그들이 인생에 더 많은 기쁨을 경험할 수 있도록 지원해야 한다. 육체적인 병, 즉 고혈압, 심혈관 질환, 당뇨, 암 등은 나이 많은 직업인들에게 두려움을 준다. 어떤 사람들은 이런 질환으로 이미 사랑하는 사람을 잃었고, 나머지 인생을 동반자 없이 살아야 하는 상황에 불안해한다. 상담자들은 이런 사람들에게 노화를 새로이 인식하도록 도와주며, 절망감을 극복할 수 있도록 새로운 전략을 제공하고 특별한 대안을 찾아서 문제점을 해결하도록 해야 한다.

은퇴 전 단계의 많은 어려움들은 자신의 힘으로 통제할 수 없는 상황에서 비롯되는데, 예를 들어 젊은 직업인에 대한 편견이나 중년과 노인을 특별히 문제시하는 사회적 연령차별이다. 연령차별의 예는 원하지 않는데도 불구하고 고용주가 조기 은퇴를 강요하는 것, 젊은 사람들에 비해서 승진의 기회가 적게 주어지는 것 등이다. 이는 경험 많은 노인 근로자들의 은퇴 프로그램에서 초점이 되고 있다. Hoopes(1989)는 "은퇴 프로그램에서 노인 직업인들의 강제 해고와 조기 은퇴에 대한 강요는 아주 근시안적인 견해이며, 20세기의 아주 잔인한 행동이다."라고 주장하고 있다. 상담자들은 연령차별에 대한 내담자들의 저항의식을 강화하고 사회적 억압세력에 맞서도록 도와줘야 한다. 또한, 연령차별을 줄이는 정책을 옹호하고, 내담자가 은퇴를 강요하는 고용주에게 맞설 수 있도록 지원해야 한다.

개입 단계

은퇴 전 상담의 유형

은퇴 전 상담이나 은퇴계획 등은 주로 세미나에서 제공되며, 은퇴 전 개인상담은 개인적인 관심을 갖고 있는 사람들의 요구에 의해서 집단상담 회기 사이에 드물게 이루어지는 편이다. 게다가, 대부분의 프로그램들은 참가자들이 서로 간의 감정을 표현하고 지지하는 경청 단계나, 직업인의 특별한 요구와 참여를 평가하는 평가 단계를 포함하고 있지 않다. 이런 프로그램들은 고용주나 회사에 의해서 제공되는 수혜상품이며 지역사회의 의료나 정신건강 관련 기관에는 은퇴 전 상담 프로그램이 드물게 준비되어 있다.

은퇴 전 상담 프로그램들은 제한적이거나 포괄적인데, 제한적인 프로그램들은 주로 경제적인 것, 연금에 대한 정보, 사업 투자, 그 외에 은퇴의 혜택에 관한 것 등을 강조하고 있고, 포괄적인 프로그램들은 제한적인 것보다는 많지 않지만, 정신적인 내용들, 가족과 일의 역할 변화, 정신건강 정보 등을 재정적인 절차와 함께 포함하고 있다.

Mamion(1974)은 은퇴 전 프로그램을 네 가지 종류로 분류했다. 첫째, 은퇴기간 동안의 투쟁을 강조한 대처 프로그램, 둘째, 통찰적 프로그램, 은퇴 전에 초점을 두나 실제적으로 해결책을 제시하는 프로그램, 셋째, 교육적인 프로그램, 즉 은퇴에 대한 교육적인 정보를 지속적으로 제공하는 프로그램, 넷째, T그룹으로 조직적이지 않고 집단 참가자들의 피드백을 교류하며 진행하는 프로그램이다.

Giordano와 Giordano(1983)는 은퇴 전 프로그램의 네 가지 모델, 즉 계획, 상담, 성인교육, 인간발달모델을 제시하였다. 계획모델은 교육적이고 교훈적으로 은퇴 전 상담의 가장 일반적인 유형이다. 비록, 계획이 주로 재정적인 것에 집중되어 있지만 때때로 신체적인 변화와 법적인 이슈에 대해서 제시하기도 한다. 가족관계 변화와 정신적인 웰빙에 대해서는 그다지 강조하지 않고 있다. 이는 가장 일반적인 은퇴 전 상담의 모델인데, Giordano와 Giordano는 이것이 그다지 효과적인 접근이라고 믿고 있지 않다. 상담 모델은 은퇴에 대한 사회적 심리적인 측면에 초점을 두고, 계획 모델과는 달리, 격식을 차리지 않는 열린 환경에서 참가자들이 은퇴에 대한 느낌과 생각을 편안하게 이야기할 수 있다. 이러한 접근은 재정적인 문제뿐만 아니라 결혼과 가족, 우정과 여가에 대한 상담도 함께 이루어진다. 성인교육 모델은 학생 중심의 접근방법, 시청각 교육 등의 원리에 근거한 성인교육 프로그램이다. 마지막으로, 인간발달모델은 은퇴 전 상담의 새로운 접근방법인데, 참가자들이 은퇴에 대한 감정을 인식하는 시간으로, 내용보다는 과정을 강조하고 있다. 은퇴를 새로운 인생을 시작하는 재건으로 보며, 사람들의 잠재력을 강조하여 은퇴를 자기 회복의 시간으로 조망하는 새로운 모델이다.

은퇴 전 개인상담

많은 직업인들이 은퇴 전 상담을 필요로 하기 때문에 노인상담자들은 은퇴 전 개인상담뿐만 아니라 집단상담도 함께 준비해야 한다. 은퇴 전 상담에 대한 일반적인 모델은 상담자들이 경청 단계에서 내담자들이 최대한의 감정을 표현하도록 도와주고, 평가 단계에서 내담자들의 욕구와 상황을 진단하고 비지시적 개입이나 협력적 개입, 혹은 지시적인 개입을 하는 것이다. 은퇴 전 상담의 비지시적 접근은 내담자의 은퇴에 대한 감정을 반영하며 이를 지지하는, 지원이 필요 없는 경우다. 상담자들이 열정적이고 지지적으로 상담에 임하지만 위기개입은 하지 않는다. 협력적인 접근은 내담자를 지원하면서 공감과 지지로 격식을 차리지 않는 상담자를 필요로 한다. 지시적 접근은 내담자의 문제를 해결하기 위한 특별한 방법을 제안하고 있다. 이는 스스로 통제할 수 없고 대처능력이 없는 내담자들에게 적용이 되고 있다. 은퇴 전 개인상담은 은퇴 전 이슈와 개개인의 안고 있는 문제의 심각성, 내담자의 감정, 적응력, 경제적 능력에 따라 다를 수 있다. 상담은 내담자 개인의 독특한 욕구에 맞춰서 진행되어야 한다.

은퇴 전 집단상담

은퇴 전 집단상담은 개인상담보다 일반화되어 있고 점점 더 포괄적인 접근으로 변해 가고 있으며, 대체로 2시간씩 10회기로 나누어 진행된다. 일반적으로 강의는 강의자료, 영상, 프레젠테이션을 지원하고 사례에 대한 집단 논의도 포함하고 있다. 은퇴 전 집단상담은 평가 단계를 포함해야 하고, 지도자들은 참가자들의 발달정도에 근거해서 정보를 모으고 프로그램을 변화시켜야 한다. Richardson과 Kilty(1992)는 참여 청중에 따른 은퇴 준비 세미나의 다양한 준비 필요성을 논문을 통해 주장했다. 그 보고서는 아프리카계 미국인과 백인들, 여성들, 블루컬러 직업인들, 남자, 중산층 직업인들에 각기 다른 은퇴 전 프로그램을 적용해야 한다는 것을 보여 주고 있다.

Kilty와 Behling(1985)는 전문가들의 은퇴에 대한 다양한 태도를 관찰했는데 변호사들이 은퇴에 대해서 가장 덜 긍정적이었으며 고등학교 교사들이 가장 긍정적이었다. Holley와 Field(1974)는 은퇴 프로그램 자료를 전문상담가가 아닌 고용주에게서 얻거나 은퇴자들에게 리스트를 미리 제공하고 중요하게 생각하는 문제에 대해 질문하도록 제안했다. 이 정보는 은퇴 전 프로그램 참가자들에게 보다 더 적합한 접근이 이루어질 수 있도록 도왔다. 불행히도, 대부분의 프로그램 개발자들은 참여자 개개인의 차이점을 무시하며 한 사람에게 적용할 수 있는 방법을 다른 사람에게도 적용할 수 있다고 가정하기까지 한다.

가장 공통적인 주제들은 건강문제를 위한 경제적인 투자에 근거한 포괄적인 은퇴 전 상담 프로그램이다. 첫 회기에는 주로 은퇴준비를 위한 이론과 프레젠테이션, 토론 등을 한다. 두 번째 회기는 일반적으로 연금 사회보장제도와 자격, 부채를 포함한 경제적인 계획에 집중해서 회사 연금 프로그램들이나 개인적 연금, 조기 연금수급 등 고려할 수 있는 은퇴 혜택을 모두 재검토한다. 개인 저축, 뮤추얼 펀드, 은행계좌, 재고품, 채권, 투자 등을 포함한 각기 다른 투자들의 이익과 손실이 검토되기도 한다. 법적 제도와 관련된 세 번째 회기는 내담자의 의지에 중점을 두고, 토지, 신용 펀드, 변호사의 조력 등의 법적 정보를 제공한다. 의료보험에 관한 네 번째 회기에는 노화의 시각적, 청각적 변화, 근육의 변화, 인지기능의 변화, 성적인 변화 등의 신체적 변화를 다루는 것에서부터 시작한다. 많은 은퇴자들이 정상적인 연령에 따른 변화에 대해서 잘 알지 못한다. 저소득자를 위한 사회보장제도와 건강보험 제도를 포함한 의료보험은

이 시점에서 논의한다. 이 회기에는 미래의 인생에 대한 적당한 명상과 영양보급과 신체 조건의 뒷받침에 대해서도 논의한다.

다섯 번째 회기에서는 주거와 여러 가지 생활 유형을 조사하고 부동산을 어떻게 변환시킬 것인지를 포함해야 한다. 집을 팔고 실버타운에서 사는 것과 양로원에서 사는 것 등에 대한 장점과 단점을 재검토한다. 여섯 번째 회기에서는 여가시간과 노인 관련 봉사단체와 다양한 조직과 협회에 대해서 집중적으로 이야기한다. 일곱 번째 회기에서는 가족관계와 친구관계의 중요성을 강조하는데 예상치 못한 가족과의 불화는 결혼과 은퇴 이후에도 많은 영향을 초래하며, 은퇴 후에 친구관계에도 많은 변화가 온다는 것을 인식할 수 있어야 한다. 여덟 번째 회기에서는 심리적인 적응에 대해 이야기하는데 여기서는 은퇴 후 겪는 심리적 변화에 대하여 다룬다. 사람들이 혼란스럽고 의기소침해지는 것은 이상한 것이 아니라는 점을 이해하게 하면 시간이 지나면서 은퇴를 즐기게 된다. 아홉 번째 회기에서는 은퇴한 사람들의 취업 기회에 대해서 알아보고, 새로운 직장에 대한 긍정적, 부정적인 측면에 대해서 구체적으로 조사한다. 은퇴자들은 은퇴한 사람들에게 직업을 찾아 주는 기관에 본인의 은퇴를 알려야 한다. 마지막 열 번째 회기에서는 봉사활동 특히, 요양시설과 노인을 위한 프로그램, 정신적 건강을 위한 활동, 레크리에이션 프로그램들에 대하여 교육해야 한다.

각각의 회기들은 두 시간 내지 두 시간 반의 시간이 소요되며, 여기에는 토론 시간도 포함된다. 특히, 다양한 분야의 전문가들 — 재정 전문가, 법조인, 건강 관리 전문가들, 주택 전문가, 회계사, 회계 전문가, 사회 보안 협회, 주정부 등에서 일한 경험이 있는 사람 —

은 여러 회기에 참가하고 노인상담자들은 집단의 토론을 위하여 모든 모임에 참가해야 한다. Arnone(1982)은 집단상담에서 특별한 개인적 조언보다는 은퇴에 대한 많은 정보들이 공유되어야 한다고 하였다. 집단상담은 직업인들이 은퇴와 중년기의 공통적인 애로사항을 나눌 수 있는 장점이 있다고 하였다.

Holley와 Field(1974)는 은퇴 전 상담이 성공하기 위해서는 몇 가지 사안을 주최 측들이 반드시 고려해야 한다고 했다. 첫째, 이런 프로그램들을 회사 고용주가 제공한다면 적절한 자원을 통하여 프로그램들이 명확하게 제시될 것이라는 점을 명시해야 한다. 둘째, 모든 회기들은 반드시 자발적으로 진행되어야 한다. 셋째, 회사의 상사가 프로그램에 참가하라고 직원들에게 편지를 보내 초대해야 한다. 넷째, 성공적인 은퇴생활을 위해서는 배우자도 초대해서 함께 참여할 수 있게 해야 한다. 다섯째, 관련 팸플릿과 자료 등을 각 회기마다 배포해야 한다. 여섯째, 한 집단의 구성원은 약 24명 이내로 제한하여야 한다. 프로그램은 물론 각 회기는, 적절하게 평가되어야 하고 수정 보완해야 한다. 마지막으로, 전체 프로그램을 총괄하고 조정하는 프로그램 코디네이터가 필요하다. 코디네이터는 프로그램을 성공적으로 진행하고 유지하기 위하여 모니터링을 해야 한다.

은퇴 전 상담의 효과

은퇴 전 상담의 효과는 사람들이 은퇴에 쉽게 적응하고 은퇴를 잘 준비하도록 도와주는 것이다. Glamser와 Dejong(1975)은 통제집단과 실험집단인 두 그룹의 은퇴 준비 집단에 사람들을 무작위로 배정하였다. 그리고 사전검사를 실시하였는데, 초기에 두 집단의 구성원들은 은퇴 준비에 대한 태도와 행동에서 큰 차이가 없는 것으로 나타났다. 이후, 두 실험집단이 은퇴 준비 기획 세미나에 참가한 후 30분 동안 간단하게 개별 설명을 한 후 사후검사를 실시한 결과, 실험집단에 속해 있는 사람들이 통제집단에 있는 사람들보다 은퇴 준비의 필요성을 더 느끼고, 더 많은 계획을 세우는 것으로 나타났다. 하지만 은퇴에 대한 태도의 변화를 발견할 수는 없었다.

Charles(1971)는 은퇴 준비활동과 은퇴 준비 세미나에 참가한 사람들이 이후에 은퇴에 대하여 보다 호의적이 되는 것으로 나타났다. 이 연구에서는 통제집단에 대한 연구는 하지 않았으며 이들이 집단에 참가하기 전에 은퇴에 대하여 특별한 관심 있었다는 것도 알려지지 않았다. 자발적인 참여가 은퇴 준비 세미나의 참가자에게 은퇴에 대해 보다 호의적이게 하는 요소로 작용한 것으로 보인다.

Tiberi, Boyack과 Kerschner(1978)는 네 가지 타입의 은퇴 준비 집단에 대하여 연구하였다. 첫째, 촉진-상호작용모델은 집단의 상호작용, 집단의 프로세스, 집단 토론과 촉진자의 훈련을 강조하고 있다. 둘째, 격려와 토론 모델은 사례 연구, 지필테스트, 시청각 기술, 집단 토의를 강조하고 있다. 셋째, 설명-교육모델은 설명하고 교육할 수 있는 전문가의 강연을 강조한다. 넷째, 개별지원 모델은 집단 토론이 잘 진행되기 위한 시청각 자료와 간단한 정보자료들을 강조한다. 불행히도 그들은 연구참여자들을 집단에 무선적으로 배당할 수 없었다. 촉진-상호작용모델과 격려-토론 모델의 참여자 집단에서 가장 긍정적인 변화가 일어났고, 설명-교육모델과 개별지원

모델 집단에서는 사실상 부정적인 변화가 나타났다. 연구자들은 은퇴 전 상담 프로그램이 참가자들의 감정적인 변화와 정보의 교환을 다룬다고 했다.

Shouk Smith(1983)는 어떤 사람들은 은퇴 전 상담 프로그램에 참가한 후 개인적으로 부정적인 감정을 경험한 사람들도 있다는 것을 발견하였다.

Glamser와 Dejong(1981)이 실험집단과 통제집단 사이에 은퇴에 대한 태도와 인생에 대한 만족도는 차이가 없음을 주장한 것과 비슷하다. 이러한 연구들은 은퇴 전 상담 프로그램들이 은퇴 준비에 최소한으로 영향을 미치는 것으로 보고하고 있지만, Kamouri와 Cavanaugh(1986)는 이 연구결과의 차이점을 발견하였는데, 은퇴 전 상담 프로그램 참가 집단을 관찰한 바에 의하면 시간이 지나면서 은퇴에 대하여 불만족스러워하고 있다는 것을 알았다. 그들은 두 가지 연구가 방법상 차이가 있다고 설명하는데, 다음 두 가지 연구에 의하면, Glamser와 Dejong(1981)은 장기간에 걸쳐 동일 집단에 대하여 연구를 하였고, Kamourl과 Cavanaugh(1986)는 은퇴한 직업인만을 연구하기보다는 은퇴자와 직업인들을 넘나들며 연구한 것이다. 은퇴 전 상담 프로그램의 효과 연구는 여러 가지가 결과가 나올 수 있다. 중요한 것은 참가자들이 은퇴에 대한 정보가 충분하지 않을 때 부정적인 결과를 초래할 수 있다는 것이다. 따라서 은퇴 전 프로그램은 훈련된 상담자들이 직업인의 은퇴에 대한 감정과 그들이 경험하고 있는 어려운 일들을 이야기할 수 있게 지원해야 한다.

은퇴 전 개인 상담은 개인적 필요에 보다 집중하고 은퇴 전 과정에 개별적으로 참여할 시간을 줌으로써 유용하게 이용할 수 있다.

은퇴 전 개인상담과 집단상담 모두에서 경청 단계는 대화, 정서적인 표현, 고통스러운 일, 미래의 재투자 등에 대해 함께 의견을 나눌 것을 강조한다. 평가 단계에서는 프로그램을 제공하기 전에 참가자들의 잠재력과 고민을 평가해서 개입해야 한다. 다음은 경청 단계, 평가 단계, 개입 단계를 은퇴 전 개인상담에 적용하는 사례다.

사례

네 자녀를 둔 드레이크 부인(Ms. Drake)은 45세에 남편과 이혼하고 판매 직원으로 근무하고 있는데 노후를 어떻게 보내야 할지 몰라 은퇴 전 개인상담을 신청했다. 그녀는 일을 계속해야 할지 5년 안에 은퇴해야 할지 망설이고 있었다. 상담자는 그녀가 현재의 일에 만족하지 못하고 있는 것을 알게 되었는데 그녀는 근무시간이 길며 일이 재미없고 하루 종일 서 있어야 하는 것 등에 대해서 불평하였다. 또한 이혼과 아이들이 클 때까지 일을 하지 않은 것에 대해 이야기하였다. 그녀는 일을 일찍 시작하였다면 현재보다 훨씬 좋은 직장을 가졌을 것이지만 후회는 없다고 하였다. 그녀는 당시 일은 언제든지 마음만 먹으면 시작할 수 있을 것이라고 생각하였다. 그녀는 아이를 키우던 시절과 남편이 떠난 것에 많은 고통을 느끼고 있었다. 상담자는 몇 회기 동안 그녀가 과거의 슬픔, 상실감, 분노 등을 표현하도록 도왔다. 그녀의 현재 상황과 과거 가정환경 등에 관한 감정을 이해하고, 가상대안(copy strategies)을 만들었다. 상담자는 그녀의 재정상황을 돕기 위한 협력적인 개입과 보다 의미 있는 일을 찾는 것을 도와주었다. 현재 그녀의 연봉은 약 11,000달러이고 여러 상황으로 인해 연금도 제대로 준비하지 못하고 있다. 상담자와 재정적인 문제에 대해 많은 대화를 했지만 좀 더 철저한 평가를 받기 위한 전문 재정상담가의 필요성과 5~7년 안에 은퇴하면 은퇴 후 더 가난해질 거라는 결론을 내렸다. 그들은 그녀의 능력들을 평가하고 그녀가 즐길 수 있는 직장에 대해 이야기하였다. 그녀는 새로운 직장을 찾을 수 있다는 것에 매우 만족해하며 직장에서 즐겁게 일할 수 있다는 기대를 가졌다. 상담자는 그녀에게 집단상담을 권하였고, 그 안에서 더 많은 정보, 은퇴 후 혜택들, 재정 설계 등을 배울 수 있을 것이라고 하였다.

상담자는 성공적으로 드레이크 부인(Ms. Drake)과 은퇴 전 개인상담을 하였다. 상담자는 그녀의 과거 감정 등을 들어 주며 그녀를 격려하였고 그녀의 가족, 일 또는 개인생활의 갈등을 해결하도록 도와주었다. 상담을 통하여 그녀는 현재의 문제를 인식하고, 미래에 대한 기대감 속에서 문제 해결을 위한 노력을 하기 시작하였다. 상담자는 그녀가 자신을 떠난 남편에 대해 분노하고 있으며, 오랫동안 아이들을 혼자서 키우면서 이것이 더욱 심각해졌다는 것을 알았다. 그녀의 넉넉하지 못한 재정 상태는 그녀가 원하는 시기에 은퇴를 하지 못하게 하지만, 이제 그녀는 월급이 더 많고 보람을 갖고 일할 수 있는 직장을 찾기로 결심하였다. 상담자는 아이를 가진 여성들이 재정적으로 고통을 겪을 수밖에 없으므로 자책에서 벗어날 것과 은퇴 후 가난에 더 노출되며 나약해질 수밖에 없다는 것을 깨닫게 했다. 드레이크 부인은 이러한 과정에서 이런 고통을 겪는 여성이 본인만이 아니라는 것을 알았다. 상담자는 협력적인 개입방법으로 그녀의 갈등과 감정을 들어주고 여러 가지 노후 대책을 함께 찾기 위해 고민하였다. 미래의 실질적인 문제를 고려하기 전에 그녀의 감정 등을 먼저 경청하였다. 그녀는 일찍 은퇴하기를 원하였으나 상담자는 그녀가 현실을 직시하고 좀 더 의미 있고 보상받을 수 있는 직장을 찾도록 도와주는 역할을 하였다.

시내 한 대학교의 파트타임 강사이며 내과의사인 60세의 포터 박사(Dr. Porter)는 가정전문의로 오랫동안 즐겁게 일을 하였으나 은퇴 후에 대한 계획이 없었다. 그는 힘들고 일에 지치고 재미가 없어졌을 때 개인상담을 시작했다. 상담자는 그가 과묵하고 부끄럼이 많은 사람이지만 새로운 지식과 장비를 갖춘 젊은 의사들에게 기회가 더 주어지는 것에 화가 나 있음을 알았다. 포터 박사는 이러한 변화에 힘들어졌고 지위를 빼앗기는 것 같아 불안하였으며 그의 수업을 듣는 학생이 적다는 것을 깨달았다. 그는 불면증, 피로, 식욕감퇴, 자살 충동까지 느낀다고 말했다. 상담자는 그의 자살충동에 대해 면밀히 검토하였다. 자살을 하고 싶은지, 어느 때 자살 충동을 느꼈는지, 자살을 하려고 시도한 때가 있는지 등을 물어보았다. 상담자는 그가 나이 든 백인 남자이기 때문에 특별히 더 걱정하였다. 그러나 자살 충동은 느꼈지만 심각하게 고려하지는 않고 있으며 계획적이지도 않은 것으로 밝혀졌다. 상담자는 포터 박사가 병적으로 고통을 호소하며 자살 충동을 느낀 것이라고 결론지었다. 포터 박사는 그의 비애감에 개입이 필요하다고 말했고 그의 전반적인 감정과 상황 등을 이해하기 위해 시간을 투자해야 한다고 결정하였다.

그들은 고통스러운 일들을 알아보기 위해 몇 번의 상담을 가졌다. 이 과정에서 그는 비애감과 분노, 그동안 겪었던 변화 등에 대하여 많은 이야기를 하였다. 특히 그가 힘들었던 것은 젊은 의사들이 그를 나이 들었다고 측은하게 보는 것 같은 부분에서 많은 상처를 입었다고 하였다. 상담 중 알게 된 것은 그가 평생 동안 자신의 여가 활동에는 거의 시간을 할애하지 않았으며 주말과 저녁시간을 거의 사무실과 병원, 강의실에서 보냈고, 취미와 친구관계가 거의 없어서 여가 활동도 점점 줄었다는 것이다.

상담자는 처음에는 그가 마음을 열고 대화하는 것에 협조하지 않았기 때문에 지시적 접근 상담을 하였으나 상담이 진행되면서 덜 지시적이고 협력적인 접근을 하자 그는 점점 자발적이 되었고 상담자와 감정을 나눌 수 있었다. 몇 달 동안 상담자는 개인상담을 통하여 그의 인생을 조명하고 재미있는 취미생활, 친구, 가족들과 시간을 보낼 수 있는 방법을 알려 주었다.

포터 박사는 이러한 제안에 주저하였지만, 점점 더 사회에 순응하고 여가 활동에 집중하는 것에 동의했다. 그는 그 자신이 다른 활동을 더 좋아하고 참여하고 싶어 했다는 사실에 놀라워했다. 포터 박사는 은퇴를 하게 되었고, 이 사실을 더 이상 부정적인 시각으로 바라보지 않겠다고 하였다. 상담자와 포터 박사는 은퇴기간 동안 누구와 시간을 어떻게 보낼지, 어떤 느낌일지, 재정상의 문제는 어떻게 해야 할지에 대해 몇 회기에 걸쳐서 더 상담하였다. 포터 박사는 은퇴 전 집단상담에 참여했지만 개인상담을 계속하였다.

포터 박사의 은퇴 전 상담에서 경청 단계를 가장 중요하게 다룬 이유는 그가 인정과 지위를 잃는 것을 극복해야 할 필요성이 있었기 때문이다. 우울감은 자신의 변화를 인정하고 받아들이려 하지 않기 때문에 일어난 일이다. 상담자는 포터 박사의 자살 위험성을 판단하는 것에 적은 시간을 할애하고 상담을 통해 자살 가능성을 꾸준히 관찰하였다. 포터 박사의 극심한 우울 증세 때문에 초반에는 지시적인 접근으로 개입하다가 시간이 지나면서 협력적, 실제적인 접근으로 개입했다.

요약

40세에서 60세 사이의 중년기에 은퇴 전 상담이 시작되는데, 이 시기의 사람들은 일, 가정, 나이 듦에 대해 좀 더 깊이 생각하게 된다. 그러므로 상담자들은 은퇴 전 단계에서 중년 내담자의 문제를 적절히 상담하기 위한 개입전략을 준비해야 한다. 은퇴 전 상담은 경청 단계부터 시작하는데, 이것은 상담자들이 내담자들의 상실감(슬픔)을 위로하고 은퇴를 포함한 나이 듦, 과거와 분리되는 듯한 소외감 등을 들어주는 것으로 애도상담과 비슷하다. 상담자들은 내담자가 슬픔과 분노 등의 감정을 표현하는 것을 격려하고, 공감하면서 내담자들의 정서를 중요하게 다룬다. 죄책감과 불안은 새로운 환경과 낯선 단계에 대한 두려움으로 누구에게나 공통적으로 나타난다. 은퇴 전 상담의 목적은, 사람들에게 은퇴에 대한 긍정적인 생각을 갖게 하고, 미래를 의미 있게 계획하는 것을 돕는 것이다. 상담자들은 은퇴의 중요성과 대처 능력을 알아보고 은퇴 전 문제의 유형을 평가해야 한다. 상담자들의 격려는 내담자들이 은퇴를 회피하지 않고 두려움을 극복할 수 있도록 돕는다. 대부분의 은퇴 전 워크숍은 재정적인 문제를 다루는 것에 중점을 두고 있지만, 일부는 포괄적이다. 가장 일반적인 은퇴 전 프로그램으로는 계획 모델, 상담 모델, 성인 교육 모델 등이며 인간발달 모델은 과정과 정서에 중점을 두고 있다.

은퇴 전 상담은 특별히 간과되고 있는 여성, 소수 민족 등에 대한 시각이 수정되어야 한다. 대부분의 은퇴 전 상담이 집단으로 이루어지고 있으나 개인상담 또한 필요하다. 숙련된 상담자들은 은퇴 전 상담을 필요로 하는 사람들에게 깊이 있는 상담을 할 수 있도록 항상 준비하고 있어야 한다. 모든 은퇴 전 상담은 경청 단계, 평가 단계, 개입 단계로 진행되어야 한다.

참고문헌

Arnone, W. (1982). Preretirement planning: An employee benefit that has come of age. *Personnel Journal, 61*, 760–763.

Charles, D. (1971). Effect of participation in a pre-retirement program. *Gerontologist, 11*, 24–28.

Foegen, J. (1973). Time to be honest with older employees. *Public Personnel Management, 2*, 320–326.

Giordano, J., & Giordano, N. (1983). A classification of preretirement program: In search of a new model. *Educational Gerontology, 9*, 123–137.

Glamser, F., & Dejong, G. (1975). The efficacy of preretirement preparation programs for industrial workers. *Journal of Gerontology, 30*, 599–600.

Glamser, F., & Dejong, G. (1981). The impact of preretirement program on the retirement experience. *Journal of Gerontology, 36*, 244–250.

Greenough, W. G. (1980). The future of employer pension. In R. Clark (Ed.), *Retirement policy in an aging society* (pp. 184–202). Durham, NC: Duke University Press.

Holley, W., & Field, H. (1974). The design of a retirement preparation program: A case history. *Personnel Journal, 53,* 527–530, 535.

Hoopes, R. (1989). Working late: The railroad to retirement. *Modern Maturity, 32,* 34–45.

Jung, C. (1933). *Modern man in search of soul.* New York: Harcourt Brace.

Kamouri, A., & Cavanaugh, J. (1986). The impact of preretirement education programmers on workers' preretirement socialization. *Journal of Occupational Behavior, 7,* 245–256.

Kilty, K. (1990). social security, private resources, and the economic securtiy of older Americans. *Journal of Aging Studies, 4,* 97–109.

Kilty, K., & Behling, J. (1985). Predicting the retirement intentions and attitudes of professional workers. *Journal of Gerontology, 40,* 219–227.

Levinson, D. (1978). *The seasons of a man's life.* New York: Alfred A. Knopf.

Lichtig, A. (1982). Older unemployed suffer most. *Perspective on Aging, 11,* 11–18.

Mamion, U. (1974). Issues and trends in preretirement education. *Industrial Gerontology, 1,* 28–36.

Monk, A. (1972). A social policy framework for preretirement planning. *Industrial Gerontology, 15,* 63–70.

Neugarten, B. L. (1968). The awareness of middle age. In B. Neugarten (Ed.), *Middle age and aging* (pp. 77–84). Chicago: University of Chicago Press.

Richardson, V., & Kilty, K. (1992). Retirement intentions among black professionals: Implications for practice with older black adults. *Gerontologist, 32,* 7–16.

Sands, R., & Richardson, V. (1986). Clinical practice with women in their middle years. *Social Work, 31,* 36–43.

Schultz, J. (1973). The economic impact on aging population. *Gerontologist, 13,* 111–118.

Shouksmith, G. (1983). Change in attitude to retirement following a short pre–retirement planning seminar. *Journal of Psychology, 114,* 3–7.

Tiberi, D., Boyack, V., & Kerschner, P. (1978). A comparative analysis of four preretirement education models. *Educational Gerontology, 3,* 355–374.

Worden, W. (1982). *Grief counseling and grief therapy.* New York: Springer Publishing Co.

6 은퇴 결정 상담

은퇴 결정 상담은 두 가지 목적을 가지고 있다. 첫 번째는 내담자가 비자발적인 은퇴를 했다고 할지라도, 퇴직에 대한 결정은 스스로 주도했다고 느끼도록 돕는 것이다.

두 번째는 그들이 언제, 어떻게 은퇴를 할 것인가에 대해 최선의 결정을 하도록 돕는 것이다. 연구에 의하면 자발적인 은퇴자가 비자발적인 은퇴자보다 은퇴에 더 잘 적응한다고 한다. 은퇴자가 은퇴결정에 대해 얼마나 숙고를 했느냐는 은퇴 결정 상담에서 중요한 문제가 된다. 게다가, 은퇴 결정에 대한 은퇴자의 생각이 각자 다르므로 상담자는 내담자와 함께 퇴직 상황에 대한 그들의 견해를 조절해 나가야 할 것이다. 예를 들면, 아픈 가족을 돌보기 위해 일을 그만두는 은퇴자는 퇴직을 비자발적 은퇴로 보게 되므로 그들이 느끼는 무력감과 무기력에 대처할 수 있고 그들이 한 선택을 재정의하고 재해석할 수 있는 도움이 필요하다. 은퇴자가 고작 퇴직 파티나 계획하고 퇴직할 날짜만 잡아 놓는 것 이외에는 아무것도 할 수 없다 할지라도, 상담자는 은퇴 결정에 그들 스스로가 관여한 것이라고 느끼도록 도와야 한다. 은퇴 결정에 스스로 관여했고 그것을 조정했다고 느끼는 내담자는 은퇴 후에 더 잘 적응해 나가게 된다. 은퇴 직후에 많은 적응상의 문제점을 안고 있는 내담자는 은퇴 결정 시 거의 고민을 하지 않았거나 뜻밖에 은퇴해야만 했던 사람들이었다. 이런 내담자들은 의기소침하고 침울해질 수 있기 때문에 감정 조절을 하는 데 도움을 필요로 한다. 그들은 또한 다른 직업을 구하기 위해 지원과 격려를 필요로 할 것이다.

일반적으로 은퇴 결정은 합리적, 비합리적인 요소를 수반한다.

Durbin, Gross와 Borgatta(1984)는 직업인들의 조기 은퇴에 대한 그들의 생각을 밝힌 여러 자료들을 검토한 결과, 사람들이 은퇴 시기를 결정하기 전에 여러 문제들을 짚어 봤다는 결론을 얻었다. 직업인들은 자기들이 과연 일찍 은퇴해도 되는지 그리고 은퇴 후 경제적 수준은 어떨지 등의 재정적인 면과 그때 은퇴하면 어떤 느낌일까, 지금껏 해 온 일에 대해 얼마만큼 만족하고 소원했는가 그리고 얼마나 성취했나 등의 정서적인 면에서도 상당한 신중을 기했음을 알았다. 그래서 상담자는 상담 이상의 무엇을 해야 한다. 즉, 내담자가 임박한 은퇴에 대해 느끼는 감정들을 잘 파악할 수 있도록 기회를 제공해야 한다. 상담자는 앞 장에서 언급한 경청 단계, 평가 단계, 개입 단계로 은퇴 결정 상담을 정립하고 은퇴 결정에 관련된 정서적 요소, 인지적 요소, 행동적 요소 모두를 다루어야 한다.

내담자에 따라 이중 다른 요소보다 어떤 한 요소에 더 역점을 둘 수도 있다. 어떤 사람은 재정적인 면에 대한 상담을 더 필요로 한다. 또, 어떤 사람들은 어려움을 해결하기 위해 심도 있는 상담을 요구하기도 한다. 상담자는 어느 한 요소를 강조하기 전에 모든 요소를 검토해야 한다. 은퇴 결정 상담의 세 단계와 상담자가 사용하는 각 단계에서의 개입 전략은 아래에서 더 자세하게 재검토한다.

경청 단계

은퇴 결정 상담의 경청 단계에서 상담자는 내담자의 은퇴 결정 특히, 그들의 퇴직 시기와 상황에 대해 느끼는 여러 감정들을 들어주고 공감해 주어야 한다. 은퇴에 대한 내담자의 생각은 그들이 얼마나 오래 은퇴를 염두에 두고 계획해 왔는지 그리고 얼마나 숙고하여 은퇴 결정을 내렸는지에 따라 다르다. 은퇴 결정을 내리느라 고심을 하고 있는 내담자라면 은퇴 과정 중 2단계에 있는 사람이다. 그들은 실제 은퇴 시기는 아직 멀었고, 예비 은퇴 단계는 지났지만 고용이 종결된 은퇴 이후 단계에는 이르지 못한 사람들이다. 그들은 Schlossberg(1984)가 말하는 전환기에 해당되는 사람들이며 혼란, 긴장 또는 피로를 극복하려 하고 새로운 지원을 받으려는 시도를 포함한 관계적, 개인적 변화가 특징인 시기다.

Schlossberg는 내담자가 자기 성장을 위한 기회로 전환기를 받아들이면 긍정적인 경험이 될 수도 있다고 하였다. 반면에, 이 전환기는 부정적 경험이 되어 심리적인 악화를 초래할 수도 있다.

Griffin과 Grunes(1990)에 따르면, 자기 지속성을 유지하는 것이 노년의 심리 적응에 필수적이다. 전환기에 자기 지속성을 성공적으로 유지한 노인들은 자신을 바라보는 시각을 바꾸지 않는다. 즉, 그들의 정체성은 그들의 환경과 내면이 변화하였음에도 불구하고 견고한 채로 남아 있다. 이들은 발전할 수 있는 변화 그리고 기타 변화에도 더 잘 대처해 나간다. 어떤 변화는 더 쉽게 대처해 나간다. Richardson과 Kilty(1991)는 퇴직 후 중요한 자원을 상실한 사람은 그것을 견고히 지키고 있는 사람보다 심리적으로 더 불안정하여 자기지속성을 유지하는 데 더 많은 어려움이 생긴다는 것을 발견했다. 따라서 상담자는 내담자에게 은퇴 후에도 지속성을 유지하도록 용기를 북돋아 주고 걱정의 원인과 그들이 상실한 걱정을 해결할 수 있도록 도와야 한다.

변화 과정은 전적으로 변화에 몰두하는 것으로부터 시작해서 변화가 그의 삶으로 통합되는 데까지 이르는 것을 말한다. Brammer와 Abrego(1981)는 사람들이 전환기를 거치며 겪는 여러 단계를 밝혀낸 바 있다. 첫 번째 단계, 즉 부동 단계는 일시적인 불신과 불확실성의 단계로, 사람들이 종종 충격을 받아 공포, 두려움, 불안을 겪는 단계다. 그 다음에 부정이나 최소화가 이어지는데, 그것은 개인이 대처전략을 집결시켜 기존의 혼란과 불안감으로부터 위안을 찾으려는 시도를 하기 때문이다. 이때 침울, 불안, 또는 슬픈 감정과 더불어 자신에 대한 신념을 상실할 수도 있다. 다음으로 수긍 단계에 들어가게 된다. 즉, 개인은 전환기를 인정하고, 변화를 받아들이고, 새 단계에 대한 적응을 시도해 볼 때 생기는 새로운 정체성에 적응하기 시작한다. 사람들은 전환기에 대해 숙고하고 또 그것에서 배운 것을 점검하면서 의미를 찾게 된다. 전환기와 관련된 이전의 노력을 재평가하고 과거와 동화시키려는 시도가 나타날 수도 있다. 마지막 단계, 즉 통합 단계는 변화를 받아들여 내면에 내재화시킬 때 완수된다.

전환기에서 가장 많이 겪는 감정은 불안감이며, 상황에 따라 슬픔 또는 흥분이 뒤따를 수 있다. 불안감을 얼마나 잘 대처해 나가느냐는 내담자마다 다르다.

상담자는 내담자가 자기의 불확실성을 대처해 나가는 데 어떤 도움이 얼마나 필요한지 평가해야 하고 그것에 따라 중재해야 한다. 상담자가 불안감을 완화시키기 위해 유용하게 사용할 수 있는 중재기술에는 내담자 안심시키기, 감정을 말로 표현하도록 격려하기, 그리고 전환기에 관한 교육 등이 있을 수 있다. 상담자가 불안감을 감소시키기 위해 사용하는 다른 중재기술에는 체계적 둔감법, 자기 기분전환 기법, 쓰기, 스트레스 주입 훈련 등이 있다.

비자발적 은퇴자

비자발적 은퇴자는 경청 단계에서 더욱 관심을 요한다. 비자발적 은퇴자는 가족부양, 건강, 강제적인 퇴직정책, 퇴직시키려는 고용주의 압력 또는 외부의 힘 때문에 일을 그만둔다. Slaikeu(1984)와 Jones(1979)는 깊은 슬픔과 위기이론의 관점에서 비자발적 은퇴자의 문제를 정리하고 있다. 그들은 비자발적 은퇴에 직면하는 직업인은 사랑하는 사람을 잃는 것과 유사한 깊은 슬픔을 겪는다고 주장한다.

Schlossberg와 Leibowitz(1980)는 남성들이 일자리를 잃었을 때 겪는 몇 가지 단계를 밝히고 있다. 초기 단계에서 사람들은 그들의 현실을 받아들이기 힘들어서 계속해서 "왜 하필이면 나야?" 하는 의문을 갖게 된다. 많은 사람들은 직장생활이 끝났다는 것을 믿고 싶어 하지 않았다. 이 단계에는 배신감과 우울감이 뒤따른다. 남성들은 그들의 고용주가 그들에게 이렇게 한 이유를 이해할 수 없고, 그들의 고용주가 암암리에 서로의 계약을 파기한 것으로 느꼈다. 몇 사람은 비참하게 느끼고 다른 사람들은 충격에 빠져 어찌할 바를 몰랐다. 놀랍게도 다수는 분노하게 되고 복수하는 방법을 찾기도 했다. 그들이 일단 그들의 비자발적 실업을 사실로 받아들이면 그때부터 혼란스러움을 느끼고, 재정적으로 그들 자신을 어떻게 지켜나갈까를 걱정했다. 시간이 지나면서 대부분은 새로운 직업을 얻거나 자신을 퇴직자로 재확인하면서 사태를 해결했다. 어떤 사람들은 해직의 상처로부터 벗어나지 못했다. 일하고 싶지만 직장을 잃고 구직을 포기한 노인들은 실의에 찬 노인이라 할 수 있다. Rones(1983)에 의하면 이런 노인 직업인이 불균형한 노동시장에서 실망감을 경험한다고 한다. 그는 25세에서 54세 사이 남성에게는 실망이 상대적으로 사소한 문제였지만 55세에서 64세 사이의 나이에서는 매우 큰 문제라는 사실을 발견했다. 65세 이상 인구 중에서 실의에 찬 노인 직업인의 수는 거의 실직 직업인 수와 같았다. 그는 여성들에게서도 유사한 경향을 발견했다. 고용되기를 원하지만 일자리를 찾지 않는 이유에 대해, 실의에 찬 노인 직업인들은 가족 부담, 건강문제, 기술부족과 같은 개인의 문제와 관련하여 열거하고 있다. Rones(1983)에 따르면, 노인 직업인(worker)의 실의는 노인노동을 경시하는 노동시장 때문이라고 한다.

많은 고용주들은 노인 직업인이 젊은 직업인보다 덜 민첩하고, 덜 알고, 덜 효율적이라는 판에 박힌 부정적 견해를 가지고 있다. 그들이 노인 직업인을 고용한다고 하더라도 종종 그들에게 적은 임금을 지불한다. Bould(1980)와 Standing(1986)은 실직자보다는 은퇴자라는 말이 더 좋아 직장을 잃은 노인 직업인들이 노동 시장에서 물러나 일찍이 은퇴생활에 들어선 거라는 결론을 내렸다. 비자발적 은퇴자가 퇴직 중에 실의에 차 자살을 생각하고, 정서적 문제를 더 많이 겪을 수 있다는 사실을 알고 있음에도 불구하고 상담자와 연구자들은 비자발적 은퇴자의 결말에 대해 적절한 연구를 하지 못했다. 상담자는 내담자의 우울과 자살 위험을 주의 깊게 관찰해야 하고, 경청 단계에서 감정을 잘 표현할 수 있도록 기회를 제공해야 한다. 그들이 갑작스럽게 일을 떠나게 된 것에 대한 슬픔과 상실감 그리고 그들의 고용주에 대한 배신감과 분노에 대해서 이야기할 수 있도록 여건을 조성해야 한다. 그래서 비자발적 은퇴자와의 은퇴상담은 그들이 가장 커다란 고통을 경험하고 있을 때인 경청 단계에서 심도 있는 상담을 요구한다. 상담자는 비자발적 은퇴자의 가장 일반적인 감정이 어떤 것인가를 알고 그들의 감정을 잘 지각하여, 은퇴자의 그런 반응이 지극히 정상적이라는 것을 깨닫고 이해하도록 도와야 한다. 상담자는 은퇴자가 새 직장 찾는 것을 지원하거나, 아니면 만족스러운 은퇴 생활을 만들어 나가도록 협력함으로써, 그들의 현 상황을 잘 대처하여 궁극적으로는 이를 해결할 수 있도록 도와주어야 한다.

평가 단계

경청 단계에서 은퇴와 은퇴결정에 대한 여러 감정을 짚어 볼 수 있는 기회를 충분히 가졌다면 상담자와 내담자는 평가 단계에서 더욱 많은 것을 인식할 수 있다. 그들은 은퇴를 결정할 때 필요한 은퇴의 선택사항 및 문제들을 검토한다. Kilty와 Richardson(1988)은 은퇴 결정의 과정에 수반되는 네 가지 요소가 있다는 것을 발견했다.

첫 번째 요소는 은퇴에 대해 가족과 친구에게 이야기하고, 은퇴에 관한 책을 읽고, 퇴직에 대비해서 여가 활동에 참여하는 것을 포함한 비형식적, 퇴직계획에 초점을 맞추는 것이다. 두 번째 요소는 퇴직 수당을 신청하는 것과 같은 공식적인 퇴직 계획과 관련된 사항이다. 세 번째 요소는 퇴직을 일찍 할 것인가, 늦게 할 것인가 또는 적시에 할 것인가 등의 퇴직 시기를 다루는 것이다. 마지막 요소는 은퇴자가 자신의 은퇴를 자발적 은퇴로 생각하는지, 또는 비자발적 은퇴로 생각하는지를 결정할 수 있는 여러 문제를 포함한 은퇴 결정의 자발성과 관련된 것이다. 상담자는 내담자와 이 모든 요소를 검토해야 한다.

Atchley(1988)는 퇴직결정을 할 때 은퇴자가 고려하는 중요한 여러 가지 문제들을 밝혀냈다. 그 문제에는 ① 퇴직을 고려하게 된 이유, ② 퇴직을 고려하는 데 영향을 미치는 요인, ③ 퇴직의 시기에 영향을 미치는 요인들이 포함되어 있다. 그는 퇴직 시에 예상되는 재정적 필요 및 사회적 요구와 예상 재정출처 그리고 현재 생활의 만족도를 비교하여 퇴직 결정을 하게 된다고 설명했다. Atchley는 대부분의 사람들이 퇴직을 바라고 여가와 다른 비노동 활동에 참여할 수 있는 시간을 원하기 때문에 퇴직을 생각하기 시작한다고 믿는다. 그러나 그는 그들이 퇴직에 대한 준비가 되어 있지 않은데 외부적 압력, 건강문제, 가족부양, 동료의 태도, 고용주의 요구, 실업 등등의 요인이 직업인들에게 퇴직을 선택하도록 강요하고 있다는 것을 알았다.

은퇴 결정 과정 이외에도 연구자들은 은퇴 결정과 관련된 가장 뚜렷한 요소들을 밝혀내려고 노력해 왔다. 그중 어떤 요소는 항상 중요하게 여겨진다. 수입은 은퇴 결정의 가장 중요한 요소이고 그 다음으로 퇴직수당, 건강, 가족상황, 은퇴에 대해 갖고 있는 자세 그리고 성격 등이다. 상담자들은 은퇴 결정 상담의 평가 단계에서 내담자와 함께 이런 영역 모두를 짚어 봐야 한다.

재정은 은퇴를 앞둔 사람들의 가장 큰 걱정 요인이다. 상담자와 내담자는 일반적으로 평가 단계에서 퇴직 자원을 검토하고 퇴직 시 어떤 상황에서 내담자가 경제적으로 편안하게 될지를 결정한다. 내담자가 그들의 재정에 대한 정보를 털어놓는 것을 꺼리지 않는다면, 상담자는 언제, 어떻게 은퇴하는지를 결정하는 데 더 적절한 도움을 주기 위해 내담자의 모든 재산을 꼼꼼히 점검해야 한다. 은퇴수당, 특히 조기은퇴에 따른 연금계획에 접근하면, 직업인은 일찍 은퇴할 확률이 높아지게 된다. 사회보장연금, 개인 저축, 부동산 관련 여부 그리고 주식 소유 등은 퇴직 결정에 중요한 자극제가 된다. 상담자는 다양한 퇴직 수당에 대해 알아야 하고, 내담자와 이를 꼼꼼히 점검하고 퇴직 시 퇴직자의 생활수준에 어떤 영향을 줄지 판단할 수 있어야 한다. 상담자는 내담자를 재정 상담원과 조기 은퇴 계획 위크숍에 자주 위탁한다.

건강 또한 노인의 은퇴 결정에 중요한 역할을 한다. 상담자는 노인 내담자에게 건강에 대해 이야기하고 건강문제나 건강에 대한 한계가 고용에도 영향을 줄 수 있다는 것을 인식하도록 돕는다. 건강악화로 은퇴한 대다수의 사람들은 계속 일하고 싶어 하며, 때로는 건강상태에 걸맞은 다른 직종의 일을 찾기도 한다. 따라서 상담자는 내담자가 현재 하는 일과 일을 해야 한다는 테두리 안에서 건강문제를 검토해야 한다. 자기 판단이 늘 옳은 것은 아니므로 객관적 평가를 받기 위해 상담자는 자주 내담자를 의사에게 의뢰해야 한다.

가족상황이 은퇴 결정에 미치는 영향에 대해서는 노인건강학에서도 적절한 연구가 이루어지지 못했다. 여성노인의 은퇴결정에 가족상황이 끼치는 영향을 조사한 몇몇 연구에 의하면, 남편의 은퇴시기나 연로한 부모를 돌봐야 하는 것과 같은 가족 내 상황이 여성의 은퇴 시기 결정에 지대한 영향을 준다. 남성의 은퇴에서 이런 요소를 점검한 연구는 거의 없다. 상담자는 퇴직 후에 결과로서 생길 수 있는 가족생활의 변화뿐만 아니라 가족이 은퇴 결정에 끼치는 영향에 대해서도 내담자와 대화를 나누어야 한다.

사람들은 은퇴가 일상적인 결혼생활, 부부역할, 부부관계에 변화를 가져온다는 사실을 깨닫지 못하고 있으며 일반적으로 은퇴가 결혼생활에 미칠 영향에 대해서는 별로 신경을 쓰지 않는다. 대체로 부부들은 은퇴 후에 둘만의 시간을 더 많이 갖게 된다. 그리고 대부분은 얼마나 같이 또는 떨어져 있어야 하는지, 어떤 여가 활동에 참여해야 하는지와 가사분담 등에 의견이 일치하지 않을 때, 때때로 갈등하게 된다.

남편이 부엌에서 많은 시간을 보내기 시작할 때, 어떤 아내들은 그들의 공간을 침입당했다고 느끼고, 반면에 어떤 아내들은 남편의 가사 활동을 환영한다. 상담자는 은퇴가 결혼생활에 가져올 수 있는 변화에 대해 은퇴 전에 배우자와 충분한 대화를 나누도록 권장해야 한다. 그러면 가족변화에 더 잘 준비할 수 있다. 은퇴가 결혼생활에 변화를 가져와 새로운 문제에 부딪쳤을 때 적절한 준비가 없어 이에 대처하지 못한 대부분의 은퇴자들은 매우 당황하게 된다. 은퇴 후 결혼생활의 변화에 대한 예비은퇴 세미나는 거의 없다.

직업과 퇴직에 대해 지녀야 할 자세는 평가 단계에서 연구되어야 한다. 성취 욕구와 생산 욕구가 높은 직업인은 은퇴 적응이 어려워 무력감을 느낀다. 많은 내담자가 이런 감정을 잘 모르고 그들의 감정이 부정적일 때 특히 얘기하고 싶어 하지 않는다. 내담자는 은퇴 시기를 결정할 때 그들이 품고 있는 감정을 얘기하면 도움이 된다는 것을 이해해야 한다. 부정적 감정을 얘기하지 않으려는 내담자는 너무 일찍 직장을 그만두고 나중에 정서적 문제를 겪게 된다.

마지막으로 상담자는 내담자의 성격을 고려해야 한다. 상당한 짜임새를 필요로 하는 내담자는 그들이 어떻게 시간을 편성할 것인가에 확신을 가질 때까지 퇴직을 피하거나 미루기로 결정한다. 직장이 자존심을 살릴 수 있는 제일의 터전이라고 믿고 있는 내담자는 대체 만족 터전을 발견할 때까지 은퇴를 미룰 것이다. 반대로, 직장 외에서 우정을 유지하고, 자기정체성을 대체 터전에서 찾고, 취미 생활을 즐기고, 직장일이 싫은 사람은 종종 은퇴의 길을 가게 된다.

상담자는 내담자의 모든 정서를 평가하여 심도 있는 심리 상담을 요하는 무의식 감성이나 걱정거리가 있는지 밝혀야 한다. 모든 내담자는 퇴직하는 것에 대해 그들이 느끼는 감정을 표현하고, 함께 하도록 격려받아야 한다. 상담자는 고통스러운 감정을 부인하거나 말하지 않으려는 내담자의 경향을 민첩하게 알아차리고 이런 감정도 말할 수 있도록 격려해야 한다. 상담자는 내담자가 직장을 떠나는 것에 대해 유난히 강한 감정을 표현할 때 내재되어 있는 갈등도 고려할 줄 알아야 한다.

상담자는 또한 내담자가 어떻게 은퇴할 것인가를 결정하는 데 도움을 줄 수 있다. 즉, 내담자가 완전 퇴직인가, 또는 부분 퇴직인가, 이사를 갈 것인가 말 것인가, 퇴직 후 시간을 어떻게 보낼 수 있는지 등등을 고민할지도 모른다. 이상적으로는 예비 은퇴 단계에서 이런 문제들이 고려될 것이지만, 시간제 일을 할까, 새 일을 시작할까 또는 집을 팔까와 같은 상세한 결정은 은퇴 결정 단계까지는 내려지지 않는다. 더구나, 은퇴 시기에 관한 최종결정은 이런 상세한 은퇴문제가 해결된 후 이루어진다.

미국의 부분 은퇴 또는 점진적 은퇴에 대한 선택과 노르웨이, 스웨덴에서 지금 실시되고 있는 부분 연금계획을 비교할 수는 없지만 점점 많은 은퇴자가 은퇴 중 파트타임 일을 고려하거나 제2의 직업을 시작하고 있다. 점점 많은 수의 은퇴자가 은퇴 중에 일을 하여 단계적 은퇴 프로그램을 필요로 할 것이다. Kilty, Richardson과 Rife(1987)는 은퇴자의 거의 50%가 은퇴 후 6개월 만에 일로 복귀하였다고 하였다. 1981년 Harris는 노인 직업인 80%가 퇴직 후에 시간제로 일하는 것을 더 좋아한다고 하였다.

앞으로 노인 직업인의 요구가 더욱 증가하게 되므로 다양한 형태의 은퇴 선택이 대세를 이룰 것이다. 은퇴 결정에는 은퇴 시기뿐만 아니라 부분 연금을 타고 계속 일할 것인가, 아니면 새 일을 시작할 것인가와 같은 퇴직 형태도 포함될 것이다. 은퇴 결정은 점점 복잡해져서 상담자는 여러 대체 안들을 직업인이 꼼꼼하게 살피도록 도와야 한다.

은퇴자의 또 다른 문제는 이사를 가느냐 마느냐 하는 것이다. 집을 소유한 사람들은 이전만큼 많은 공간이 필요치 않고, 잔디를 깎고, 지붕을 고치고, 관목을 잘라 주고, 집을 유지 관리하는 데 어려움이 있다면 집을 팔기로 결정할 것이다. 그들은 이러한 관리, 유지 활동을 신경 쓰지 않아도 되는 아파트나 실버타운에 거주하고 싶어 한다. 건강이 안 좋은 은퇴자는 의료 치료가 용이한 은퇴 마을이나 준 독립 주거공간으로 이사 가야 한다. 상담자는 내담자가 이사를 갈 것인가 말 것인가를 결정하도록 도와주고, 이사와 관련된 스트레스와 손실 등도 알려 주어야 한다.

마지막으로 상담자와 내담자가 논의해야 할 중요한 문제는 퇴직 후 시간을 어떻게 보내야 할 것인가를 계획하는 일이다. 이 문제는 일반적으로 은퇴자가 최후에 생각하게 되는 것이지만 이상적으로는 예비 은퇴기간 동안 고려되어야 한다. 그들은 자유로운 시간을 어떻게 사용할 것인가에 대한 질문을 받고 잠재적 은퇴자는 보통 가족을 방문하고 많은 휴가를 보낼 것이라고 대답한다. 휴가에서 돌아와 무엇을 할 것인가를 생각하는 사람은 거의 없다. 그들은 Atchly가 말하는 밀월기간은 즐기지만 여행을 마치고 와서 그들이 맞게 될 엉성한 짜임새와 일상생활에 대한 준비를 하지 못한 것이다.

상담자는 내담자가 은퇴 후 그들의 시간을 어떻게 사용해야 되는지에 대해, 일상적으로 무엇을 할 것인지 그리고 어떤 취미나 그들이 찾는 자원봉사 활동이 있는지에 관해 생각하도록 지원해야 한다.

개입 단계

전반적으로 은퇴 결정 상담이 예비 은퇴상담이나 감정, 상실감 등을 표현하도록 돕는 은퇴 적응 상담보다 내담자를 더 잘 이해할 수 있다. 은퇴 결정 상담은 내담자가 은퇴 결정을 할 때 주도적으로 할 수 있도록 돕는 데 초점을 맞추고 있다. 상담자는 내담자를 도와 은퇴 상황을 재해석하도록 하고 주도적으로 결정하는 방식을 제시함으로써 임무를 완수하는 것이다. 예를 들면, 은퇴를 실직보다 떳떳하다고 생각하며 실직보다는 은퇴에 초점을 맞추어 자신의 상황을 바라보게 되면 은퇴에 대한 재해석을 제대로 한 것이다.

비자발적 은퇴자도 여가시간을 얼마나 사용할지, 취미 생활을 할 수 있을지, 이사를 갈지 또는 파트타임 일을 할지 등등에 관심을 쏟는다. 상담자는 비자발적 은퇴자가 가장 크게 도움을 필요로 하는 사람이다. 그들은 때때로 의기소침하고 자살을 생각한다. 자신들의 퇴직 상황에 대해 분노, 상실 그리고 비참함 등의 감정을 풀 수 있는 부수적인 심리치료를 필요로 할 수 있다. 비자발적 은퇴자의 자살 가능성에 대한 철저한 판단은 상담에서 필수적이다.

제4장에서 언급된 은퇴상담의 일반적 모델 중에서 내담자가 자신의 역할을 얼마나 심리적으로 잘 수행하느냐에 따라 상담자의 개입이 비지시적이거나, 협조적이거나, 지시적일 수 있다. 대부분의 경

우, 퇴직 결정 상담은 상담자가 내담자를 지원, 안내하는, 지지적인 자세를 취하는 비지시적 상담이다. 상담자는 내담자를 여러 단계의 상담으로 이끌어 가되, 무엇을 하라든지, 어떤 결정을 내리라든지 같은 지시는 절대 하지 않는다. 비지시적 상담을 하는 동안 상담자의 아주 큰 역할은 경청하는 것이다. 경청은 내담자에게 은퇴 결정의 장점과 단점을 점검할 수 있는 출구를 마련해 준다. 상담자는 내담자에게 중요한 퇴직 결정에 관해 재검토하고 이야기하도록 하는 장을 제공한다. 은퇴 결정 상담의 비지시적 상담 접근의 한 사례가 다음에 나와 있다.

사례

샌더스 씨(Mr. Sanders)는 55세로 장성한 두 아이를 두었고, 20년 동안 공립학교에서 교장으로 근무했다. 그는 급여에서 나오는 돈을 특별 은퇴 통장에 넣으며 그의 나이 40세부터 퇴직을 계획했다. 그는 그의 연금 계획이 근사한 연금수당에, 건강보험을 마련해 줄 것으로 기대했고 그는 또한 충분하게 저축을 했다.

샌더스 씨는 조기 퇴직을 고려하고 있었고, 은퇴 결정을 내리기 전에 은퇴상담자에게 자문을 받길 원했다. 처음 몇 회기 동안 샌더스 씨는 조기 퇴직을 생각했었지만, 과연 잘하는 것인지 염려스러워 한때 공황 상태에 빠져 자기가 무엇에 빠져 들고 있는지 모를 지경이었노라고 설명했다. 그는 현재의 짜임새 있는 스케줄을 떠난다는 걱정, 매달 받지 못하는 급여에 대한 걱정을 얘기했다. 샌더스 씨는 “나는 우습게도 한 달 전 사설

자문 기관에서 제2의 직업을 시작하기 위해 일찍이 조기 퇴직을 생각했었는데 갑자기 여기에 기회가 있었군요." 하고 말했다. 샌더스 씨는 열심히 경청해 주는 상담자와 불안한 감정을 함께 나누었다.

평가 단계에서 상담자는 샌더스 씨에게 퇴직 상황에 대해 질문한다. 먼저, 그들은 내담자의 재정을 점검한다. 샌더스 씨는 한동안 은퇴 계획을 용의주도하게 세워 왔고 이제는 재정적으로는 은퇴할 준비를 갖추었기 때문에 그의 재정상태는 양호하다고 설명했다. 상담자는 샌더스 씨가 하고 싶어 하는 제2의 직업을 좀 더 구체적으로 말해 보도록 했다. 상당한 토론을 거친 후, 샌더스 씨와 상담자 모두 그가 제2의 직업을 시작해 볼 만하다는 것을 확신하게 됐다. 그는 넉넉한 퇴직 수입을 가지고 있을 것이고, 벌써 그가 상담하기로 기대했던 단체와 만났다. 샌더스 씨는 그의 사업이 성공적으로 될 것이라는 자신감을 가졌다.

샌더스 씨는 첫째로 조기 은퇴에 대한 지원을 원했다. 상담자는 이와 같이 중요하고 발전적인 변화에 대하여 그가 안고 있는 불확실성, 불안감, 흥분 등등의 감정을 경청할 때 지시하는 태도를 취하지 않으면서 확신을 주었다.

샌더스 씨는 믿을 만한 소식통으로부터 나중에 후회할 성급한 결정을 내리고 있는 것이 아니라는 확신을 필요로 했다. 상담자는 샌더스 씨의 조기 은퇴 결정 이면의 동기뿐 아니라 그 상황까지 꼼꼼히 점검했다. 상담자와 샌더스 씨 모두, 그가 깨닫지 못해서 나중에 문제가 될 중요한 근본 문제는 없다는 결론을 내렸다. 10회기 후에 샌더스 씨는 조기 퇴직을 정식으로 신청했다. 그는 상담이 조기 은퇴에 대해 덜 걱정하고 더 자신감을 갖도록 도움을 주었다고 말했다.

◈ 협동적(Collaborative) 은퇴 결정상담

은퇴 결정의 협조적 접근법에서는 상담자의 역할이 더 적극적이고 퇴직 결정을 하려는 내담자와 더 친밀히 협조한다. 그들은 퇴직을 언제 하는 것이 좋은지 결정한다. 다음 예에서 이런 상황을 볼 수 있다. 60세인 로이 부인(Ms. Roy)은 두 자녀가 청소년이 되었을 때 남편과 이혼한 후 20세 초반에 근무했던 법률 회사에서 관리 보조로 일을 시작했었다. 그녀는 관리 보조 일이 즐겁지 않았지만 자녀를 키우기 위해 일해야 했다. 그녀는 이 직업의 주 업무인 타이핑이나 서류 정리 등을 지루하게 느꼈고, 성취감을 느끼지 못했다. 그녀의 직장은 그녀에게 연금을 제공하는 대신에 그녀의 급여에서 많은 공제를 요구하는 선택적인 퇴직 패키지를 제안했다. 로이 부인은 가족을 부양하기 위해 돈이 필요했고, 따라서 선택적 퇴직 패키지에는 참여하지 않기로 했다. 그녀는 일하는 것에 지쳤고 그녀가 조기 퇴직하는 방법을 어떻게 찾아야 할지 몰라 은퇴상담자로부터 도움을 구했다.

은퇴상담자와 로이 부인은 직장에 대한 불만, 스트레스, 이전의 이혼, 만성적 재정 문제, 자녀양육 문제에 대한 감정을 나누었다. 상담자는 즉시 그녀가 생활에서 심한 스트레스를 받고 있고, 그녀가 할 수 있는 한 잘 대처해 왔다고 결론지었다. 상담자는 또한 로이 부인이 완전히 소진되었고, 조기 은퇴함으로써 휴식을 찾고자 한다는 것을 깨달았다.

로이 부인은 상담자에게 생활에서 받는 다양한 스트레스와 그에 대한 무력감과 억압감을 모두 표현했다. 상담자는 그녀에게 감정을 표현할 수 있는 충분한 시간을 제공한 후에 주의 깊게 그녀의 상황을 점검했고, 은퇴가 그녀에게 최선의 결정인지를 의논했다. 그들은 재정 문제에 대해 깊이 이야기했고, 조기 은퇴는 그녀의 재정 상태를 악화시키며, 현재로서는 퇴직 자원이 불충분하고, 궁극적으로 그녀의 생활에 스트레스를 더 쌓이게 한다는 결론을 내렸다. 그들은 또한 어떻게 그녀가 자신의 은퇴 자원을 튼튼하게 할 수 있을지도 의논하였다. 상담자는 로이 부인에게 당분간 버는 것은 챙겨 두자고 권유했다.

상담자는 로이 부인이 일에 대한 그녀의 감정을 생각해 보도록 격려했다. 그녀는 자신의 직업을 싫어했고, 결코 성취 지향적이지 않았다고 설명했다. 그들은 그녀가 현재 직업을 유지해야 하지만, 그녀가 일에 더 보람을 느끼는 방법에 대해 고용주와 의논하는 것이 나을지도 모른다는 것에 의견 일치를 보았다.

상담자는 적절한 해결점을 찾기 위해 로이 부인과 함께 협조적 접근법을 사용했다. 상담자는 그녀의 자원이 너무 제한적일 때, 조기 퇴직을 결정하는 것에 대해 걱정했다. 그들은 퇴직이 현재로서는 최선의 결정이 아니며, 다른 선택사항, 즉 그녀의 직장에서의 일을 만족스럽게 할 수 있는 방법을 찾아볼 필요가 있다는 결론을 함께 내렸다.

◈ 지시적인 은퇴 결정상담

제임스 씨(Mr. James)는 10년 동안 자동차 외판원으로 근무한 61세의 기혼남성이었다. 그는 몇 년 전까지도 성공적으로 차를 팔았지만 점점 판매 실적이 감소하기 시작했다. 다른 외판원들이 그보다 뛰어나게 성공적이지 않았는데 고용주는 실적이 나쁘다는 이유로 다른 일을 찾아보라고 말했다. 그들이 그에게 떠나라고 했을 때 그는 막막해졌고, 매우 화가 났고, 나이 때문에 해고되는구나 하는 의구심이 들었다. 50세가 넘는 외판원은 거의 없었다.

그 회사는 그에게 다른 직업을 구할 수 있도록 한 달 기간을 주었다. 그는 여러 회사에 이력서를 보냈지만 면접 후에 모두 거절당했다. 그는 판매 회사들이 더 젊은 직업인을 찾고 있다는 것을 느꼈다. 거의 1년 동안 직업을 찾았지만 결국 포기했다. 그는 은퇴를 원하는 것이 아니었음에도 불구하고 은퇴해야 되지 않을까 생각했다. 그는 점점 집에서 텔레비전을 시청하는 데 많은 시간을 보냈다. 그는 극도로 우울해졌고 사회활동에 참여하는 데 관심을 전혀 갖지 않았고, 그의 아내가 친구를 방문하거나 영화 보러 가자고 제안할 때도 거절하게 되었다. 각종 청구비를 내기 위해 일하던 그의 부인은 남편이 '포기한다' 든지 '더 이상 아무것도 하고 싶지 않아.' 라고 말할 때마다 걱정이 되었다. 그녀는 자기의 남편에게 상담이 필요하다는 것을 확신시켰다. 그들은 은퇴상담가로부터 도움을 구했고, 상담자는 즉시 그의 우울증이 심각하다는 것을 알았고, 자살할 위험성이 크다는 결론을 내렸다. 상담자는 그를 노인을 위한 정신병원에 입원시키라고 권했다.

상담자는 그의 동의를 얻어 그의 내과 의사와 함께 상담했다. 즉, 그들은 그가 몇 주 동안 병원에 입원해야 하고 항우울제 약물치료를 받으면 좋겠다는 결론을 내렸다. 그는 약물치료에 잘 응했다. 그는 치료를 지속하고 점차 그의 감정과 특히 해고당한 것에 대한 끓어오르는 분노에 관해 말했다. 그는 또한 우호적인 동료를 남겨 두고 떠나는 것에서 느꼈던 상실감도 얘기하고 일이 재미있었다는 것도 털어놓았다. 그는 은퇴할 준비가 되어 있지 않았고, 은퇴하도록 강요받고 싶지 않았다는 결론에 이르렀다. 그는 자신의 감정을 표현한 후에 기분이 좋아지기 시작했고, 새로운 직업을 찾기 위한 전략을 연구할 수 있는 동기를 부여받게 되었다. 상담자는 고용을 희망하는 노인 지원그룹을 운영하는 대행자에게 그를 의뢰했다.

은퇴상담자는 제임스 씨와 그의 아내에게 그를 정신병원에 입원시켜야 한다고 제안함으로써 지시적 접근법을 사용하였다. 상담자는 그가 심각하게 우울해졌고, 자살 위험이 높기 때문에 즉각적이고 직접적인 조치를 취했다. 협조적 또는 비지시적인 은퇴 결정 상담에서 할 수 있는 추가 조치는 취하지 않은 채 그의 감정을 표현하는 것에 여러 회기를 보냈다면, 적절하지 않았을 것이다. 대신에 상담자는 그가 자해하는 것을 막기 위해 신속히 개입했다. 이런 접근은 그에게 도움이 되었으며 결국 그의 우울증은 감소되었다.

요약

은퇴상담의 가장 중요한 목적은 내담자가 은퇴 결정을 주도적으로 하도록 돕고, 언제 어떻게 은퇴할 것인가를 결정하는 문제를 돕는 데 있다. 경청 단계에서 은퇴 결정 상담은 보통 그들의 은퇴 시기와 상황에 대해 내담자가 가지고 있는 감정들을 다룬다. 전환기에 놓인 내담자들은 불확실한 미래에 대해 가끔 불안을 느낀다. 상담자는 불안을 느끼는 내담자가 어떻게 대처하고 있는지를 살펴보고, 불안을 감소시키기 위한 개입을 시도해야 한다. 비자발적 은퇴자는 특별히 우울증, 자살충동, 기타 다른 정서적 문제를 갖기 쉽다.

상담자는 평가 단계에서 퇴직 결정에 영향을 미치는 결정적인 요소를 검토한다. 가장 뚜렷한 요소는 수입이며, 이외에 퇴직수당, 건강, 가족상황, 은퇴에 대해 갖고 있는 자세 그리고 성격 등등이 포함된다. 상담자는 내담자와 각각의 영역을 논의해야 한다. 상담자는 은퇴자가 직면하고 있는 복잡한 문제들과 선택사항을 알고 있어야 한다. 그들은 부분 은퇴, 점진적 은퇴 가능성, 단계별 은퇴 프로그램, 주택대안 그리고 시간관리 선택사항 등을 알고 있어야 한다.

은퇴 결정 상담은 내담자가 은퇴 결정을 주도적으로, 합리적으로 하도록 돕고, 어떤 경우 결정을 재해석하도록 돕는 데 역점을 두기 때문에 예비 은퇴상담이나 은퇴 적응 상담보다 인지적(cognitive) 접근이 더 수용적이다.

은퇴 결정 상담은 내담자가 어떻게 자기 문제를 다루는가에 따라 비지시적, 협력적 또는 지시적 개입 접근법을 사용한다.

참고문헌

Atchley, R. (1988). *Social forces and aging* (5th ed.). Belmont, CA: Wadsworth.

Bould, S. (1980). Unemployment as a factor in early retirement decisions. *American Journal of Economics and Sociology, 39*, 123–136.

Brammer, L., & Abrego, P. (1981). Intervention strategies for coping with transitions. *Counseling Psychologist, 9*, 19–36.

Campione, W. (1987). The married woman's retirement decision: A methodological comparison. *Journal of Gerontology, 42,* 381–386.

Clark, R. (1988). The future of work and retirement. *Research on Aging, 10,* 169–193.

Durbin, N., Gross, E., & Borgatta, E. (1984). The decision to leave work. *Research on Aging, 6,* 572–592.

Ginsburg, H. (1985). Flexible and partial retirement for Norwegian and Swedish workers. *Monthly Labor Review, 108,* 33–43.

Griffin, B., & Grunes, J. (1990). A developmental approach to psychoanalytic psychotherapy with the aged. In R. Nemiroff & C. Colarusso (Eds.), *New dimensions in adult development* (pp. 267–283). New York: Basic Books.

Jones, N. (1979). Grief and involuntary career change: Its implications for counseling. *Vocational Guidance Quarterly, 27,* 196–201.

Kilty, K., & Richardson, V. (1988). *Factors in the retirement decision process.* Paper presented at the annual meeting of the Gerontological Society of America, San Francisco, November.

Kilty, K., & Richardson, V. (1989). *Differences in depression levels between voluntary and involuntary retirees.* Unpublished manuscript.

Kilty, K., Richardson, V., & Rife, J. (1987). Gender differences in adjustment to retirement: Final report. Washington, DC: AARP Andrus Foundation.

Kimmel, D., Price, K., & Walker, J. (1978). Retirement choice and retirement satisfaction. *Journal of Gerontology, 33,* 575–585.

Lazarus, A., & Abramovitz, A. (1962). *Learn to relax.* [Record] A recorded course in muscular relaxation. Johannesburg: Troubadour Records.

Meichenbaum, D. (1975). A self-instructional approach to stress management: A proposal for stress inoculation training. In C. Spielberger & I. Sarason (Eds.), *Stress and anxiety* (Vol. 2, pp. 237–263). New York: John Wiley and Sons.

Palmore, E., George, L., & Fillenbaum, G. (1982). Predictors of retirement. *Journal of Gerontology, 37,* 733–742.

Peretti, P., & Wilson, C. (1978–79). contemplated suicide among voluntary and involuntary retirees. *Omega, 9,* 193–201.

Rones, P. (1983). The labor market problems of older workers. *Monthly Labor Review, 106,* 3–12.

Ruhm, C. (1989). Why older Americans stop working. *Gerontologist, 29,* 294–306.

Schlossberg, N. (1984). *Counseling adults in transition.* New York: Springer Publishing Co.

Schlossberg, N., & Leibowitz, Z. (1980). Organizational support systems as buffers to job loss. *Journal of Vocational Behavior, 17,* 204–217.

Shaw, L. (1984). Retirement plans of middle-aged married women. *Gerontologist, 24,* 154–159.

Slaikeu, K. (1984). *Crisis intervention: A handbook for practice and research.* Boston: Allyn & Bacon.

Standing, G. (1985). Labour flexibility and older worker marginalisation: The need for a new strategy. *International Labour Review, 125,* 326–347.

U.S. Senate, Special Committee on Aging. (1981). *Aging and the work force: Human resource strategies.* 97th Cong., 2d sess., Committee Print, p. 35.

Vinick, B., Stanley, E., & Ekerdt, D. (1989). *Retirement expectation vs. experience among married couples.* Paper presented at the annual meeting of the Gerontological Society of America, Minneapolis, November.

7 은퇴 적응 상담

은퇴상담에 대한 대부분의 정보는 은퇴 전 계획과 재정상담에 관련돼 있다. 많은 책들과 셀 수 없이 많은 워크숍이 은퇴 전 계획에 주목하고 있지만, 어떤 사람들은 은퇴에 왜 잘 적응하지 못하는지, 그런 사람들은 누구인지, 그들은 어떻게 도움을 받을 수 있는지에 관해 알려진 것은 없으며 이러한 쟁점에 대한 연구보고가 극히 부족한 실태다.

많은 노인학자들은 은퇴 후에 초점을 둔 개입은 필요하지 않다고 가정했다. 실제로 상당수의 은퇴자가 이 단계 동안 문제를 나타낸다고 보고하고 있음에도 불구하고 말이다. 여성들은 은퇴 후에 적응 문제, 특히 재정적인 문제에 취약하다. 은퇴한 여성들은 은퇴한 남성들보다 건강상의 어려움과 불안정한 수입 때문에 좀 더 불리하다. Richardson과 Kilty(1991)에 의하면, 지위가 낮은 직업에 종사하는 여성들이 특히 은퇴 적응 문제를 가지기 쉽다. 흑인들 또한 개인 연금이 없거나, 월급이 적거나, 지위가 낮은 직업에 고용되기 때문에 은퇴에 불리하다. 은퇴 후 실제 수입이 감소된 은퇴자들은 특히 은퇴 후에 문제를 가지기 쉽다. 비자발적인 은퇴자들이 자주 은퇴 적응 문제를 나타내고 있지만 그들에게 초점을 맞춘 연구는 아주 적다.

퇴직 후에 선행 자원, 특히 직업 지위, 동료 관계, 건강한 신체, 수입 등을 유지하지 못하면 은퇴 적응에 영향을 미친다. 단절이나 위기는 은퇴 후에 이러한 귀중한 자원을 잃게 될 때 발생할 수 있다. Atchley(1989)에 따르면, 단절은 그들의 정체성의 몇 가지 측면에서 자기지속성에 대한 능력의 변화를 말한다.

은퇴 문제는 은퇴 후의 어떤 시점에서 발생할 수 있지만, 대부분은 자원의 변화와 생활양식의 혼란이 가시화될 때인 은퇴 후 처음 1년 동안 나타난다. Richardson과 Kilty(1991)는 남성과 여성 모두 은퇴 후 처음 6개월 동안 안녕감(wellbeing)에서 가장 큰 감퇴를 경험한다는 것을 관찰했고, 몇몇 적응 패턴을 확인했다. 몇몇 은퇴자들은 만족스런 생활을 유지했고, 첫해 동안은 변화가 적었으며, 연속성을 유지했다. 어떤 은퇴자들은 은퇴 후에 웰빙이 향상했는데, 삶에 대한 행복감과 만족감도 높아졌다. 그러나 나머지 은퇴자들의 경우, 의욕(morale)과 웰빙이 은퇴 후에 쇠퇴했다. 이들이 은퇴 적응 상담의 주요 대상이다.

경청 단계

은퇴 적응 상담의 경청 단계는 이전 시기의 경청 단계와는 다르다. 왜냐하면 은퇴를 준비할 기회가 지나갔고, 은퇴 결정이 이미 이루어졌기 때문이다. 은퇴는 이미 이루어졌고, 내담자는 더 이상 은퇴를 예상할 필요가 없다. 이 시기는 전환기인데, 개인들이 새로운 환경을 수용하고 그것에 적응해야만 하기 때문이다. 다른 경청하기 단계에서처럼, 상담자는 대화를 통해 신뢰와 촉진적 관계를 확립하려고 시도한다. 그리고 그들은 내담자가 자신의 감정을 관리하고, 수용하고, 통제할 수 있도록 돕는다. 그들에게 문제가 되는 방해물들이 발견된다. 내담자는 또한 은퇴의 의미를 발견하고 그것에 관한 더 나은 조망을 개발하도록 격려된다.

은퇴에 대한 불안 반응

산만한 인지-정서 상태인 불안은 많은 은퇴자들이 은퇴 적응 문제를 경험할 때 겪는 고통스런 감정이다. 이는 부정적인 피드백 순환, 내적 사건과 외적 사건 모두 예측할 수 없고 통제할 수 없는 경향으로 진행된다는 느낌(sense), 주의력에서 부적응적(maladaptive)으로 전환(보통 외적 지향에서 내적 과정에 대한 강조로의 전환)을 포함한다. 이는 통제 불능감을 느끼리라는 것을 예상할 수 있으며 실제 상황에서 일어나는 것과 반대되는 미래에 대한 불안감이다. Barlow(1988)에 의하면, 불안은 현재의 위협에 대한 반응이 아니라, '부적응적(unadaptive)이고 왜곡된 주의 전환과 결합된 통제불능감이 초래하는 미래 위험에 대한 애매한 감각(sense)' 이다.

Blazer(1991)는 65세 이상 노인의 약 3%가 일반화된 불안을 경험한다고 보고했다. 지역사회 조사에 의하면 남성 노인의 약 17%와 여성 노인의 약 21%가 불안으로 고통받고 있다. 삶의 후반기에 있는 사람에게 영향을 미치는 가장 일반적인 불안장애는 공포장애(phobic disorders, 특히 광장공포증[agoraphobia, 열린 장소나 공공장소에 대한 두려움], 그리고 다소의 폐쇄공포증[claustrophobia, 닫힌 혹은 제한된 장소에 있는 것에 대한 두려움])과 일반화된 불안장애다.

광장공포증은 집에서 떠났을 때 자신의 건강이나 안전성에 관해 걱정하게 되는 노인들에게서 나타날 수 있다. 어떤 사람들은 신체적 혹은 건강상의 제한으로 인해 자신의 더 큰 취약성을 인식하는 실제적인 두려움을 가지고 시작한다. 중병을 앓고 있는 노인들은 광장공포증이 나타나기 더 쉽고, 처음의 두려움은 개인이 함정에 빠지거나(being trapped) 도움을 받을 수 없는 것에 관해 점차 관심을 가짐에 따라 공포증으로 발달한다. Barlow(1988)는 공포증, 특히 광장공포증이 과도하게 의존적인 성격으로 발전하기 쉽고 아이와 같이 과보호를 요구하는 경우가 많다고 보고한다. 분리불안은 흔히 광장공포증에 대한 전조가 된다. 과보호성은 통제감을 느낄 기회의 부족 때문에 불안한 방식으로 부정적인 사건을 경험하는 것에 대한 심리적 취약성을 만들 수 있다. 비슷하게, 그들이 과보호되어 왔고 현재 과보호되고 있기 때문에 자신의 환경에 대해 과도하게 두려움이 있는 노인들은 숙련감과 통제감을 유지할 수 있는 노인들보다 광장공포증을 좀 더 쉽게 경험한다.

미래에 대한 염려를 포함하는 일반화된 불안장애는 은퇴기간 동안에 나타난다. 일반화된 불안장애의 두드러진 특성은 개인이 미래에 관해 염려한다는 것이다. 일반화된 불안장애는 DSM-IV에서 다음과 같이 기술되고 있다. 일반화된 불안장애는 비실제적이고 과도한 불안과 두 개 이상의 생활환경에 관한 걱정이다. 이는 6개월 이상 지속되어야 하는데, 개인이 이러한 걱정에 의해서 근심하지 않는 것보다 좀 더 자주 근심하게 되는 시기를 말한다. 이러한 특성을 가지는 사람들은 자주 '만성적인 걱정'으로 특징지어진다. 가장 일반적인 걱정은 가족, 돈, 일, 질병이 그 중심에 놓이고, 다음의 증상들이 보통 존재한다. 운동 근육 긴장(떨림, 근육 긴장, 불안증상, 쉽게 피로해짐[fatigability], 무의식적 과잉행동, 가빠른 호흡, 빠른 심장 박동, 손에 땀 나기, 입이 마르기, 현기증, 설사나 메스꺼움, 홍조나 냉기, 소변이 자주 마려움, 삼키기 힘듦)과 불면증이나 스캐닝(긴장하거나 구석에 내몰려진 느낌[feeling keyed up or on edge], 과도하게 놀라는 반응, 불안 때문에 텅 빈 마음에 집중하거나 유지하기[concentrating or mind going blank], 잠이 들기 시작하거나 잠을 유지하기 어려움, 과민성) 등이다. 일반화된 불안장애는 반대 반응을 일으키는 부정적인 생애 사건이 선행되는 경우가 많은데, 이는 부정적인 정서, 각성, 스트레스 관련 신경학적 반응, 생활이 예측할 수도 통제할 수도 없는 방식으로 진행된다고 느끼는 것을 포함한다. 각성은 개인이 규칙적인 활동으로부터 관심의 주제로 주의의 초점을 전환시킬 때 증가된다. 이는 더 많은 경계(vigilance)와 자기-평가를 통해 개인의 불안을 일으킨다. 사람들은 즉각적인 쟁점에 관해서뿐만 아니라 자신의 동요하는 반응에 대해 불안하게 된다. 몇몇 경우에, 사람들은 너무 놀라서, 움직이지도 못하고 일을 수행할 수 없게 된다. 그들은 무엇인가가 악화되고 있고,

무서운 일이 발생할 것 같고, 예측할 수 없는 미래를 통제하지 못하는 것에 대한 강한 두려움을 느낀다. 그들이 실제로 영향을 미칠 수 없는 상황에 반복적으로 직면할 경우 무력감과 불안감을 느끼기 시작한다. 그들은 통제력을 얻고 다음의 역경을 준비하려는 시도로 일어날 수 있는 유쾌하지 못한 경험에 대해 다양한 반응들을 시연한다.

은퇴를 준비하지 못한 사람들, 특히 은퇴 준비가 더 느리게 진행되고, 구조가 결핍되고, 수입이 줄어들고, 동료와의 상호작용이 감소한 사람들의 경우, 은퇴에 대해 불안해하는 것을 자주 볼 수 있다. 더구나 강제로 은퇴를 당한 비자발적인 은퇴자는 자기 통제를 잘하지 못하는 경우가 많으며, 그들은 은퇴기간 동안 불안장애를 나타내는 경향이 있다. 비자발적인 은퇴자의 상황은 그들이 새로운 일자리를 찾는 데 실패했을 때 악화한다. Lichtig(1982)에 따르면, 고령 직업인은 일하기를 원하지만, 직업을 찾는 것을 포기한 낙담한 직업인들 중에 제법 나타난다. Rones(1983)는 고령 직업인이 일자리를 구하기가 쉽지 않고 그들이 일자리를 찾았을 때 젊은 직업인보다 더 적은 월급은 받는다고 주장한다. 많은 고용주들은 고령 직업인을 상투적이고, 효율적으로 일하지 못하며, 일을 배우는 데 더디고, 융통성이 적고, 더 자주 아프다고 믿는다. Standing(1986)은 노인 고용에서 몇 가지 비용을 확인했는데, 그것은 생산성 비용, 간접비(overhead) 비용, 보호 비용, 적응성(adaptability) 비용, 동기 비용(고용주가 고령 직업인을 고용하는 것을 억제시킨다고 주장하는)을 포함한다. 따라서 비자발적인 은퇴자, 특히 직업을 찾으려는 은퇴자들은 불안 반응에 대한 높은 위험에 놓여 있다.

은퇴에 대한 우울 반응

우울증은 사람들이 은퇴 후 가끔 경험하는 또 다른 정서적 반응이다. 노인의 20~30%가 몇 가지 우울증 증상을 보이며, 우울증은 약 12~16%로 나타난다. 삶의 후반기(late-life) 주요 우울증은 은퇴자가 우울한 분위기, 일상 활동에서 관심이나 즐거움이 감소될 때 명백하다. 다음의 증상 중 4가지가 보통 명백히 나타난다. 체중 감소(혹은 가끔 체중 증가), 불면증이나 과수면(hypersomnia), 흥분(agitation)이나 지체, 피로함이나 에너지 손실, 무가치함이나 죄의식, 집중하기 어려움, 죽음이나 자살에 대한 계속되는 생각이 그것이다. 환각이나 망상이 나타나는, 신경증적 우울증은 노인들에게서 좀 더 자주 발생하는 반면, 조울장애는 삶의 후반기에는 적게 나타나게 된다.

우울증은 노인에게 다른 형태로 나타난다. 예를 들어, 몇몇 노인들은 직접 우울증을 보이는 것이 아니라 신체 문제에 관해 불평함으로써 간접적으로 우울증을 나타낼 것이다. 의사들은 그들이 실제로 우울증의 증상이 있을 때 정상적인 연령 변화에 따라 자주 신체적인 불평을 간단히 처리한다. 우울한 은퇴자들이 다른 사람들로부터 위축되고 자기도취적일 때, 그들은 실로 더 많이 신체화하는 경향을 보인다. 상담자들은 신체적 불평이 우울증과 관련되는지 혹은 실제 질병인지를 주의 깊게 변별해야만 한다. 그들은 또한 우울증의 유형을 확인하고 우울증이 오래되었는지 혹은 최근에 시작되었는지, 이것이 사별과 관련되는지, 이것이 어떻게 은퇴와 관련되는지를 결정해야만 한다.

불안과 우울증은 모두 비슷한 특징을 갖는다. 그리고 상담자들은 주요 정서적 기능부전을 결정해야만 한다. 불안과 우울증은 모두

부분적으로 과도한 부정적인 사고, 특히 부정적인 자기 진술 그리고 미래에 대한 비관적인 감정으로부터 나타난다. 그러나 그것들은 예측할 수 없다는 점에서 불안이 나타나고, 통제할 수 없음(특히 혐오적인 경험에 대해)이 우울증으로 이끈다는 점에서 다르다. 불안한 사람들은 일관되게 혐오감과 싸우고, 대처하려고 애쓴다. 우울한 사람은 자신의 미래에 대해 희망을 가지지 못하고 포기해 버린다. 그들은 문제에 대한 책임감을 느낀다.

우울증에 대한 다양한 설명이 있지만 가장 일반적인 설명은 삶의 후반에 느낄 상실에 초점을 둔다. 신체 기능의 약화가 보통 삶의 중반에 시작되지만, 대부분의 사람들은 삶의 후반에 이르러서야 이러한 변화를 알아차린다. 신체적 정력, 성적 기능, 머리 색깔, 피부 조직, 반응 시간, 시력, 청력에서의 변화는 모든 사람들이 더 빨리 혹은 더 늦게 맞닥뜨려야만 하는 피할 수 없는 현실이다. 대부분은 이러한 변화에 잘 적응하지만, 소수는 우울해진다. 자신의 건강에 관한 고통은 또 다른 상실이고, 삶의 후반에 오는 우울증의 근원이다. 친밀한 친구와 가족구성원은 나이가 들어 감에 따라 더 많이 죽을 것이다. 배우자의 상실은 아마도 삶에서 가장 큰 상실일 것이다. 다양한 상실이 발생하는데, 예를 들어, 노인이 은퇴한다면, 집을 팔고, 동료를 찾지 않게 되고, 수입에서 감소를 경험하고, 일상생활에서 변화가 생긴다. 그것들이 삶의 후반에 나타나기 때문에, 상실이 축적되었을 때 우울증이 나타날 수 있다.

경청 단계에서 상담자들의 목표는 은퇴자들이 그들의 감정을 표현해 주고, 공감해 주고 이해해 주는 어떤 사람에게 개인적인 생각에 관해 이야기할 기회를 제공하는 것이다. 대화만으로도 가끔 불안 공격을 막을 수 있다. 말하는 것은 내담자들에게 외로움을 덜 느끼게 하고 통제감을 더 많이 느끼도록 돕는다. 반영적인 경청하기, 공감, 이해는 특히 경청 단계에서 중요한데, 왜냐하면 많은 노인 내담자들은 그들의 감정을 수용하거나 인식하지 못하기 때문이다. 상담자들은 안전하고 비판단적인 분위기를 제공함으로써, 은퇴자들을 보다 안심시키고 위안을 받을 수 있게 한다. 내담자들은 그들이 자신의 감정에 관해 이야기할 기회를 가짐으로써 덜 압도되는 것을 느낀다. 그들은 왜 싸우게 되었는지를 더 많이 인식하게 되고, 따라서 그들의 적응 어려움이 은퇴와 직접 관련되는지 혹은 동시에 발생한 다른 사건과 관련되는지에 대해 더 잘 깨닫게 된다.

촉진적 관계와 신뢰 발전시키기, 공감적으로 경청하기, 유사한 경험 공유하기, 감정을 말로 표현하도록 격려하기와 더불어, 상담자들은 은퇴자들이 이러한 삶의 후반기에 의미나 목적을 찾도록 도와야만 한다. 사람들은 자녀를 양육하고 일을 해야 하는 요구와 의무가 줄어드는 삶의 후반기에 좀 더 자기성찰적(introspective)이 되고, 의미에 관해 더 많은 관심을 갖게 된다. 사람들은 또한 그들이 점차 자신에게 나타나는 신체적 변화와 그에 따른 죽음을 점차 인식하게 됨에 따라 좀 더 반성적이 된다. 사람들은 그 안에서 의미를 찾고 절망 대신에 통합감을 성취할 때 은퇴에 적응한다. 은퇴자들은 이것을 실존적인 상담을 통해 성취하는데, 거기서는 철학적 관심, 특히 가치, 관념, 삶의 목적에 관한 대화를 강조한다. 해결은 그 사람이 내적 조화와 평화를 발견할 때 끝나게 된다. Richardson과 Sands(1986~1987)는 의미에 관한 관심들이 더 나이가 드는 것에 관한 그리고 시간이 흐르는 것에 관한 불안을 감소시키는 것과 관련된다는 사실을 관찰했다.

불안과 우울증의 실제 원인들은 보통 상담자들이 내담자가 은퇴에 관해 어떻게 느끼는지와 은퇴가 그들에게 무엇을 상징화하는지에 대한 내담자의 인식을 불러일으킬 때 나타나게 된다. 은퇴 적응 문제 때문에 상담자를 찾는 은퇴자는 더 나이가 드는 것과 죽음에 관한 감정과 싸우는 것일 수 있다. 은퇴자가 이전 동료, 일과 관련된 지위, 이전 작업 일상을 만나지 못할 때조차도, 이러한 상실들은 관심의 주요 근원이 아닐 수 있다. 은퇴는 좀 더 다른 갈등적인 쟁점을 불러일으킬 수 있고, 재정적인 문제는 고통을 일으킬 수 있다. 가난한 노인 은퇴자의 주요 관심사는 임대료를 지불하는 법에 대해서도 주기적으로 나타날 수 있다. 상담자들은 수입에서 변화, 직업 지위, 건강, 부부 지위, 사회적 지원과 같은 요인들을 주의 깊게 평가해야만 하는데, 이는 결정적인 위험 요인으로써 계속해서 나타나게 된다. 이러한 평가는 은퇴 적응 상담의 두 번째 단계를 시작하게 한다.

평가 단계

제2장에서, 역할 및 지속성 이론을 포함하여, 은퇴에 대한 적응을 설명하는 몇몇 이론들을 재검토했다. 자기지속 이론가들에 따르면, 사람들은 지속성을 선호하지만(즉, 그들은 사회적 행동과 환경의 내적 심리적 연속성을 향해 기울어진다), 그들의 삶에서 주기적으로 발생하는 변화와 싸우고 대처해야만 한다. 따라서 사람들에게 그들이 은퇴한 후에 지속성을 유지하는지 여부(즉, 그들이 결정적인 자원을 보

유할 수 있는지 여부)는 중요하게 된다. Richardson과 Kilty(1991)는 은퇴에 대한 적응은 은퇴자들이 확실한 자원(특히, 직업 지위, 수입, 건강, 관계성)을 얼마나 잘 보유하는지에 달려 있다고 결론지었다. 불연속성은 사람들이 생활양식, 자원 혹은 친밀한 경험에서 변화를 경험할 때 나타난다. 자원이 붕괴된 노인들은 은퇴 적응 문제를 더 많이 경험하는 것 같다(〈표 7-1〉을 보라.)

수입은 긍정적인 은퇴 경험에 영향을 미치는 가장 중요한 자원 중

〈표 7-1〉 은퇴 적응 예측인자

성공적인 적응
높은 수입
높은 직업 지위
건강 양호
결혼
단단한 사회망
적절한 대처 기술
적응 어려움
은퇴 후 현격한 수입 감소
낮은 직업 지위의 여성
건강 악화
독신, 이혼 혹은 별거
사회적 고립
부적절한 대처 기술

하나다. 몇몇 연구들은 은퇴에 대한 적응과 수입 간의 중요한 관련성을 발견했다. Richardson과 Kilty(1991)는 중요한 것은 반드시 수입의 양이 아니라 선행 수입 수준이 유지될 수 있는지 여부라는 것을 관찰했다. 그들은 은퇴 후에 수입에서 실제적인 감소를 경험한 은퇴자들이 수입이 안정적으로 남아 있는 사람들보다 더 많은 적응

문제를 가진다는 것을 발견했다. 불행하게도, 은퇴 자산에 대한 정확한 평가는 어렵다. 왜냐하면 많은 노인들이 그들의 경제적 지위를 드러내는 것을 원하지 않기 때문이다.

직업적 지위는 성공적인 은퇴 적응의 또 다른 중요한 예측인자이다. Richardson과 Kilty(1991)는 직업적 지위가 은퇴 적응의 가장 영향력 있는 예측인자이고, 수입이나 교육보다 은퇴기간 동안 웰빙의 좀 더 유의미한 지표라는 것을 발견했다. 은퇴하기 전에 높은 지위 직업에서 일했던 사람들은 낮은 지위 직업에서 일했던 사람들보다 은퇴에 더 잘 적응했다. 일 역할의 상실은 상위 직업에 종사하는 사람들보다 하위 직업에 종사하는 사람들에게 좀 더 손상이 있는 것으로 보인다. 하위 직업에 종사하는 은퇴자들은 그들이 일을 끝낸 후 지위와 존경을 유지하는 데 더 많은 어려움을 가질 수 있다. 예를 들어, 많은 의사들과 변호사들은 은퇴 후에 전문적인 영향을 유지하지만, 이는 사회적인 명성이 낮은 직위에서 일하는 사람들에게서는 드물게 발생한다. Richardson과 Kilty(1991)는 은퇴에 대한 적응이 하위 직업에 고용되어 온 여성들에게 특히 문제가 있다는 것을 발견했다.

건강 상태는 은퇴에 대한 적응에 영향을 미치는 또 다른 중요한 요인이다. 은퇴자 혹은 가족 구성원의 갑작스런 변화는 많은 문제를 일으키고, 은퇴 전 계획을 방해한다. 만일 갑자기 부모를 돌보아야 한다면, 은퇴자는 새로운 직업을 갖는 것을 늦추어야만 하고, 중병이나 질병 때문에 여행 계획을 취소해야 한다. 상담자들은 내담자들의 허락을 받고 의사들에게서 직접 정보를 얻어야 한다. 왜냐하면 은퇴자들의 건강에 대한 주관적인 지각을 신뢰할 수 없는 경우가 흔하기 때문이다.

결혼 상태 또한 평가되어야만 한다. 앞서 기술된 것처럼, 결혼한 은퇴자들은 결혼을 하지 않은 은퇴자들보다 은퇴에 더 잘 적응한다. 최근에 별거하거나 이혼한 여성 노인은 특히 취약하다. 더구나, 공동으로 은퇴를 계획했던 부부는 배우자가 은퇴 후에 곧 사망했을 때 망연자실하게 된다.

결혼관계는 은퇴 후에 변화한다. 그리고 변화가 클수록, 부부 붕괴가 더 많아지게 된다. 전보다 더 많은 시간을 함께 함으로써 결혼생활을 향상시킬 수도 있지만, 이는 또한 갈등을 불러일으킬 수 있다. 얼마나 많은 시간을 함께 보낼 것인지 그리고 배우자의 감정을 상하게 하지 않고서 어떻게 독립성을 유지할 것인지에 관해 불일치가 많은 편이다. 대부분의 부부들은 은퇴 후, 부부 관계의 변화를 과소평가하고 준비하지 않는다.

Wolinsky(1990)에 따르면, 성인들은 그들의 성숙한 결혼 기간 동안에 공동의 단계를 거치면서 서너 가지 발달 과제에 직면한다. 그녀는 노인 부부가 함께 보내는 시간이 더 많아짐에 따라, 가족과 사회 내에서 역할을 재정의해야만 하고, 관계의 새로운 친밀감과 패턴을 확립해야만 한다고 주장한다. 부부가 삶의 후반에서 직면하는 가장 어려운 과제 중의 하나는 배우자의 미래 질병이나 죽음에 과도하게 관심을 갖게 되거나 열중하게 되는 것을 피하는 일이다. 필요하다면 배우자 없이 살 수 있도록 자신을 독립된 개인으로 보는 능력은 모든 노인 부부가 언젠가는 직면해야 하는 발달 과제다. 이 단계에서 핵심 쟁점은 통제, 자율성, 의존성, 죽음이다.

은퇴자가 은퇴 적응 문제에 대해 도움을 청할 때, 상담자는 포괄적인 평가를 수행해야만 한다. Wolinsky(1990)는 결혼이라는 공동

생활을 평가하기 위한 모델을 제안했다. 첫째, 부부사가 꼭 필요하다. 상담자들은 부부 문제가 있는지 결정해야만 하고, 그렇다면 이것이 얼마나 오랫동안 진행되었는지와 이것이 은퇴와 관련되는지를 확인해야만 한다. 각 배우자의 원 가족에 대한 배경 정보 또한 도움이 된다. 특히 문제가 오래도록 지속되었다면 더욱 그러하다. 과거 부부 경험을 자세히 이야기하는 것과 삶의 구성요소를 재검토하는 결혼생활 재검토는 일반적으로 유익하다. 이는 자주 결혼 초기, 행복하고 어려운 시기, 초기와 후기 부부 갈등, 갈등의 해결 등을 회고하게 한다. 부부 생활 재검토는 부부사의 많은 부분을 부부가 함께 상기해 보도록 하고, 상담자들에게 결혼의 좀 더 완벽한 그림을 제공한다.

사회적 지원은 상담자들이 평가할 필요가 있는 또 다른 중요한 요인이다. 친구와 가족을 포함한 내담자의 사회적 관계망에 대한 철저한 평가는 필수적이다. 상담자들은 은퇴자들의 사회적 지원이 은퇴 이후에 어떻게 변했는지를 탐구해야만 하는데, 왜냐하면 강력한 사회적 결속(bond)이 은퇴 적응을 촉진하기 때문이다. 상담자들은 내담자가 은퇴 전에 지원과 사회화를 위해 동료와 직장 동료가 아닌 친구에게 의존하는 정도를 평가함으로써, 그들이 사회적 지원 쟁점에 얼마나 많이 중점을 두는지를 결정할 수 있다.

은퇴자를 상담할 때 상담자들이 고려해야만 하는 마지막 영역인 개인사는 은퇴자의 성격 특징과 강점, 대처 유형, 가족사, 선행 상실, 다른 관련 배경 정보에 대한 광범위한 이해를 수반한다. 술이나 다른 물질 남용에 대한 개인사가 주의 깊게 조사되어야만 한다. 몇몇 은퇴자들은 그들이 은퇴한 후에 증가된 술 문제를 보고한다. 상담자들은 은퇴에 대한 은퇴자의 계획을 재검토해야만 하고, 그들이 이것을 얼마나 오랫동안 준비했는지, 그들이 이것을 얼마나 잘 준비했는지, 그들의 은퇴전 기대가 실제적이었는지를 고려해야만 한다. 마지막 관심은 은퇴가 그들이 기대한 것처럼 진행되는 영역과 기대와는 다르게 진행되는 영역에 대한 분석을 포함해야만 한다. 보충적인 은퇴 척도가 은퇴에 관한 태도와 기대를 측정하기 위해 사용될 수 있다.

개입 단계

개입 전략의 3가지 다른 유형이 제4장에 기술되었는데, 이는 은퇴 개입 상담에 대한 일반적인 모델을 제시한다. 첫째, 덜 심각한 은퇴 문제를 다루기 위한 비지시적 개입 전략이 기술되었다. 상담자들은 비지시적 개입을 사용할 때 은퇴자의 통제감, 독립성, 자부심을 잊지 말아야 하는데, 이는 특히 노인에게 중요하다. 상담자들은 가능할 때마다 언제든지 노인에게 비지시적 개입 전략을 사용해야만 하는데, 왜냐하면 대부분의 노인들은 그들 자신의 의사 결정을 선호하고, 가능한 한 많은 통제감을 유지하고 싶어 하기 때문이다. 예를 들어, 상담자들은 약간의 불안에 대해 은퇴상담을 하고자 하는 은퇴자에게는 비지시적 접근을 사용할 수 있다. 이런 예에서, 상담자들은 주로 경청하고 은퇴자들이 감정을 말로 표현하고 그들의 불안에 대해 설명하도록 격려해 준다. 그러나 내담자는 개입을 확실히 인지할 수 있다.

개입 전략의 두 번째 유형인 협력적 접근은 감정 문제를 호소하는 은퇴자들에게 권고된다. 상담자들은 온화하게 대안을 제시하고 내담자들은 해결을 선택한다. 상담자들과 내담자들은 협력적으로 일하고, 진행 방법을 공동으로 결정한다. 내담자들이 그들의 위기를 혼자서 다루도록 내버려두지 않는다. 예를 들어, 자신의 직장으로부터 예기치 못한 해고를 당한 비자발적인 은퇴자는 처음에는 분노하지만, 결국에는 회복하고, 대처 전략에 집중하며, 완전히 예측할 수 없었음을 깨닫는다. 개입은 상담자가 내담자의 문제를 해결하기 위해 적응하고 협동하도록 돕기 때문에 협동적이다. 내담자들을 진정시키고 그들이 초기에 느낀 공황을 감소시키는 법을 보여 줌으로써 내담자의 두려움을 완화시킨다.

은퇴 적응 상담에 대한 지시적 접근인 세 번째 개입 유형은 내담자들이 움직이지 못하게 되거나 망상에 사로잡혀 있고 대처능력이 없을 때 사용된다. 상담자들은 통제하고, 개입을 선택하고, 내담자가 그것을 이행하도록 돕는다. 이런 경우에 병원 입원이 요구된다.

개입의 정도를 결정하는 것과 더불어, 상담자들은 가장 적절한 실제 기법들을 확인해야만 한다. 뚜렷한 은퇴 적응 문제들은 다른 개입을 요구한다. 아래에 기술될, 노인에 대한 특정 개입은 불안, 우울증, 부부나 다른 문제로 고통을 겪는 은퇴자들을 다루는 데 유용하다(〈표 7-2〉).

불안 문제에 대한 개입

불안은 상담자를 찾을 때 은퇴자가 당면한 가장 일반적인 감정 중 하나로 앞서 기술되었다. 불안 반응에 대한 다양한 설명이 재검토

〈표 7-2〉 은퇴 적응 상담에서 특정 개입

문제 유형	권고된 개입
불안 반응(공포장애, 특히 광장공포증과 폐쇄공포증, 일반화된 불안장애를 포함함)	행동 경향법 인지적 변화 인지적 재구조화 약물치료(Benzodiazepines[Xanax], 항우울제)
우울증	심리치료 인지적 심리치료 약물치료(항우울제) ECT 생활 재검토와 실존적 상담 애도(grief) 상담과 애도 치료
부부 문제	부부 생활 재검토 부부치료
직업 문제	직업상담
건강 문제	심리치료 건강상담
경제적 문제	재정상담
사회적 상실(deprivation)	사회적 기술 훈련 애도상담
정체적 문제	심리치료와 실존적 상담

되고, 이러한 설명에 근거한 몇몇 개입 전략이 권고된다. 상담자들은 처음에 은퇴자가 불안을 표현하도록 함으로써 촉진적 관계를 확립한다. 증상들은 다음에 평가된다. 상담자들은 불안이 언제 나타나는지, 무엇이 이것을 예측하게 하는지, 불안이 어떤 형태를 취하는지, 즉 불안이 일반화된 불안장애인지 혹은 공포증인지를 결정한다. 더불어, 상담자들은 대처 능력, 사회적 지원, 성격, 가족사와 같은 내담자의 기능의 다른 측면들을 조사한다. 그들은 마지막에 비지시적, 협력적, 지시적 개입 전략을 선택하고, 동시에 불안을 치료

하기 위한 특정 개입을 이행한다.

Barlow(1988)는 인식 전환을 사용할 것을 제안한다. 내담자들은 두려운 상황에 노출되고 그것을 관리하도록 격려받는다. 반복된 노출과 부정적인 결과 없이, 두려운 반응은 결국 소거된다. 만일 도피나 회피가 발생하지 않는다면, 개인은 두려운 상황에 대한 새로운 반응을 학습한다. 따라서 아마도 병원에 놀란 은퇴자는 병원에 가고, 적절한 치료를 받고, 외상을 경험하지 않고 집으로 돌아온 후에 덜 두렵게 된다. 불안한 사람들은 두려운 상황에 직면해야만 하고 그것들로부터 도망가지 말아야 한다. Barlow는 노출이 불안에 직면하는 가장 효과적인 기법이라고 주장한다.

또한 Barlow(1988)는 상담자들이 불안한 내담자들의 지각을 변화시키도록 돕기 위해 인지적 전략을 사용하도록 한다고 권고한다. 불안을 느끼는 사람들은 자주 왜곡된 인지를 가진다. 따라서 위의 예에서, 상담자들은 병원에 대한 그들의 지각을 변화시키기 위해 은퇴자들과 함께 작업할 것이다. 아마도 그들에게 병원에 대한 정보, 그들이 직면할 절차에 관한 정보, 그들이 싸울 장애물에 관한 정보를 제공함으로써 변화시킬 수 있을 것이다. 이는 일반적으로 예상하지 못한 사건에 관한 내담자의 두려움을 완화시킨다.

노출과 인지적 변화와 더불어, Barlow(1988)는 상담자들이 불안을 느끼는 내담자들이 자신으로부터 벗어나 외적 사건이나 상황의 '기제적' 측면으로 향하도록 그들의 주의 초점을 전환시키도록 격려해 줄 것을 제안한다. Barlow에 따르면, 불안한 개인들은 자주 불안과 관련된 심리적 변화와 강박적인 사고에 열중하며 이것이 그들의 고통을 가속화시킨다. 상담자는 인지적 재구조화 기법, 즉 개인적인 두려움에 매여 있는 상태로부터 그들 상황의 좀 더 안전한 측면에 초점을 맞추는 것까지 내담자에게 새롭게 방향을 제시하는 방법을 알아야만 한다. 예를 들어, 병원을 두려워하는 은퇴자는 병원이 얼마나 무섭고 두려운지에 관한 관심을 누가 병원에서 일하고, 일상(routine)은 무엇이며, 병원의 다른 객관적인 기능에 관한 좀 더 무해한(innocuous) 사고로 대체하도록 격려받아야 한다. Barlow는 이러한 3가지 기법(노출, 인지적 변화, 인지적 재구조화)들이 불안을 감소시키는 데 가장 성공적이라고 주장한다. 불안한 사고의 특성과 자기 진술을 변경시키는 것, 더 나은 대처 전략을 가르치는 것, 다른 사람과의 참여를 고양시키는 것과 같은 부가적인 방법들이 효과적일 수 있지만, 그것들은 위에 기술된 세 가지 주요 기법과 결합하여 적용되어야만 한다.

약물치료는 최근까지 주로 벤조디아제핀(benzodiazepine)을 포함했는데, 이는 일시적으로 작용한다. 이러한 약물들은 습관성이 있고, 인지적인 기능을 손상시킬 수 있으며, 심지어 사람을 좀 더 불안하게 만드는 반향(rebound) 효과를 가진다. 더구나, 이러한 약물(특히, diazepam)의 효과가 몸에서 제거되는 데 걸리는 시간은 젊은 사람보다 나이 든 사람에게서 3배 더 길다. 효과는 여러 날(for days) 지속될 수 있다. 더 짧은 혈중유효농도 반감기(half-life)를 가진 자낵스(Xanax®)는 몇몇 노인들에게 더 잘 작용할 수 있다. beta-blockers 또한 시도되어 왔지만, 그것들은 효과적인 것으로 증명되지 않았다. 불안치료를 위해 항우울제를 사용하려는 최근 시도들은 유망한 것으로 생각되어 왔다.

심리치료는 은퇴자들이 불안의 뿌리를 탐구하고 그들이 자신들의 불안을 완화시키기 위해 변화시킬 수 있는 것을 살펴보도록 도울 수 있다. 불안의 근원을 인식하게 된 사람들은 보통 그들의 삶에 대한 통제감을 더 느끼고, 실질적으로 덜 불안해진다. Blazer(1990)는 불안한 노인들을 대상으로 한 심리치료가 무력감을 최소화하고 통제감을 증가시키는 것에 초점을 맞추어야 한다고 권고한다.

사례

탤벗 부인(Ms. Talbot)은 66세의 기혼여성이다. 그녀는 판매직원으로 40년 동안 일한 곳에서 은퇴하도록 강요받았다. 가게에 있는 젊은 사람들이 그녀보다 물건을 더 잘 팔았고, 고용주는 그녀의 판매 실적이 떨어졌기 때문에 은퇴하도록 압력을 넣었다. 더구나 그녀는 고혈압이 있었고, 생활에서 스트레스를 줄여야만 했다. 그녀가 자신의 최근 상태에 대해 실망했더라도, 그녀는 가게에서 일하는 것을 즐거워했고, 거기서 몇몇 친구들을 만났다.

그녀가 해고된 후 6개월이 지나, 탤벗 부인은 불안하고, 두렵고, 걱정이 많아졌다. 그녀는 바깥에 나가서 새로운 사람들을 만나기가 두려워서 거의 집을 떠나지 않았다. 그녀의 남편은 은퇴를 기대하고 좀 더 사회적으로 잘 지낼 것을 기대했다. 그는 부인의 행동에 점차 실망하게 되었다. 그는 은퇴상담자에게 도움을 청하자고 부인을 설득했다.

탤벗 부인은 그녀가 직장을 그만둔 것, 특히 동료들을 떠난 것에 대해 무력감과 슬픔을 느낀다고 경청 단계에서 상담자에게 말했다. 그녀는 일상생활과 자신이 편안함을 느꼈던 친밀한 사람과의 만남을 기억하지 못하지만, 그녀가 왜 사회적으로 불안하게 되었는지는 이해하지 못하겠다고 주장했다. 탤벗 부인의 직업 배경, 신체 건강, 가족사, 성격과 그녀의 은퇴를 둘러싼 배경에 대한 포괄적인 평가 후에, 상담자는 탤벗 부인이 일반화된 불안장애와 광장공포증으로 고통을 받고 있다고 결론지었다. 탤벗 부인이 항상 불안했고, 그녀의 증상들은 그녀가 은퇴한 후에 가속화되었다. 그녀는 자신의 문제에 관해 하루 종일 되새겼다. 후속 상담 회기를 통해 탤벗 부인이 은퇴를 준비하지 못했고 은퇴 결정에 관해 통제감을 느끼지 못했다는 것을 알게 됐다. 그녀는 은퇴를 준비하지 못했다. 그녀는 자신의 일상, 우정 그리고 심지어 결혼생활이 붕괴될 것이며, 그러한 변화가 그녀를 놀라게 하리라는 것을 실제로 고려하지 못한 채 해고되었다.

상담자는 탤벗 부인이 은퇴 압력을 느꼈고, 그녀가 은퇴를 준비하지 못했고, 그녀의 생활이 통제할 수 있는 범위를 벗어났으며, 그녀가 그것을 변화시킬 수 없다고 느꼈다는 것을 인식했다. 협력적인 개입이 선택되었다. 이 내담자는 너무 불안해서 도움 없이는 쟁점을 해결하기 어렵지만 전체적으로 무능력하지는 않기 때문이다. 그들은 탤벗 부인의 감정과 몇몇 불안의 근원에 대해서 이야기했다. 특히 은퇴에 대한 준비 부족, 새로운 친구를 사귀고 새로운 취미를 만드는 것에 관한 그녀의 두려움, 매일의 일상이 짜임새가 부족한 것에 관한 그녀의 불안에 대해서 이야기를 나누었다. 이러한 논의는 그녀의 불안을 완화시켰고, 그녀가 왜 불안해하는지 그 요인들을 확인하도록 도왔다. 그녀는 점차 스스로 통제할 수 있었고 덜 불안해졌다. 그들은. 또한 집을 벗어나고 새로운 사람들과 어울리는 것에 관한 탤벗 부인의 자신감을 점차 증가시키는 점진적인 프로그램으로 작업했다. 프로그램은 행동 지향적이었다. 이는 탤벗 부인이 이완된 상황에서 두려움을 느끼도록 했다. 시간이 지남에 따라, 탤벗 부인은 자신의 은퇴에 관해 더 행복해했고, 사람들을 사귀는 것을 덜 두려워하였으며, 일반적으로 덜 불안해졌다. 약물치료는 이 내담자에게 필요하지 않았는데, 탤벗 부인은 약물 복용을 원하지 않았다.

우울증에 대한 개입

은퇴 후의 우울증은 상실감으로 인해 자주 나타나는데, 특히 사람들이 그들의 감정을 통제하지 못하므로 상실감이 축적된다. 신체 기능과 건강의 변화와 친구들과 사랑하는 사람의 사망 증가를 포함하는 많은 상실들이 삶의 후반에 발생한다. 몇몇 사람들은 이러한 상실에 책임감을 느끼고 어떤 것이 나아지거나 혹은 그들이 대처할 수 있을 것이라는 희망을 포기한다.

상담자들은 완벽한 평가를 수행하고, 우울증이 얼마나 오랫동안 지속되었는지, 어떤 원인으로 생겼는지, 그것이 얼마나 심각한지, 자살 생각의 정도, 우울증의 과거사를 조사해야만 한다. 우울증의 기질적인(organic) 원인을 제거하기 위해 신체적인 조사가 이러한 정밀검사와 함께 이루어져야 한다. 상담자들은 또한 우울증이 있을 때 노인과 젊은 사람 간의 차이를 알아야만 한다. 예를 들어, 우울증이 있는 노인들 중 상당수는 처음에 신체적인 우환(ailment)(예, 불면증, 무기력, 식욕 감퇴 혹은 위장 문제)에 대해 도움을 청하고, 그들이 우울하다는 것을 자주 인식하지 못한다. 우울증의 진단은 탐색되어야만 한다. 심지어 내담자가 우울감을 보고하지 않을 때조차도 그러하다. 왜냐하면 삶의 후반에 나타나는 우울증은 가끔 심기증

(hypochondria)과 편집증을 포함하는 다른 문제로 나타나기 때문이다. 평가는 상담자들이 개입하는 방법을 결정하는 데 도움을 준다. 즉, 항우울제 복용, 입원 치료, 전기 충격 요법(ECT), 통원 심리치료, 혹은 여러 방법들이 결합된 형식으로 이루어지는 것을 결정하도록 돕는다.

다양한 항우울제들(Elavil®, Sinequan®, Norpramin®과 같은 가장 일반적인 삼환계 항우울제)이 노인 내담자의 우울증을 치료하는 데 사용되어 왔다. 그러나 항우울제가 효능을 발휘하는 데는 몇 주 걸린다. 모노아민 옥시다야제 억제인자(MAOIs)들이 효과적이지만, 내담자들은 식이요법에 주의해야만 한다. 좀 더 최근에 fluoxetine(프로작®)이 우울증 치료에 사용되어 왔다. 이것이 진정 작용을 원하지 않는 사람들에게 효과적일지라도, 이 약물은 가끔 동요(agitation), 불면증, 불안함 같은 후유증으로 나타날 수 있다.

약물 개입이 성공적이지 않고 우울증이 심각하게 남아 있을 때, 상담자들은 입원치료와 ECT를 권고할 수 있는데, 이는 보통 병원에서 6~10번 정도 실시된다. ECT는 노인들의 우울증을 치료하는 데 점점 더 많이 사용되고 있는데, 이것은 약물치료와 심리치료가 실패한 후에 마지막으로 시도해 보는 것이다. ECT의 부작용은 과거만큼 오랫동안 지속되지 않고, 그리 심하지도 않다.

통원 심리치료 특히 인지적 심리치료가 은퇴기간 동안 우울증을 치료하는 데 자주 사용된다. 세상에 관한 부적응적(maladaptive) 지각과 믿음이 은퇴자의 우울증을 일으키는 것으로 생각된다. Beck, Rush, Shaw, Emery(1979)에 따르면, 우울증은 세 영역(부정적인 삼인조[triad], 바탕에 깔려 있는 믿음이나 도식, 논리 오류)에서 왜곡된 인지적 기능에 의해서 나타난다. 부정적인 삼인조는 자신, 자신의 경험, 미래에 대한 자신의 지각을 나타낸다. 우울한 사람들은 전형적으로 부정적인 자기-개념을 가진다. 그들은 스스로를 부적절하고 무능력한 것으로 경험한다. 과거는 마치 어떤 것도 잘된 것이 없는 듯 비관적으로 기억되고, 미래도 걱정된다. 바탕에 깔려 있는 믿음은 부정적이고 병적인 사고방식을 반영한다. 이러한 내담자들은 미래에 관해 걱정하고 염려스런 사건이 발생할 것으로 기대한다. 특히 그들이 삶을 즐길 때 그렇다. 논리 오류는 부정적인 것을 빈번하게 과장하기, 나쁜 일이 일어날 것으로 생각하기, 과잉 일반화하기, 과잉 강조하기를 말한다. 불행한 사건은 그것들이 실제보다 좀 더 부정적으로 그리고 맥락 밖에 있는 것으로 보이는데, 왜냐하면 사람들은 가장 좋지 않은 것을 지각하고 기대하기 때문이다.

Gallagher와 Thompson(1983)은 노인들에게서 빈번하게 발생하는 최소한 3종류의 인지적 왜곡을 확인했다. 한 가지 왜곡된 믿음은 너무 나이가 들어서 변화하기 힘들다는 것이다. 즉, 자신의 삶의 대부분에 대해 이것을 좋아하고 변할 수 없기 때문에, 문제에 대해 도움을 청할 의미가 없다는 것이다. 만일 단지 하나의 특정 문제가 변한다면 모든 게 좋을 것이라는 관점이다. 이는 사망한 배우자가 다시 돌아오는 것(return)에 관해 되새기는 미망인들의 일반적인 환상이다. 마지막으로 삶의 후반에 자주 발생하는 세 번째 인지적 왜곡은 “너는 너무 젊어서 나를 돕지 못한다.” 혹은 “만일 내가 단지 나의 삶에서 좀 더 일찍 다르게 그것을 했다면, 나는 지금 우울하지 않을 것이다.”와 같이 표현된다. 은퇴에 관한 인지적 왜곡의 예에는 “은퇴는 죽음과 동의어다.” “은퇴는 내가 비생산적이고 사회에 쓸

모가 없다는 것을 의미한다." "은퇴는 따분한 것이다." 등이 있다.

인지치료의 의도는 좀 더 실제적이거나 긍정적인 인지로 부정적인 인지를 대체하도록 내담자를 촉구하는 것이다. 은퇴자들은 처음에 그들이 부정적인 것을 어떻게 과장하고, 왜 나쁜 일이 일어날 것이라고 생각하고, 과잉 강조하는지를 인식하도록 배우고 나서, 좀 더 건강하고 덜 우울한 인지로 대체하도록 격려받는다. Gallagher와 Thompson(1983)은 상담자들이 내담자에게 이러한 유형의 치료와 전통적인 치료와의 차이점을 교육하도록 권고했다. 그들은 또한 특정 연령에 어울리고 내담자의 삶에서 특히 고통스러웠던 사건에 초점을 맞춘 예들을 사용할 것을 제안한다. 예를 들어, 은퇴에 관해 우울한 내담자는 은퇴에 관한 침울한(gloomy) 기대를 낙관적인 기대로 대체할 필요가 있다.

생활 재검토는 우울한 은퇴자에게 적용할 또 다른 유용한 기법이다. Butler(1963)에 따르면, 생활 재검토는 "자연적으로 발생하고, 과거 경험의 의식으로 점진적으로 돌아가는 것으로 특징지어진 보편적인 정신 과정이며, 특히 해결하지 못한 갈등의 소생(resurgence)이다"(p. 66). 생활 재검토는 사람들이 과거의 기억을 자세히 이야기하고 그것들을 다른 사람과 나눌 때 발생한다. 재검토는 사람들이 그들에게 중요한 것이 무엇인지, 어떤 기억이 중요한지, 무엇이 그들을 불행하게 만드는지, 무엇이 그들을 슬프게 만드는지, 무엇이 그들에게 의미가 있고 그때는 의미 있었던 것 같지만 지금은 중요하지 않게 생각되는 것이 어떤 것인지를 확인하도록 돕는다. 사람들은 일반적으로 아동으로서 자신의 삶에 대해 시작하고 나서, 청소년과 청년으로서, 마지막으로 중년으로서 재검토한다. 몇몇 내담자들은 의미 있는 생활 사건의 출현에 따라 과거를 논의한다. 그것이 취하는 형태가 어떤 것이든지 간에, 과정은 사람들이 사고방식에 그들의 삶을 담고, 그들이 왜 그런 결정을 했는지를 더 잘 이해하며, 그들의 삶이 어떻게 가치 있을 수 있는지를 실현하도록 돕는다. Pincus(1970)는 우울한 노인이 우울하지 않은 노인보다 추억에 잠기는 일이 적고, 추억에 잠기는 것은 가끔 우울증을 완화시킬 수 있다는 것을 관찰했다. 생활 재검토는 또한 생산성, 과거 직업 생활, 직업의 의미에 관해 갈등이 있는 은퇴자에게 도움이 된다.

애도(grief) 상담과 애도 치료는 우울한 은퇴자들에게 사용될 수 있다. 많은 사람들이 애도 기간 동안 우울함을 느낄지라도, 임상적 개입은 우울증이 심각하게 되었을 때 그리고 그 사람이 사치스럽지 않고, 자존감이 낮고, 자살 충동을 강력하게 느낄 때 요구된다. 좀 더 심층적인 심리치료에 따르는, 애도 치료가 요구될 수 있다. Worden(1991)은 애도 상담과 애도 치료를 구별하고, 전자가 복잡하지 않은 슬픔 반응에 사람들이 대처하도록 돕는 것을 포함하고, 후자가 좀 더 특별한 개입을 요구한다고 주장한다. 애도 상담은 상실의 실체를 증가시키도록, 표현적인 정서와 잠복되어 있는 정서 모두를 다루도록, 상실 후에 재적응으로 다양한 장애물을 극복하도록, 이별을 하도록, 삶에 재투자하도록 내담자를 돕는 데 초점을 둔다. 애도 치료에서, 상담자는 복잡한 슬픔 반응으로 고통을 받는 내담자와 작업한다. 내담자들은 그들이 회피해 왔을 수 있는 괴로운 감정을 직면하도록 격려받는다. 상실의 근원, 시기, 그것에 관한 갈등적 감정이 내담자가 감정을 인식하고 그것을 다루는 동안 논의된다. 상실의 최종점이 점차 수용된다.

사례

제이콥스 씨(Mr. Jacobs)는 70세 남성이다. 그는 부인과 같은 시기에 은퇴하려고 계획했다. 그는 부인과 37년 동안 결혼생활을 했다. 그들은 은퇴를 준비하는 데 많은 해를 보냈고, 둘 중 한 사람이 일하지 않고 그들이 함께 여행을 하고 더 많은 시간을 보낼 수 있는 시기를 고대했다. 불행하게도, 제이콥스 씨의 부인은 그들이 은퇴한 뒤 6개월 후에 수술이 불가능한 암이 발견되었고, 그녀는 1년 후에 죽었다. 제이콥스 씨는 부인이 처음 암 진단을 받았을 때 우울해졌고, 부인이 죽고 난 후에는 좀 더 의존적이 되었다. 제이콥스 씨의 35세 된 딸은 그를 걱정했고, 그에게 은퇴 적응 상담자를 찾아가 보도록 설득했다. 제이콥스 씨는 첫 상담 회기 동안 거의 말을 할 수 없었다. 그는 기면 상태로 보였고, 그의 정서는 단조로웠다. 그는 자살 충동을 느꼈지만, 그의 종교적인 믿음 때문에 그가 자살하지 않았다고 주장했다.

제이콥스 씨의 우울증에 대한 광범위한 평가 후에, 상담자는 그가 부인, 직업, 은퇴에 대한 꿈을 포함하는 다양한 상실을 통해 해결할 수 없는 애도 반응으로 고통을 받는다고 결론지었다. 상담자는 제이콥스 씨가 애도 치료를 받아야 한다고 제안했고, 그가 부인과 그녀에 대한 기억에 관해 이야기하도록 격려했다. 많은 괴로운 감정들은 그가 이야기함에 따라 나타났다. 제이콥스 씨는 부인이 죽었을 때 죽음에 대해 부인에게 분노를 느꼈는데, 이는 멋진 은퇴를 시작할 때쯤이라서 그러했다. 제이콥스 씨는 분노에 관해 죄의식도 느꼈지만, 그는 어떤 사람과 감정을 나누면서 죄의식은 경감시켰다. 상담자는 사망한 배우자에 관해 혼합된 감정을 가지는 것이 정상적이고 이러한 감정을 부정하는 것은 중요하지 않다고 그를 안심시켰다. 시간이 흘러, 제이콥스 씨는 부인의 죽음을 논의하는 데 좀 더 편안함을 느꼈고, 결국 그녀와 이별할 수 있었다. 상담 회기의 끝 무렵에, 제이콥스 씨는 그가 은퇴를 어떻게 보내면 좋을 것인지에 대해 다른 계획을 만들었다.

상담자는 제이콥스 씨가 우선 부인의 갑작스런 죽음에 대해 그의 해결하지 못한, 복잡한 애도 반응으로부터 발생한 은퇴 적응 문제로 고통스러워하고 있다고 결론지었다. 제이콥스 씨가 부인의 죽음의 실재를 수용하고 은퇴와 미래에 재투자하도록 돕는 데 애도 치료가 사용되었다.

부부 개입

Wolinsky(1990)는 노인 부부가 경험하는 부부 문제에 초점을 둔 체계 이론 모델을 개발했다. 그녀는 은퇴와 삶의 후반에서 의미를 찾는 것과 같은 주요 역할 변화가 결혼생활을 의미 있게 변경시킨다고 주장했다. 그녀는 4단계(평가, 치료, 과제와 행동, 종결)로 개입을 조직화했다.

평가 단계는 앞서 기술한 경청하기 단계, 평가 단계와 닮았다. 이는 해결하지 못한 과거 쟁점의 확인과 선행 결혼생활의 성공과 실패를 허용하는 결혼생활 재검토를 포함한다. 결혼생활 재검토는 처음 치료 단계 동안 지속되지만, 초점은 선행 해결된 경험과 해결되지 않은 경험을 다시 구성하는 데 맞춰진다. 부부로 하여금 동요시키는 쟁점들에 주목하도록 하기 위해, 통찰 지향 치료가 결혼생활 재검토와 동시에 사용된다. 통찰 지향 치료와 더불어, 상담자들은 지원 치료를 사용한다. 상담자들은 안심(reassurance), 관심, 공감을 표현함으로써 지원을 나타낸다. 상담은 덜 직면적이고 해석적이다. 목표는 내담자들이 괴로운 정서를 관리하도록 돕는 것이다.

단계 3은 좀 더 목표 지향적이고 과제 지향적이다. 상담자들은 어떤 행동을 변화시키기 위해 내담자들과 계약하고, 회기 기간 동안 숙제가 할당된다. 예를 들어, 각 배우자는 특별한 기능이나 활동을 진행하거나 집에 혼자 있지 않기에 동의할 수 있고 부부는 의존성과 독립성에 관한 그들의 감정을 논의할 수 있다. 그들은 의견차를 수용하면서 줄곧 그 문제를 다룬다. 종결 단계인 단계 4는 부부가 재평가하고 그들 결혼생활의 강점과 약점을 재진술하도록 돕는 데 초점을 둔다.

사례

피터스 씨(Mr. Peters)는 3명의 아이들을 가진 67세의 남성이다. 그는 상담을 시작하기 몇 개월 전에 회계사로서 은퇴했다. 그의 부인은 일한 적이 없었다. 몇 년 동안 피터스 씨는 부인과 아침 식사를 했고, 신문을 읽고, 일하러 갔다. 그는 저녁 식사 시간이 되어서야 집에 왔고, 가끔 늦게까지 일했다. 피터스 부인은 남편의 일 스케줄 요구에 익숙해졌고, 혼자 시간을 보내야 했다. 피터스 씨가 은퇴했을 때, 부부는 문제를 가지기 시작했다. 피터스 부인은 남편이 부엌에 있는 그녀의 영역을 침범한다고 느꼈고, 요리에 관한 그의 제안에 분개했다(resent). 다른 한편, 그는 그녀가 낮 동안 보고 있는 TV 프로그램을 질색했다. 그들은 그들의 논쟁이 점차 격해진 후에 부부상담을 찾았다. 상담자는 처음 회기 동안 피터스 부부의 부부 재검토를 수행했고, 그들의 현재 결혼생활 문제가 피터스 씨가 은퇴한 후에 시작되었고 결혼생활에서 이전에 있었던 만족스러운 균형감을 뒤집었다고 결론지었다. 상담자는 은퇴를 함으로써 함께 시간을 보내는 것에 대해 전에 가지고 있던 규준이 어떻게 깨졌는지를 이해하도록 도움을 주었다. 두 배우자가 그들이 서로 더 많이 함께 있기를 고대했다는 것을 지적했을지라도, 그들은 그들이 각자 하기를 선호하는 많은 활동들이 있다는 것을 인식하지 못했다. 그들은 결국 그들이 이 시간에 원하는 것을 서로 털어놓았다. 그들은 함께 그리고 각각 있기 위한 다른 방식들을 가지고 과제 진행 단계에서 실험했다. 시간이 지남에 따라, 그들은 좀 더 만족스럽게 서로의 요구를 충족시키는 계획을 세웠다.

직업상담

일, 생산성, 성취는 은퇴 적응 상담에서 발생하는 일반적인 쟁점이다. 몇몇 은퇴자들은 일에 복귀할 것을 결정하고, 다른 직업을 찾고, 혹은 새로운 일을 시작한다. Richardson과 Kilty(1991)는 그들 표본의 약 50%가 은퇴한 후에 최소한 파트타임이라도 직업에 복귀했다는 것을 발견했다. 몇몇 은퇴자들은 은퇴 전 단계에서 이러한 쟁점을 해결하지만, 대부분은 그들이 은퇴한 후까지 이러한 쟁점을 고려도 하지 않는다. 상담자들은 많은 은퇴자들이 일과 성취 쟁점을 토의할 필요가 있고 고용에 관한 의사 결정을 해야 할 필요가 있다는 것을 이해해야만 한다. 일 관련 쟁점에 대해 도움을 구하는 은퇴자들은 전형적으로 선행해야 할 일(일을 어떻게 좋아했는지, 그것이 무엇을 의미하는지, 또 무엇을 놓쳤는지)에 관해 이야기함으로써 상담을 시작한다. 이는 보통 다시 일을 해야 하는지 그리고 어떤 직업을 가져야 하는지에 관한 좀 더 심층적인 논의로 이끈다. 일하지 않고자 결정한 은퇴자들은 여전히 생산적임을 느끼는 대안적인 방식을 찾는 데서 도움을 필요로 할 수 있다. 심지어 이것이 나무 프로젝트, 미술 작업, 글쓰기, 가사 유지 같은 급여 없이 일하는 것을 포함할 때도 그러하다. 급여를 받으며 일하는 것을 좋아하는 은퇴자들은 전형적으로 심화된 직업 상담을 요구한다.

사례

앤더슨 씨(Mr. Anderson)는 57세의 남성으로 은퇴한 지 6개월 된 전직 고등학교 교장이다. 그는 학교에서 제공된 초기-은퇴 프로그램을 이용했다. 그는 항상 일이 주는 보상을 찾았고 건강이 좋아서 몇 년 더 일할 수 있었지만, 너무 유리한 조건이라 무시할 수 없는 초기 은퇴의 재정적인 이점을 발견했다. 그는 은퇴 후에 새로운 직업을 시작하는 것에 대해 항상 진지하게 생각했지만, 우선은 은퇴상담자와 대화하기를 원했다.

상담자는 앤더슨 씨가 상담의 첫 단계에서 다시 일하기를 원하는 것에 대한 그의 이유를 논의할 때 주의 깊게 경청했다. 내담자는 그가 일하는 것을 좋아했고 생산적인 것, 일을 잘하는 것, 교직에 종사한 것에 많은 만족감을 성취했다고 나타냈다. 그는 자기가 일하기를 원한다고 확신했지만, 어떤 직업에서 얼마나 많은 시간 동안 일할 것인지를 확신하지 못했다. 앤더슨 씨와 은퇴상담자는 평가 단계에서 그의 흥미와 기술을 재평가했다. 상담자는 효과적인 직업 상담이 포괄적인 평가에 달려 있기 때문에 검사 배터리를 그에게 주었다. 앤더슨 씨는 파트타임 중등 교사직을 찾기로 결정했다. 앤더슨 씨는 후에 지역 대학에서 파트타임 교육을 찾았다.

은퇴 적응 상담에서 다른 쟁점

건강에 대한 관심은 일반적으로 은퇴 적응 상담에서 발생한다. 많은 은퇴 노인들은 질병에 대처할 때 도움을 원한다. 특히 그들이 가족과 친구들과 이러한 쟁점을 논의하는 데 어려움을 가질 때 그러하다. Blazer(1990)는 최소한 45~64세에 속하는 이들의 72%가 만성적인 신체 질병으로 고통을 받고, 65세 이상의 80%가 건강 손상으로 고통을 받는다고 주장했다.

Blazer는 가끔 신체적 질병을 수반하는 3가지 유형의 정서적인 문제를 확인했다. 예를 들어, 불안과 과잉행동은 가끔 갑상선 기능 항진증으로부터 나타나고, 뇌졸중은 그 사람이 행동하는 것이 다르다고 느끼게끔 한다. 두 번째 유형은 본래의 신체적 문제를 악화시키는 정서 반응으로 이끄는 질병을 포함한다. 마지막으로, 몇몇은 질병의 진단에 대해 심각한 우울증이나 강력한 불안과 같은 건강하지 못한 반응을 일으키고, 발생하는 합병증에 잘 적응하지 못한다. Blazer에 따르면, 의존적이고 과도하게 요구하는 경향이 있는 사람들은 만일 그들이 의료적 조력자들로부터 좋은 돌봄을 받지 못하는 데 실망한다면 문제를 일으키게 된다. 이러한 개인들은 과도하게 불안하게 되고, 버림받은 것에 두려워하고, 자주 항불안 약물을 남용한다. 더구나 명령적이고 통제적인 사람들은 그들의 조건에 관해 가능한 한 많이 학습함으로써 대처한다. 그들은 만일 자신들의 질병에 관한 모든 것을 알고 있다면 궁극적으로 그들의 질병을 지배할 수 있을 것이라고 가정한다. 부적응적(maladaptive) 반응의 세 번째 유형은 변화가 신체적 외모에서 발생할 때 분노하는 사람들에게서 나타난다. 네 번째는, 오랫동안 고통받고 자기희생적인 사람들은 그들의 고통에 머무르고, 이것을 처벌로 지각한다. 이러한 개인들은 그들이 불행하고 고통을 받고 있을 때에만 안정감을 느낀다. 그들은 자신들의 질병을 이용하고, 혼자서 유감스러워하고, 다른 사람이 그들에게 미안함을 느낄 것을 기대한다. 부적응적(maladaptive) 반응의 다섯 번째 유형인, 방어적이고 불평이 많은 사람들은 건강 전문가를 계속해서 의심하고, 일하는 사람들이 그들 자신의 개인 이득을 얻으려고 한다고 가정한다. 여섯 번째 유형인 우월 태도와 특권 배경을 가진 사람들은 특별한 치료를 기대하고 만일 그들이 그것을 얻지 못한다면 분개한다. 그들은 최고의 의사, 가장 세심한 치료, 최고의 병원을 기대한다. 마지막 유형은 무관심(aloof)하고 다른 사람과 관계를 맺지 않는 사람들을 말한다. 이러한 개인들은 그들의 질병을 부인하고 스스로 조력자들로부터 멀어진다. 그들은 전형적으로 사회적 관계를 만드는 데 성공적이지 못한 사람들이다.

은퇴상담자는 처음에 병이 있는 은퇴자들에게 그들의 감정, 특히 건강에 관해 논의하고 공유할 만한 안전한 장소를 제공해야만 한다. 더구나 그들은 의사로부터 완전한 보고서를 얻기 위해 내담자의 허가를 구해야만 한다. 내담자의 질병, 예후, 가능한 합병증에 대한 철저한 이해가 필수적이다. 상담자들은 병이 있는 내담자가 독립성을 유지하고 은퇴에 대한 목표를 성취하도록 도움을 주어야만 한다.

많은 은퇴자들은 재정적인 문제에 대해 은퇴상담을 구하고, 그들이 은퇴 후에 경험하는 수입의 감소에 대해 잘 준비하지 못한다. Richardson과 Kilty의 연구(1991)에서, 많은 참가자들은 그들이 은퇴 후에 잃을 수입의 양에 놀라움을 표현했다. 이러한 예상치 못한 수입에서 보충하는 대안적인 경제적 자원이 부족한 사람들에게 특히 문제가 있다.

은퇴 후에 갑작스럽게 일상이 짜임새 있게 구성되지 못하는 것 또한 몇몇 은퇴자들에게 불편함을 일으킬 수 있다. 특히 순서와 구조를 선호하는 사람들에게서 그러하다. 대부분의 은퇴자들이 은퇴가 제공하는 삶의 융통성을 좋아할지라도, 어떤 사람들은 이것에 의해 압도되고 일상생활을 하는 데 도움을 필요로 한다. 예를 들어, 주별 스케줄이 작성될 수 있다. 월요일에 그들은 수영을 할 수 있고, 화요일에는 식료품을 사러 가게에 갈 수 있다.

몇몇 은퇴자들은 은퇴 후에 친구를 사귀는 데 어려움을 가진다. 우정과 사회성을 직장 동료에게서 의존해 온 사람들은 자주 일과 상관없이 우정을 유지하는 사람들보다 더 많은 은퇴 적응 문제를 가진다. 은퇴상담자들은 우정의 문제가 오랫동안 지속되었는지 혹은 최근에 시작되었는지를 결정해야만 한다. 애도 상담, 자존감 확립, 사회적 기술 훈련은 이러한 은퇴자들을 도울 수 있다.

마지막으로, 직업역할을 과잉 강조하는 몇몇 은퇴자들은 은퇴 후에 정체성 갈등으로 고통을 받을 수 있다. 일하는 것을 좋아하지 않지만 고용에서 얻은 지위에 가치를 두는 사람들이 가장 취약하다. 은퇴는 스스로를 정의하는 데 외적 준거에 의존하는 사람들에게 어려움을 준다. 심층적인 상담은 좀 더 견고하고 좀 더 내적인 기준에 근거한 정체성을 이러한 내담자들이 발달시키도록 도울 수 있다.

은퇴 적응 상담은 경청 단계, 평가 단계, 개입 단계로 구체화되지만, 단계들이 내담자에게 어떻게 적용되는지에 있어서는 은퇴 전과 은퇴 결정 상담에서 다르다. 내담자의 정서 상태(특히, 두드러진 감정이 불안인지 아니면 우울증인지)와 은퇴 적응 문제에 기여하는 근원(수입, 사회적 지원, 결혼 상태, 건강, 혹은 정체성)에 대한 주의 깊은 평가는 은퇴 적응 상담에 중요하다. 이러한 평가는 상담자들이 그들이 내담자들에게 사용할 치료 전략과 특정 개입을 결정하도록 돕는다.

요약

은퇴상담은 전통적으로 은퇴 적응 상담보다는 은퇴 전 상담과 관련되어 왔다. 어떤 사람들은 은퇴에 왜 잘 적응하지 못하는지, 이러한 사람들은 누구인지, 그들은 어떻게 도움을 받을 수 있는지에 관해 알려진 것은 거의 없다. 은퇴 적응 문제는 보통 은퇴 후 첫해에 나타난다. 그 시기는 자원, 생활양식, 지원 체계의 변화가 발생할 때다. 이런 변화들이 은퇴 후 어떤 시기에 나타나더라도 은퇴 적응 문제가 생기게 된다. 적응 여부는 사람들이 은퇴 후에 선행 자원, 특히 재정, 건강, 사회적 자원을 얼마나 잘 유지하는지에 달려 있다. 가치 있는 자원이 없어질 때, 사람들은 은퇴 위기를 경험할 수 있는데, 이는 전형적으로 불안이나 우울증을 수반한다. 이러한 반응들은 보통 은퇴 적응 상담의 경청 단계 동안 나타난다. 은퇴자들에게 영향을 미치는 가장 일반적인 불안장애는 공포장애, 특히 광장공포증과 범

불안장애다.

상담자들은 노인의 우울증을 정확하게 평가하는 방법을 알아야만 하는데, 이는 흔히 젊은 사람들에게 나타나는 우울증과 다르게 나타나기 때문이다. 또한 수입, 직업 지위, 건강, 결혼 상태, 사회적 지원과 같은 중요한 요인들이 은퇴 적응에 어떻게 영향을 미치는지를 이해해야만 하고, 이러한 자원이 언제 위협적이 되는지 혹은 붕괴되는지를 평가해야만 한다.

비지시적인 개입, 협력적인 개입, 지시적인 개입을 사용해야 하는지를 결정하는 것과 더불어, 상담자들은 어떤 개입이 어떤 유형의 적응 문제에 사용되어야 하는지를 알아야만 한다. 예를 들어, 특정 기법들이 불안을 치료하는 데 개발되어 왔다. 가장 효과적인 기법은 인식 전환 혹은 노출기법, 인지적 변화, 인지적 재구조화, 약물치료, 심리치료다. 우울증에 대한 개입은 항우울제 치료부터 인지적 치료와 전기충격 치료까지 다양했다. 생활 재검토와 애도 상담이나 애도 치료는 몇몇 우울한 은퇴자들에게 적합하다. 결혼생활 재검토는 은퇴자들이 부부 문제를 나타낼 때 유용하고, 직업 상담은 은퇴자들이 일로 복귀를 결정하고 다른 직업을 찾고, 혹은 새로운 직업을 시작할 때 유용하다.

참고문헌

American Psychiatric Association. (1987). *Diagnostic and statistical manual of mental disorders* (3rd ed., rev.). Washington, DC: Author.

Atchley, R. (1982). The process of retirement: Comparing women and men. In M. Szinovacz (Ed.), *Women's retirement* (pp. 153–168). Beverly Hills, CA: Sage.

Atchley, R. (1989). A continuity theory of aging. *Gerontologist, 29,* 183–190.

Barlow, D. (1988). *Anxiety and its disorders.* New York: Guilford Press.

Beck, A., Rush, J., Shaw, B., & Emery, G. (1979). *Cognitive therapy of depression.* New York: Guilford Press.

Blazer, D. (1990). *Emotional problems in later life.* New York: Springer Publishing Co.

Butler, R. (1963). The life review. *Psychiatry, 26,* 65–76.

Erikson, E. (1963). *Childhood and society* (2nd ed., rev.). New York: W. W. Norton.

Francis, D. (1988). Images from the occupational years: The reminiscences of retirees and their implications for social work practice. *Journal of Gerontological Social Work, 12,* 111–124.

Gallagher, D., & Thompson, L. (1983). Cognitive therapy for depression in the elderly: A promising model for treatment and research. In L. Breslau & M. Haug (Eds.), *Depression and aging: Causes, care, and consequences* (pp. 168–192). New York: Springer Publishing Co.

George, L., & Maddox, G. (1977). Subjective adaptation to loss of the work role: A longitudinal study. *Journal of Gerontology, 39,* 456–462.

Gratton, B., & Haug, M. (1983). Decision and adaptation: Research on female retirement. *Research on Aging, 5,* 59–76.

Jaslow, P. (1976). Employment, retirement, and morale among older women. *Journal of Gerontology, 31,* 212–218.

Jung, C. (1969). *Collected works* (Vol. 9). Princeton, NJ: Princeton University Press.

Lichtig, A. (1982). Older unemployed suffer most. *Perspective on Aging, 11,* 11–18.

Palmore, E., Burchett, B., Fillenbaum, G., George, L., & Wallman, L. (1985). *Retirement: Causes and consequences.* New York: Springer Publishing Co.

Pincus, A. (1970). Reminiscence in aging and its implications for social work practice. *Social Work, 15,* 47–53.

Richardson, V., & Kilty, K. (1989). *The effects of gender and time on mental health before and after retirement.* Paper presented at the annual meeting of the Gerontological Society, Minneapolis, November.

Richardson, V., & Kilty, K. (1991). Adjustment to retirement: Continuity vs. discontinuity. *International Journal of Aging and Human Development, 33,* 151–169.

Richardson, V., & Sands, R. (1986–87). Death attitudes among mid-life women. *Omega, 17,* 327–341.

Rones, P. (1983). The labor market problems of older workers. *Monthly Labor Review, 106,* 3–12.

Seccombe, K., & Lee, G. (1986). Gender differences in retirement satisfaction and its antecedents. *Research on Aging, 8,* 426–440.

Standing, G. (1986). Labour flexibility and older worker marginalisation: The need for a new strategy. *International Labour Review, 125,* 326–348.

Szinovacz, M. (1982). *Women's retirement.* Beverly Hills, CA: Sage

Publications.

Vinick, B., Stanley, E., & Ekerdt, D. (1989). *Retirement expectation vs. experience among married couples.* Paper presented at the annual meeting of the Gerontological Society of America, Minneapolis.

Wolinsky, M. (1990). *A heart of wisdom: Marital counseling with older and elderly couples.* New York: Brunner/Mazel.

Worden, W. (1991). *Grief counseling and grief therapy: A handbook for the mental health practitioner* (2nd ed.). New York: Springer Publishing Co.

제 3 부

은퇴 여성, 그리고 은퇴상담의 미래

8

여성과 은퇴

여성 은퇴자의 특징

1900년과 1932년 사이에 태어나서 오랫동안 충분히 일하고 은퇴연금을 받고 있는 약 1,000만 명의 여성 은퇴자들이 있다. 주당 10시간 이하로 일하는 여성과 집에서 아이들을 키우는 여성을 포함한다면 이 숫자는 더 커질 것이다. 은퇴연금을 받을 자격이 있는 여성들은 대부분 미혼이었고, 주로 경제적인 이유로 일을 해 왔다. 기혼 여성은 거의 일하고 있지 않았다(Davidson, 1983). 미혼 여성들은 장기간에 걸친 직업 경력을 갖고 있으나 여전히 성차별, 낮은 임금, 연금액이 적은 직업에 종사하고 있다. 이 여성들 중에 전문직에 종사하는 사람은 거의 없다.

지금은 전보다 더 많은 여성들이 일하고 있기 때문에, 미래의 여성 은퇴자들은 지금까지의 통계집단과는 다를 것이다. 예를 들면, 미국에서 여성노동력의 참여비율은 1950년의 34%에서 1988년에는 57% 이상으로 높아졌다(Older Women' s League, 1990). 1940년에는, 45~54세 여성의 54.6%와 54~64세 여성의 40.7%가 노동시장에서 취업한 것에 비해, 남성은 각각 90.6%, 74%가 취업하였다(Szinovacz, 1982). 2000년쯤에는 여성의 63%가 취업하게 될 것이고 이 여성들의 대부분은 결혼하게 될 것이다. 취업비율에 있어서 가장 빠른 변화를 보이는 계층은 특히 어린 아기가 있는 어머니들이며(Ozawa, 1999), 많은 미혼 여성들도 일하게 될 것이다. Keith(1985)는 더 젊은 통계집단이 삶의 후반에 도달할 즈음에는 여성의 반이나 되는 많은 숫자가 이혼하게 될 것이며, 65세 이상의 기혼자가 40%인 오늘날에 비해 2040년대에는 7명의 여성 중 단 한 명만이 기혼자일 것이라고 예측했다(Older Women' s League, 1990).

이 장에서는 여성 은퇴자들의 삶의 후반기에 재정, 건강, 양육, 역할에 따르는 압박감과 더불어, '자율성' '현명함' '탁월함' 을 성취하는 것을 가로막는 장애물들에 대해 논의한다.

여성 은퇴자들의 경제적인 압박감

여성 은퇴자들은 심각하게 어려운 경제적 문제에 직면하고 있다. 75%가 빈곤층 이하에서 생활하고 있다. 모든 노인 여성의 2/5 이상이 빈곤하거나 빈곤에 가깝고, 이중 절반이 연간 5,000달러 이하의 소득자다(Minkler & Stone, 1985; Older Women' s League, 1990). 연금을 받는 노인 여성들이라고 해서 더 나은 대우를 받는 것도 아니다. 그들은 남성의 평균연금의 반도 안 되는 금액으로 월 평균 약 233달러를 받는다(Grambs, 1989). 늙고 가난한 여성의 거의 90%가 미혼, 사별, 별거 또는 이혼으로 인해 홀로 된 여성들이다. 특히 흑인 노인 여성들은 보호받지 못하여 82%가 빈곤하거나 빈곤층에 가깝다(Minkler & Stone, 1985). Wilson-Ford(1991)의 연구에 의하면, 흑인 노인 여성들은 백인 노인 여성들의 세 배에 달하는 빈곤을 경험하고 있으며, 그 수도 백인 노인 여성 수보다 꾸준히 빠른 비율로 늘어나고 있다.

노인여성들의 빈곤은 여러 가지 원인이 있지만, 아이들을 키우기 위해 돈을 써 버리고, 높은 보수와 적절한 연금, 준비금을 마련할 수 있는 직업에서 일할 기회를 놓치고, 여성들을 차별대우하는 은퇴정책의 불공평성 등이 가장 두드러진 요인이 된다. 여기서는 이러한 요인들을 논의한다.

여성은 전통적으로 가정을 지켜온 사람이다. 여성들은 어린아이들을 키우고, 남편을 내조하고, 병이 난 가족들을 돌보지만 이러한 노동에 대한 보상이 없다. 이런 것들이 여성에게는 엄청난 희생이다. 실제로, Ozawa(1989)는 자녀를 갖는 일이 여성에게 엄청난 경제적인 부담이라는 것과 돈을 버는 활동에 있어서 여성이 아이를 갖는 것의 부정적인 효과는 절대적이라는 점을 논의했다. 여성 사회보장연금 수령대상자의 38%만이 연금을 받는다. 이것은 금방 변화할 것 같지 않다. 왜냐하면 여성들은 아직까지 남성들보다 간헐적인 일에 더 많이 종사하기 때문이다(Older Women' s League, 1990; Ozawa, 1989). 여성들의 실직 상태가 평균 11.5년인 반면 남성은 평균 1.3년에 불과하다. 더욱이, 1929년부터 35년 이상 일한 대부분의 사람들은 평균 소득에 근거하여 계산된 사회보장연금을 받게 될 것이다. 남성은 전형적으로 35년 이상 일하는 반면, 대부분의 여성들은 그렇지 않아서 2030년 즈음에야 62~69세 여성 10명 중 4명꼴로 35년 이상을 일하게 된다. 나머지 60%는 그들의 노동보고서에 '0'으로 계산될 것이다.

여성들은 남성들보다 적은 보수의 직업에 종사한다. 직업에 종사하는 햇수가 많을수록 일반적으로 기술이 증가한다. 하지만 많은 여성들은 집에서 아이들을 키우느라 자신의 경력개발을 희생한다. 여성들의 낮은 소득은 노인이 되었을 때 더 낮은 은퇴연금의 지급을 의미한다. 자신이 한 일에 근거하여 사회보장연금을 받는 여성들은 남성들이 받는 것보다 평균 월 151달러를 덜 받는다(488달러 대 639달러)(Older Women's League, 1990; Ozawa, 1989). 많은 여성 은퇴자들은 배우자나 미망인 입장에서 더 높은 액수의 사회보장 혜택을 받는다. 이러한 성적 불평등은 줄어드는 것 같지 않다. 왜냐하면 아직까지는 일하는 여성들이 남성들보다 적게 벌고 있기 때문이다. 1988년에, 전일제나 연중으로 일하는 여성들이 남성들이 1달러를 벌 때 평균 66센트를 벌었다. 이러한 임금 격차는 1939년 이래로 거의 변화되지 않았다. 인구조사 당국에 의하면, 남성과 여성의 교육 수준이 일정하게 유지되었을 때조차도 여성들이 남성들보다 덜 벌었고, 이러한 불균형은 나이와 함께 증가한다. 18~24세의 대학 교육을 받은 여성들은, 같은 연령의 교육받은 남성들이 1달러를 받을 때 평균 92센트를 받는다. 하지만 55~64세 여성들은 남성이 1달러를 벌 때 54센트밖에 벌지 못한다('Women's pay', 1991). 여성들의 평균 소득은 아이가 태어나는 해에 3,000달러 그리고 다음 2년간은 매년 5,000~6,000달러가 떨어진다. 전문직 여성들도 더 나은 소득을 올리지 못한다. Behling, Kilty, Foster(1983)와 Kilty, Richardson, Rife(1987)은 전문직종에 종사하는 여성들의(미혼이면서 지속적으로 일할 여성을 포함하여) 수입이 남성 근로자 수입의 73%로 상대적으로 적다는 것을 발견했다.

여성은 연금이 없는 직업에 종사하는 경향이 있다. 오늘날 65세 이상의 남성들은 여성에 비해 2배나 많은 수가 연금을 받는다(46% 대 23.5%). 그리고 사적인 연금을 받는 비율은 상황이 더 나빠서 남자의 32%가 연금을 받는 데 비해 여성의 13.6%만이 연금을 받는다(Older Women' League, 1990). 1987년에, 65세 이상의 남성들의 평균 연금수입은 월 659달러인 반면 여성의 수입은 월 394달러였다. 연금 프로그램에 참여하는 여성들의 수가 앞으로는 증가하겠지만, 남성과 여성의 연금 소득의 금액 차이는 줄어들지 않은 것이며(Older Women' League, 1990), 더욱이 더 많은 여성들이 연금에 의해 보호받지 못하는 보조역할이나 시간제 일에 종사하고 있다. 연방법은 고용자들이 주당 20시간 미만 또는 연간 1,000시간 미만 일한 피고용자들을 연금보상 범위에서 제외시키도록 했다.

은퇴정책에서의 구조적인 편견들이 이러한 성적 불평등을 악화시킨다. 예를 들면, 사회보장제도하에서 이중적으로 자격을 부여하는 정책은, 여성이 노동에 의해서 소득은 얻고 있지만 배우자의 소득이 자신의 수입보다 더 크다면 이중 자격을 적용하지 않을 것이라고 가정한다(Older Women' s League, 1990). 그렇지만 여성들은 돌려받는 것보다 더 많은 것을 사회보장기금으로 지불한다. 1990년에, 근로

소득세는 51300달러 수입에 대하여 7.15%에서 7.65%로, 연 최대 3,924달러로 증가했다. 1970년 세금 비율은 7,800달러의 임금기준에 대해 4.8%, 연 최대 374달러였다. 이처럼 증가한 세금은 여성에게 증가에 비례하여 이익이 돌아가지는 않았을 것이다.

이러한 경제적인 문제들은 여성 은퇴에 불길한 결과를 초래한다. 여성은 은퇴를 준비하는 데에 충분한 자원을 가지고 있지 않다는 것이다. 몇몇 연구들은 여성이 남성들 보다 은퇴에 대해 훨씬 덜 준비되었다고 보고한다(Kilty et al., 1987; Richardson, 1990). Richardson(1990)은 남성들에 비해, 더 많은 여성들이 은퇴를 위해 어떠한 재정적인 계획도 세우지 못하고, 일반적으로 최소한의 은퇴 계획을 수립했으며, 은퇴 준비가 너무 형편없다고 느꼈으며, 은퇴 계획을 위한 모임에 참석한 사람이 거의 없다고 응답했음을 발견했다. Kilty, Richardson과 Rife(1987)은 총체적인 은퇴 계획에 있어서 남녀 간 모든 면에 걸쳐 중대한 차이점을 발견했다. 덧붙여, 그들은 남성과 여성 사이의 연금재원뿐만 아니라 총괄적인 재정적인 재원에 있어서 통계적인 중대한 차이점을 관찰했다. 여성은 남성들보다 은퇴 후 수입이 더 크게 떨어질 것이라고 예상했다. 전문직 여성들도 전문직 남성들보다 더 낮은 연금 형태의 준비금을 가졌으며, 그들은 수익이 높은 재정적인 투자에 덜 참여하는 것 같았다. 전반적으로 여성들은 비슷한 전문직 남성들에 비해 예비은퇴 계획에 참여하는 정도가 낮다(Behling et al., 1983). Richardson(1990)에 의하면, 소득원의 형태는 은퇴 계획을 가지고 있는 사람과 계획이 없는 사람을 구별한다. 선택적인 수입원으로부터의 소득—특히, 개인 저축과 세금이 연계된 배당금—과 기초연금에 의존하는 최소한의 은퇴 계획의 형태가 증가되고 있다. 이러한 별도의 수입원을 거의 가지고 있지 않은 여성은 대부분 은퇴 계획을 세우지 않는다. 불행하게도, 사회보장제도와 다른 전통적인 수입원에만 지나치게 의존하고 비전통적으로 돈이 되는 투자에 거의 투자하지 않는다.

은퇴를 위한 설계에서 여성들의 실패는 은퇴에 때늦은 적응이라는 심각한 결과를 초래한다. Monk(1985)와 Sheldon 등(1975)에 의하면, 은퇴에 대한 준비 부재는 성공적인 은퇴 적응에 주된 방해물이다. 이 연구 결과는 은퇴를 준비한 사람들이 은퇴에 더 잘 적응한다는 것을 보여 주고 있다. 노령화에 대한 국가평의회(1973)는 은퇴 준비 프로그램에 참여 전과 참여 후에 참가자들을 조사했을 때, 그들은 직업인들이(worker) 은퇴에 대하여 더욱 긍정적인 태도를 발전시켰고, 은퇴에 대하여 더 많이 이해하게 되었음을 발견하였다. Greene, Pyron, Mamion과 Winkleross(1969)와 Ash(1966) 같이 오랜 시간에 걸친 종단 연구를 실시한 연구자들도 역시 예비 은퇴프로그램에 참여하는 것이 은퇴로의 전환을 용이하게 한 것을 발견했다. 유사하게, Richardson(1990)도 은퇴에 있어서 재정적인 계획 세우기와 만족감 사이의 유의미한 상관관계를 발견하였다. 즉, 재정의 결핍과 빈약한 계획 세우기에 함축된 예측은 남성들보다 여성들에게 있어서 더 많은 은퇴 적응문제, 특히 경제적인 문제를 가지고 있다는 것이다.

은퇴 중 낮은 소득은 분명히 은퇴 활동을 위축시킨다. 손님 접대는 많은 비용이 든다. 빈곤한 은퇴자들은 유복한 은퇴자들이 하는 것과 같은 편안한 여행을 할 수 없으며, 비싼 음식점에서 식사를 할 수도 없고, 가지고 싶은 것을 마음껏 살 수도 없으며, 골프나 보트

타기같이 돈이 많이 드는 여가를 즐길 수도 없다. Kilty, Richardson과 Rife(1987)는 많은 은퇴자들이 비용이 적게 드는 문화 활동(콘서트, 박물관, 강연, 연극 등)을 즐기고 있음을 관찰했다.

많은 노인 여성은 은퇴할 형편이 되지 않아서 적당한 시기를 지나 더 늦게 은퇴를 한다. 실질적으로 많은 수의 여성 은퇴자들은 불충분한 은퇴소득을 채우기 위하여 시간제로 일을 한다. Iams(1986)는 다른 연금 수입을 갖고 있지 않은 사회보장을 받는 여성들이 연금을 받는 여성들 보다 세 배나 많이 일하는 것 같다고 보고했다. 이 차이는 특히 미혼여성 사이에서 더 컸다. 미혼여성의 소득은 평균 매월 500달러 이하로, 일하는 여성의 46%다. 매월 1,000달러 이상의 평균소득자는 단지 15%에 지나지 않는다. 노인 여성은 삶의 후반에도 스스로를 돌보아야만 하고, 상당수는 건강문제로 고생하면서도 은퇴자금을 보충해야만 한다는 것을 발견한다. 55~64세까지의 여성들의 노동참여 비율은 1947년 24.3%에서 1978년 41.4%로 증가했다(Gibeau, 1988; Kingson, 1982). 이 연령대에서 남성의 비율은 16%로 떨어졌다.

곤궁하게 된 많은 수의 여성 은퇴자들은 건강상태가 좋지도 않고, 24시간 간호에 대해 비용을 지불할 수도 없다. 그들은 집안의 잡다한 일과 집안의 유지, 법률적인 도움 혹은 재정적인 상담 등의 도움이 필요할 때도 비용을 지불할 수 없어서 도움을 받지 못한다. 노인들을 위한 서비스는 삭감되었으며, 현재는 극히 적은 수의 노인들만이 그들이 필요로 하는 도움을 받고 있다. 더욱이, 불충분한 구제활동과 홍보는 많은 노인들에게 그러한 서비스가 존재한다는 것조차 알지 못하게 하는 결과를 가져왔다.

차가 고장 난다거나, 작동이 멈춘 난방기구 또는 예기치 않은 의료비용과 같은 재정적인 긴급 상황 등은 가난으로 받는 스트레스로 수많은 여성 노인들을 힘들게 한다. 이러한 지속적인 재정적 스트레스는 엄청난 심리적인 부담을 갖게 하고 심각한 감정적인 고통 속으로 몰고 가는 결과를 가져올 수 있다. 많은 노인 여성들이 낮은 자부심과 심한 걱정거리로 고통받고 있는 것은 놀랄 일이 아니다(Atchly, 1976; Richardson & Kilty, 1989a). 힘이 없고 낮은 사회적 지위에 있다는 느낌은 은퇴한 여성들 사이에 특히 높다(Richardson, 1985). Richardson과 Kilty(1991) 그리고 Seccombe와 Lee(1986)의 연구에서 공통으로 관찰된 것은 은퇴로 인한 불만이 이전에 낮은 사회적 지위의 직업에 종사한 여인들 사이에 더욱 자주 일어나고 있다는 사실이다. 낮은 소득의 여성 은퇴자의 힘겨운 노력과 취약함을 이해하기 위해서 더 많은 연구가 필요하다.

은퇴정책에 있어서의 체계적인 변화가 이루어져야만 한다. 가장 중요한 것으로, 아이를 키우고 노인을 돌보는 여성들의 공헌이 인정되어야만 한다. 여성에게 유리한, 전문 분야에서 일하는 여성들에게도 비슷한 정도의 직업에 종사하는 남자들과 똑같은 보수를 받을 수 있도록 해야 한다. 적어도, 전문직 여성과 전문직 남성은 동등하게 대우받아야 한다. 무엇보다도, 여성들이 더 오래 산다는 이유로 여성들에게 연금조직에 더 많이 돈을 내도록 요구하거나 매달 더 낮은 연금을 여성들에게 지급하는 은퇴정책은 불공정하다. 사회보장 규칙들은 기혼의 직업여성에게 그들 남편의 소득이 더 높았을 때도 불리하게 적용해서는 안 된다. 다행히, 입법부 의원들이 지금 은퇴정책에 변화가 필요하다는 것을 인식하고 있다. 1984년에 제정된 은퇴평등법은 연금계획 적용연령을 낮춤으로써, 종업원들이 5년간 일을 하지 않아도 연금공제를 누락시키지 않도록 허용했으며, 유가족을 위한 연금이 자동적으로 조성되도록 하는 등의 도움을 주고 있다.

이러한 정책적인 변화에 덧붙여, 은퇴프로그램 참여자들은 은퇴를 계획하고 여성들이 가능한 한 사회보장제도, 연금 그리고 은퇴투자 등에 관하여 학습하도록 장려하여야 한다. 이야기되고 있는 주제가 자신들과 관련된 것이라면 여성들은 좀 더 적극적으로 은퇴 계획을 세우기 위한 워크숍에 참석해야 한다. Hayes와 Deren(1990)은 여성을 위한 예비 은퇴 계획이 포함된 몇 개의 프로그램 영역을 검토했다. 가장 중요한 것은 재정적인 계획에 관한 측면들을 재검토하는 것이다. Hayes와 Deren은 은퇴 소득을 계산하는 데 대체비율을 적용하도록 권했다. 대체비율의 측정치는 은퇴 전 수입에 대한 은퇴 후 수입의 비율인데, 소득이 높은 부부 55%로부터 가장 낮은 소득계층의 부부 85%까지 다양하게 나타난다. 중산층 노동자(workers)들은 65~75% 정도의 대체비율을 보인다. 노동자들은 계획된 은퇴 수입이 적절하게 비용을 감당할 수 있는지 아닌지를 결정해야만 한다. 평균적으로 노동자들은 은퇴 전 수입의 약 42%를 받게 될 것이다. 노동자들은 모든 잠재적인 은퇴 수입의 공급원들을 사회보장제도가 감당하지 못하는 비용 등에 대하여 대처하기 위하여 고려해야만 한다.

두 번째로, 여성들은 사회보장을 받기 위한 자격요청을 이해해야 하고, 그들이 은퇴하는 나이가 나중에 받게 될 은퇴연금액에 영향을 미침을 인식해야만 한다. 예를 들면, 62~65세 사이에 은퇴한 노동자들은 65세까지 기다렸다가 은퇴한 사람에 비해 20%정도 적은 금액을 받는다. 1984년에 가족문제로 6개월 동안 일을 멈춘 비율이 30~44세 사이에서는 거의 절반 정도(46%)인 것에 비해 45~64세 사이에서는 여성 노동자의 2/3에 가까운 수였다(Hayes & Deren, 1990). 이 연령대의 남성들 중 1%만이 가족을 책임지기 위해서 은퇴한다고 보고했다. 대부분의 은퇴 여성들의 연금은 남성들의 연금보다 낮을 것이고 아마도 기대했던 금액보다도 더 낮게 될 것이다. 1988년에 시간제로 일하는 여성의 주별 평균 소득이 같은 정도의 남성소득의 70% 정도에 그쳤기 때문이다(임금 비율은 45~54세의 노동자에게는 단지 62%였다).

여성들도 고용주가 책임지는 연금을 제공하는 직업에 종사하도록 권장하고, 가능한 한 그들에게 귀속된 권리와 궁극적으로 연금이 어떻게 결정되는지를, 은퇴 전에 얼마나 많은 햇수를 일해야 하는지를, 적절한 은퇴연령이 언제인지 등을 확인하도록 권장해야 한다. 왜냐하면 여러 가지 요소는 피고용자가 은퇴연금을 어느 정도 받게 될지에 영향을 주기 때문에, 피고용자는 사전에 자격에 대한 조건을 알아야 한다.

마지막으로, 여성들은 은퇴 후 시간제로 일을 할 것인지 제2의 새로운 일을 시작할 것인지를 심각하게 고려해야 한다. 여성들이 그들이 기대한 은퇴소득이 희망하는 것보다 더 적거나, 은퇴생활 비용이 기대한 것보다 더 많이 든다는 것을 발견했을 때, 많은 여성들은 직업을 구하고, 새로운 일을 시작하곤 한다. 은퇴 후에 일하는 것에 대해 찬반양론은 검토해 보아야 한다.

여성 은퇴자들의 사회적, 정서적 문제들

은퇴 전 계획 프로그램에는 후반 삶에서 부부와 과부, 여가, 노화 그리고 육체적 건강 등을 통합해서 포함시켜야 한다. **남성과 여성이 늙어 가고 은퇴를 겪어 내는 방식에서의 차이점이 검토되어야만 한다.** 젊음에 대한 강조는 나이 많은 여성들을 고민하게 만든다. 나이 든 여성은 흰머리를 물들여라, 건강하게 보이도록 운동해라, 주름살 제거를 위해 성형수술을 받으라는 등의 암묵적인 분위기에 의해 내몰리는 느낌을 받는다. 이러한 음험한 메시지는 여성이 나이 드는 것에 대하여 어떻게 느끼는지 그리고 그들이 그것을 긍정적으로 혹은 부정적으로 체험할지 아닐지의 여부에 영향을 미친다. 노인 여성에게 이러한 쟁점에 대한 토론에 공개적으로 참여하게 함으로써, 은퇴 전 계획 프로그램은 나이가 더 들어 간다는 것에 대한 모욕감을 덜 느끼게 한다. 또한 노인 여성들의 외로움을 덜어 주고, 정서적, 사회적 지원을 제공하여 은퇴 후 삶에 쉽게 적응할 수 있도록 한다.

은퇴 전 계획 프로그램은 은퇴 중 건강관리를 위하여 얼마나 많은 비용을 지불해야 하는가를 주의 깊게 검토하도록 여성들을 격려해야 한다. 잠재적인 은퇴자들은 일하고 있는 동안 유지되는 건강상태가 은퇴 후에도 계속될 것이라고 너무 쉽게 가정하는데 그것은 환상에 불과하다. 그렇기 때문에 잠재적인 은퇴자들은 보험계약 중 어떤 사항이 있는지 알아야 한다. 항목별로 어떤 제한 사항이 들어 있는지, 자신이 보상대상인지 아닌지 그리고 추가적인 장기치료 보험을 필요로 하게 될지 등을 조사해야 한다. 가장 중요한 것은, 은퇴여성은 노인 여성의 전형적인 건강문제를 잘 다룰 수 있는 의사를 친숙하게 알고 있어야 한다.

프로그램은 후반 삶에서 정신건강과 정서적인 문제에 대한 여성들의 의식을 높여 주어야 한다. 은퇴 후 여성들의 정신건강에서 변화가 일어난다는 가정을 뒷받침하는 자료는 많지 않다. 우울증에 대한 연구는 노인 여성들이 젊은 여성들보다 덜 우울하고, 우울증에서의 성차별은 나이가 들어감에 따라 감소하고, 우울증의 정도에 있어서 노인 남성과 노인 여성 사이에 근본적인 차이는 없다고 보고했다. 더욱이, 노인 여성들 사이에서 우울증이 첫 발병하는 경우는 거의 없다(Formanek, 1987: Holzer, Leaf, & Weisman, 1985). 반면에 여성들은 후반 삶에서 남성들이 고통받는 것보다 더 많이 불안으로 고통받는다. 45~64세의 여성들이 겪는 가장 흔한 장애는 공포증과 만성 우울증이며 65세 이상의 여성들 사이에서는 공포증과 인식의 손상이 많다.

대부분의 은퇴 적응학습이 정신 건강 대신에 은퇴 후 안녕감(well-being)에 초점을 맞추고 있기 때문에, 정서적인 장애에 대한 은퇴 효과는 불분명하다. 은퇴 전후의 여성과 남성의 정신건강 증상을 비교하는 장기간에 걸친 종단연구에서, Richardson과 Kilty(1989a)는 여성들이 은퇴를 전후해서 6개월 그리고 1년 후 높은 비율의 심리적인 불안감을 보이고 있음을 발견했다. 이 연구는 불안에서의 성적 차이를 나타낸 초기 연구를 다시 생각하게 한다(Formanek, 1987). Richardson과 Kilty(1989a)도 은퇴 전후의 음주 문제는 여성들보다 남성들에게 더 많은 것으로 보고하고 있지만, 양성 모두에게 음주문제는 은퇴 후 악화했다. 은퇴는 더 많은 시간과 제한된 책임감을 느끼게 하고, 동료도, 자문해 주는 사람도 없는 환경이 노인들에게 음주를 더 많이 하게 한다. 알콜 남용과 은퇴 사이의 관계에 대한 정보는 노인들의 고통의 2~10%가 알코올중독에 기인한다는 사실에도 불구하고 너무나 적다(Mayer, 1979). 음주문제는 일반적으로 나이가 들어 감에 따라 줄어들지만, Mayer(1979)는 알코올중독이 65세 이후에 다시 늘어나고 있음이 발견된다고 보고했다. 음주문제에 대한 더 많은 연구가 필요하다.

다양한 전문가들이 노인 남성들보다 노인 여성들이 더 많은 불안감으로 고통받는 이유에 대하여 이론화했다. Miller와 Kirsch(1987)는 스트레스에 대한 남성들과 여성들의 치유 방식 차이 때문이라고 추측했다. 남성들은 문제에 초점을 맞춘 치료 전략을 더 많이 이용하는 데 비해 여성들은 스트레스 감소를 위해 정서에 초점을 맞춘 치료에 더 많이 의존한다. 더욱이, 여성들은 남성들보다 자기 자신에 대해 더 비판적이며 자신을 돌보는 데 다른 사람들에게 더 의지한다. 특히 재정적으로, 전자, 기계 문제를 해결하는 데 익숙하지 못하며, 더 자주 폭력범죄의 피해자가 되기도 한다. 최근의 통계집단에 속하는 여성노인들은 자기만족이라든가, 모험을 한다든가, 환경에 익숙해진다든가 하는 것에 대해 지지를 받지 못하고 오히려 불안감, 공한증, 광장 공포증(집을 떠나는 두려움) 등을 부추겼다. 앞장에서 지적했듯이 불안감은 거의 조절할 수 없는 환경에 처해지거나 격리된 사람들에게 더 잘 나타나는 것 같다. 상담자는 이러한 여성들이 자신을 확신하고, 그들 삶을 조절하고, 환경에 익숙해지고 그래서 자신을 두려운 상황에도 노출시킬 수 있게 도움을 줄 필요가 있다. 이러한 문제들이 여성 노인들을 은퇴와 혼자된 생활에서 첫 번째로 직면하고 해결해야 할 것들이다.

예비 은퇴자들의 계획 세우기에서 은퇴가 어떻게 결혼생활에 영향을 미치는가를 논의해야만 한다. 왜냐하면 많은 사람들이 은퇴가 결혼관계에 가져올 효과를 과소평가하고 있기 때문이다(Vinick, Stanley, & Ekerdt, 1989). 은퇴 전에, 부부는 독립과 의존, 질병, 성적 관심 돈 그리고 이성관계 등에 관한 항목과 가사노동영역, 만약에 있을 변화에 대한 문제도 똑같이 논의해야 한다. 결혼한 여성들은 오히려 친구들로부터 더 고립되어 있고 일하고 있을 때 보다 더 외로운 상태일 때임을 발견할지도 모른다. 남자에 비해, 노인여성들은 때로는 같은 성의 친구관계를 유지해 나가는 것을 방해하는 결혼생활이 불행하다고 여기는 경향이 있다. 여성들에게 결혼생활은 분명히 남자들처럼 개인적으로 보호받지 못한다(Lubben, 1989).

많은 은퇴자들이 사별하게 되므로 은퇴 중에 홀로 살아가는 데 성공적인 적응 방법은 예비 은퇴 계획 프로그램에 포함되어야 한다. 미국에서 미망인 생활이 시작되는 평균연령은 56세다. Burnside(1985)에 의하면, 65세 이상의 미망인은 모든 65세 이상의 사람들 중 31%를, 그리고 모든 노인 여성들의 53%를 차지한다. 미망인 생활의 성공적인 적응에서 가장 중요한 요인들은 배우자의 죽음에 대한 슬픔, 관계에 있어서 모호함과 갈등의 한계, 연령, 지원체제, 경제적인 요인 그리고 상실에 따르는 조급한 반응 등이다. 예기치 않은 죽음이 일어나고 잇따라 복잡 미묘한 슬픈 반응이 일어났을 때, 애도치료(제7장에서 논의됨)가 필요하게 될지도 모른다. 과부들은 일반적으로 홀아비들보다는 덜 고통받고 때로는 배우자가 죽은 후에 더욱 독립적이며 사교적이 된다. 남편이 있으면서 미망인이나 다름없는 사람들은 태도를 바꾸어야만 하고, 자신의 욕구에 초점을 맞추고 그들이 은퇴 중에 깨지기 쉬운 정체성을 재확립하도록 돕는 남다른 계획을 준비해야만 한다. 은퇴는 많은 노인 여성들이 남을 돌보는 책임에서 벗어나는 첫 번째 시점일지도 모른다. 많은 사람들이 이러한 경우를 받아들이지만, 몇몇은 그들의 관심이 무엇이고 이러한 변화를 받아들이는 데 필요한 도움이 무엇인지를 확인하지 못한다. 한편, 많은 노인 여성들은 배우자가 죽은 후에도 경제적인 이유로 은퇴를 연기하고 예기치 않은 수입 감소를 메우려고 계속 일을 한다. 은퇴와 미망인 생활은 동시 발생적인 것으로 논의되어야 한다. 그리고 노인 여성들은 이러한 사건들을 복합적으로 다루어 나가도록 권장되어야 한다.

여가를 찾는 문제들도 심사숙고 되어야 한다. 많은 은퇴 여성들은 새로운 취미생활을 시작하려고 하지만 그들이 속한 지역사회에서 이용 가능한 것이 무엇인지, 무엇이 유용한 것인지에 대한 정보를 가지고 있지 않으며 그들이 무엇을 추구하고 원하는지를 모른다. 다양한 여가 활동에 대한 정보는, 높은 연령층을 위한 시민센터나 장년기 성인을 위한 또 다른 지원센터 등에서 제공되어야 한다.

여성 은퇴자의 간병에 관한 문제점들

여성을 위한 예비 은퇴 계획 프로그램이 검토해야 할 세 번째 주된 영역은 간병에 대한 문제점으로 구성된다. 여성들은 어린이를 키울 뿐만 아니라, 전통적으로 병든 남편과 늙은 부모, 시부모를 간호하는 사람이다. Brody(1990)에 의하면, 모든 간호인의 72%가 여성이다. 이 숫자의 1/4이 아내들인데, 이는 여성들이 나이가 많은 남자와 결혼하여 전통적으로 그들 남편보다 오래 살기 때문이다. 29%의 간호인들은 딸이고, 20%는 다른 여성 친척이거나 인척관계가 없는 여성이다(Brody, 1990). 대부분의 간호인들은 45~64세인데, 간호하는 딸의 13%는 65세 이상이고, 이 비율은 앞으로 증가하는 추세다(Brody, 1990). 간호하는 딸들의 약 43%가 직업을 가졌지만, 11.6%는 간호를 위해 일을 그만두었다. 많은 직업여성들이 본의 아니게 은퇴하여, 그들의 희망과 상관없이, 병을 앓고 있는 배우자나 부모를 간호한다. 은퇴에 적응하는 데 많은 문제점을 갖게 하여 자의적인 은퇴보다 우울증에 빠지는 높은 비율, 낮은 근로의욕, 삶에 대한 만족감의 상실 그리고 불행한 은퇴생활을 가져온다. 최근 연구는 간호하는 것이 엄청난 스트레스이고 여성의 삶에서 중대한 부담이라고 보고하고 있다. 정서적인 강요는 가장 심각한 부정적인 효과라고 간호인들에 의해 보고되고 있다(Brody, 1990). 이러한 부정적인 효과는 우울증, 화남, 불안함, 좌절감, 죄의식, 불면증, 비도덕성, 고립무원의 느낌, 과민성, 떨어지는 의욕 그리고 감정의 소모 등으로 나타난다.

또 다른 문제점은 간호의 결과로 다른 사람들과의 관계 붕괴, 자신을 위한 자유로운 시간의 제약, 집을 나갈 수 없음, 대인관계를 요구하는 직업에 따르는 문제점 그리고 지속적인 수면방해 등을 야기한다. 간호행위는 육체적, 정신적 건강에 해로운 효능을 가지고 있다(Hayes & Deren, 1990). 간호행위의 스트레스는 가족구성원이 치매로 고통받고 있을 때, 대화가 안 될 때 그리고 비협조적일 때, 억제할 수 없을 때, 움직일 수 없을 때 또는 과도하게 요구할 때 가장 크다(Brody, 1990). 이러한 상황들은 엄청난 에너지와 인내심 그리고 간호인으로서 끈기를 요구한다. 직업은 간호하는 일에서 벗어날 수 있는 완충작용으로 도움이 될 수도 있지만, 간호인들은 자주 일을 멈추거나 간호하는 일에 매달리기 위해 은퇴한다. 이러한 것들은 간호인들을 더욱 더 고립시키므로 건강한 사람들이나 가까운 친구들과 함께하면서, 보상받는 활동이나 일 또는 여가를 통해 재충전하여 몰두할 수 있는 최소한의 배출구를 제공받지도 못하게 한다. 예비 은퇴 계획 프로그램은 여성 은퇴자들에게 만약 예상한 대로 이런 일이 발생한다면, 이런 상황을 그들이 어떻게 다루게 될 것인지에 대해 논의할 기회를 제공해야 한다. 이러한 방법으로 그들은 은퇴 계획 세우기에 그러한 가능성들을 포함시키게 될 것이고, 간호 요구가 발생된 것에 대하여 더 나은 준비를 하게 될 것이다. 지원서비스, 성인건강관리나 요양 같은 서비스 역시 논의되어야 한다.

사례

토머스 부인(Ms. Thomas)은 62세의 이혼녀이며 두 아이의 엄마다. 그녀는 37세에 여덟 살과 열두 살짜리 아이들을 데리고 이혼한 후 웨이트리스로 일하기 시작했다. 20년 동안 같은 식당에서 일을 했음에도 불구하고 그녀의 수입은 적어서 자녀들을 겨우 부양할 수 있었다. 더구나 대부분의 아이들이 받는 정도의 선물인 옷가지, 장난감, 인형, 자전거 같은 것들을 살 수가 없어서 남편으로부터 아이들을 위한 비용조차 도움을 받아야만 했다. 어린아이들에게는 정신적으로 엄마가 중요함에도 불구하고 학교에서 아이들은 엄마에 대해 수치스러움을 느꼈다. 아이들에게 엄마가 필요한 저녁시간이나 주말에도 토머스 부인은 식당에서 일했다.

60세 때, 토머스 부인은 웨이트리스로 너무 오래 일해서 지쳤으며, 그녀의 몸은 더 이상 웨이트리스 일을 할 수 없게 되었다. 무거운 식기들과 빠르게 움직여야 하는 일을 감당할 수 없게 되었다. 그녀가 육체적으로 일을 감당할 수 없었기 때문에, 62세에 은퇴를 심각하게 생각했다. 그러나 은퇴상담자에게서 첫 번째 충고를 들었다. 상담자는 그녀의 은퇴가 부적절하다고 생각하고 토머스 부인의 은퇴재정을 계산하는 것을 도와주었다. 공교롭게도, 그녀가 일한 웨이트리스 일은 연금 지원 혜택이 없었고, 적은 사회보장 지급액으로 겨우 빈곤층을 면할 정도의 수준이었다. 상담자는 상세한 설명을 한 후 토머스 부인에게 그녀가 계속 일을 해야만 한다는 결론을 내렸다. 다양한 선택에 대해 상담한 후, 토머스 부인은 자신의 고용주에게 자신을 웨이트리스 직에서 힘이 덜 드는 식당관리직으로 옮겨 줄 수 있는지 물어보기로 결심했다.

토머스 부인의 문제는 그녀가 할 수 있는 수준을 넘어, 자신의 외부에서 해답을 찾아야 했다. 상담자와 토머스 부인 모두 십중팔구 토머스 부인이 은퇴 후에 재정상태가 악화되거나 좋지 않을 것이라는 사실을 깨달았다. 토머스 부인은 다른 진로의 기회를 탐색하거나 더 많은 교육과 경험의 기회를 잃고, 신용을 쌓거나 돈을 벌지 못한다는 것을 알면서도 아이들과 함께 여러 해 동안 집에 있었던 것을 후회하지 않았다. 추가로 그녀는 늦게 일을 시작했기 때문에 직장에서 최소한의 임금을 받았고, 사회안전보장 지불액도 언제나 낮았다. 그녀가 조기은퇴를 결정하는 것을 고민하는 동안 은퇴지급액에 대해서는 생각하지 않았다.

전문상담가의 도움으로 토머스 부인은 아이들과 다른 가족들을 돌보는 동안 여성들이 신용을 얻는 데 실패하고, 남성보다 적은 급료를 받는다는 사실을 무시하고, 직장에서 연금계획이 없는 것을 용인하며, 여성들로 주로 채워지는 일자리에서는 연금계획이 무시되는 등의 차별화된 은퇴정책 때문에 그녀의 재정이 줄기째 흔들린다는 것을 알았다. 그럼에도 불구하고 그녀의 경제상황을 바꾸기 위한 일은 거의 없었으며 궁지에 몰린 그녀의 재정이 모두 그녀의 잘못은 아니라는 것을 더욱 잘 알게 되었다.

켈로그 부인(Ms. Kellogg)은 일생 동안 교대근무하는 간호사로 일했다. 내과의사로, 희생을 강요하는 가부장적인 남편과 아이들을 뒷바라지하느라 대부분의 시간을 보냈다. 남편이 가족과 함께 많은 시간을 보내는 것이 그가 오랜 시간 일하는 것을 방해한다고 생각하기 때문에 가족에 대한 부가적인 의무를 다하는 데 부족함을 채우는 일을 켈로그 부인이 맡았다. 그녀는 그 역할을 즐겼고, 아이들의 학교행사에 참석하고, 방과 후 활동을 도와주었으며 아이들을 간섭하지 않았다. 또한 오랫동안 일하고 피로에 짓눌린 남편을 도와주었다. 켈로그 부인은 자녀들이 대학에 갈 때까지 시간제 간호사로 일하고 그 후에 지역 병원에서 전일제로 일했다.

그녀와 남편은 은퇴에 대해서 몇 년 동안 이야기했다. 그녀의 남편은 몇 개의 개인연금 프로그램을 포함해서 많은 금융 상담가들과 상담을 했다. 그들은 은퇴 후까지 연장되는 비교적 좋은 금융 상품을 찾아냈다. 또한 그들이 함께하는 시간을 위한 계획표와 은퇴를 위해 많은 계획을 세웠다. 그들은 유럽여행을 가고 싶어 했다. 그들은 언제나 함께 새들을 바라보고, 더 많은 시간을 소풍이나 새로운 것을 보고 싶어 했다.

그들이 은퇴를 6개월 앞두고 캘로그 박사(Dr. Kellogg)가 말기 암 진단을 받아서 그들의 여행계획은 무산되고 말았다. 캘로그 박사가 병을 앓는 동안 부인은 모든 시간을 남편을 돌보는 데 소비했으며, 그는 1년 후에 죽었다. 그가 죽었을 때, 캘로그 부인은 지나치게 불안해하고 낙담했다. 그녀의 불안은 시간이 지나면서 점점 더 커졌으며 가끔은 공황 상태가 엄습했다. 그녀의 남편이 죽었을 때 자신이 혼자 살아갈 수 있을지 불안하고 버림받은 느낌이 들었다. 지금까지 그녀의 삶은 사회적으로, 정서적으로, 경제적으로 남편에게 의지했으며 남편을 중심으로 움직였다. 그녀의 자녀들은 노인학 전문가에게 어머니의 용기를 북돋아 주도록 부탁했다.

상담자는 캘로그 부인에게 첫 번째로 한 일은 큰 슬픈 감정들을 표현할 기회를 준 것이다. 이런 도움은 캘로그 부인이 외로움을 덜 느끼게 했다. 캘로그 부인의 연금 사정액이 지나치게 남편에게 의존하고 있다는 것이 드러났다. 자신이 없고 두려운 나머지 그녀는 종종 느닷없이 자신에게 무슨 일이 일어날까 걱정했다.

그녀를 더욱 불안하게 할 수 있는 비지시적 접근이나, 그녀를 의존적으로 강화시키는 지시적인 전략 대신에 협력적인 개입 접근이 이용되었다. 협력적인 접근을 하는 동안 상담자는 그녀가 삶에서 더욱 자신감을 가지게 되고 삶을 더 잘 통제한다고 느끼게 했다. 상담자와 캘로그 부인은 함께 몇 개의 목표를 세웠다. 하나의 목표는 캘로그 부인이 그녀가 결혼한 동안 여자 친구와 함께 보낸 시간이 거의 없었으므로, 더 폭넓은 사회적 관계를 만들어 가는 것이다. 캘로그 부인이 친구들과 관계를 맺기 시작했을 때 친구들과 얼마나 많이 즐길 수 있는가에 대해 놀랐다. 캘로그 부인은 처음에는 오랜 옛날 친구와 접촉하는 것을 머뭇거렸지만, 자주 왕래하고 친구의 소식을 듣고 기뻐했다. 두 번째 목표는 그녀가 참여할 수 있는 취미와 활동을 찾는 것을 도와주는 것이었다. 캘로그 부인은 차츰 불안이 줄어들고, 더욱 안전하고 더욱 독립적이 되었다. 그녀는 자신을 관리할 수 있는 능력에 대해 새롭게 알았기 때문에 비록 그녀의 남편이 아직도 그립지만 그의 죽음이 그녀에게 중요한 성장과 변화를 갖게 하는 계기가 되었다.

캘로그 부인에게 일어난 일은 많은 은퇴여성의 전형적인 일이다. 여성들에게는 미망인과 은퇴자 생활이 동시에 시작된다. 여성들에게는 전형적인 사회적 역할이 주어져서 그 역할을 수행한다. 이 시기에 많은 노인여성들이 변화를 경험하는 것은 놀랄 일이 아니며, 늦은 인생이란 없다. 사별하고 홀로 살아가는 동안 많은 여성들이 독립에 대한 공포, 의존성, 자율성, 통솔력, 통제성을 포함한 쟁점들에 맞닥뜨리고 헤쳐 나가야만 한다.

요약

현재 여성 은퇴자의 통계집단(cohorts)에는 전문직 여성이 거의 없으며, 미혼여성이 압도적으로 우세하지만, 미래의 통계집단에는 기혼여성이 더 많아지고 전문직 여성이 더 많아지며 자녀를 가진 여성이 더욱 많아질 것이다.

여성 은퇴의 가장 심각한 문제는 경제적인 문제이다. 대부분의 노인 빈곤층은 여성이며 특히 소수집단이나 독신 상태에 속한다. 여성이 하는 일의 보수는 남성들 보다 적고, 돌보는 일은 여성에게 엄청난 비용이기 때문에 여성은 남성보다 나이 들어서 더욱 빈곤하게 된다. 여성은 연금이 없는 직업에 종사하는 경향이 있고, 은퇴정책은 여성들에 대해서 차별적이다. 남자와 비교했을 때 여자들은 은퇴에 대해 더 적게 준비하고, 더 늦게 은퇴하며, 더 한정된 은퇴생활양식으로 산다.

상담자들은 여성노인을 크게 차별하고, 은퇴기간 동안 가난에 내모는 은퇴정책을 바꿀 수 있도록 조언해야만 한다. 아이를 키우기 위해 직장에서 휴가를 내야 하는 여성들을 차별하는 연금정책, 좀 더 오래 살기 때문에 여자들에게 더 많은 액수를 적립하도록 하는 연금정책은 수정해야 한다. 동시에 상담전문가들은 여성들이 은퇴에 대해 더 잘 준비하고 은퇴 자본금에 대해 가능한 한 많이 배우도록 더 장려해야 한다.

여성 은퇴자들은 특별한 사회적, 정서적 문제들에 직면한다. 그들은 특히 은퇴기간 동안 불안 반응들로 인해 상처 입기 쉽다. 미망인 생활과 은퇴는 종종 여성들에게 동시에 일어난다. 그러나 이 두 생활 사건들이 어떻게 서로 상호작용하고 영향을 주는지에 대한 연구는 거의 없다. 은퇴한 여성들은 또한 주요한 간호의 문제들을 경험한다. 간호인들은 종종 정서적으로 피폐해지고, 스트레스로 지치고 육체적으로나 정신적으로 쇠약해진다.

은퇴상담은 여성들의 고민을 다루고 그들의 경제적, 사회적, 정서적 그리고 간호와 관련된 문제를 매우 깊이 있게 다루어야 한다.

참고문헌

Ash, P. (1966). Preretirement counseling. *Gerontologist, 6,* 127–128.

Atchley, R. (1976). Selected social and psychological differences between men and women in later life. *Journal of Gerontology, 31,* 204–211.

Behling, J., Kilty, K., & Foster, A. (1983). Scarce resources for retirement planning: A dilemma for professional women. *Journal of Gerontological Social Work, 5,* 49–60.

Brody, E. (1990). *Women in the middle: Their parent-care years.* New York: Springer Publishing Co.

Burnside, I. (1985). Adjustment to family losses: Grief in frail elderly women. In M. Haug, A. Ford, & M. Sheafor (Eds.), *The physical and mental health of aged women* (pp. 152–165). New York: Springer.

Davidson, J. L. (1983). *Working paper 2: Employment concerns of older women.* College Park, MD: National Policy Center onf Women and Aging, University of Maryland.

Formanek, R. (1987). Depression and the older woman. In R. Formanek & A. Gurian (Eds.), *Women and depression* (pp. 272–381). New York: Springer Publishing Co.

Gibeau, J. (1988). Working caregivers: Family conflicts and adaptations of older workers. In R. Morris & S. Bass (Eds.), *Retirement reconsidered: Economic and social roles for older people* (pp. 185–

201). New York: Springer Publishing Co.

Grambs, J. D. (1989). *Women over forty: Visions and realities.* New York: Springer Publishing Co.

Greene, R., Pyron, H. C., Mamion, U. V., & Winkleross, H. (1969). *Preretirement counseling, retirement adjustment and the older employee.* Unpublished manuscript. University of Oregon, Graduate School of Management, Eugene.

Hayes, C., & Deren, J. (1990). *Pre-retirement planning for women.* New York: Springer Publishing Co.

Holzer, C., Leaf, P., & Weisman, M. (1985). Living with depression. In M. Haug, A. Ford, & M. Sheafor (Eds.), *The physical and mental health of aged women* (pp. 101-116). New York: Springer Publishing Co.

Iams, H. M. (1986). Employment of retired-worker women. *Social Security Bulletin, 49,* 5-13.

Keith, P. (1985). Work, retirement, and well-being among unmarried men and women. *Gerontologist, 25,* 410-416.

Kilty, K., Richardson, V., & Rife, J. (1987). Gender differences in adjustment to retirement: Final report. Washington, DC: AARP Andrus Foundation.

Kingson, E. (1982). Current retirement trends. In M. H. Morrison (Ed.), *Economics of aging: The future of retirement* (pp. 98-135). New York: Van Nostrand Reinhold.

Leonard, F. (1982). Not even for dogcatcher: Employment discrimination and older women (Gray Paper No. 8). Washington, DC: Older Women' s Leauge.

Lubben, J. (1989). Gender differences in the relationship of widowhood and psychological well-being among low-income elderly. In L. Grau (Ed.), *Women in the later years: Health, social, and cultural perspectives* (pp. 161–189). New York: Haworth Press.

Mayer, M. (1979). Alcohol and the elderly: A review. *Health and Social Work, 4,* 129–142.

Miller, S., & Kirsch, N. (1987). Sex difference in cognitive coping with stress. In R. Barnett, L., Biener, & G. Baruch (Eds.), *Gender and stress* (pp. 278–307). New York: The Free Press.

Minkler, M., & Stone, R. (1985). The feminization of poverty and older women. *Gerontologist, 25,* 351–357.

Monk, A. (1985). *Handbook of gerontological services.* New York: Van Nostrand Reinhold.

National Council on Aging. (1973). *Preparation for retirement: A comparison of pre– and post– tests.* Washington, DC: Author.

Older Women's League. (1990). *Heading for hardship: Retirement income for American women in the next century.* Washington, DC: Author.

Ozawa, M. (1989). *Women's life cycle and economic insecurity.* New York: Praeger.

Richardson, V. (1985). Status concerns among retired women: Implications for social work practice. *Journal of Applied Social Science, 9,* 177–186.

Richardson, V. (1990). Gender differences in preretirement planning among educators: Implications for practice with older women. *Women and Aging, 2,* 27–40.

Richardson, V., & Kilty, K. (1989a). *The effects of gender and time on mental health before and after retirement.* Paper presented at the annual meeting of the Gerontological Society, Minneapolis, November.

Richardson, V., & Kilty, K. (1989b). Retirement financial planning among black professionals. *Gerontologist, 29,* 32–37.

Seccombe, K., & Lee, G. (1986). Gender differences in retirement satisfaction and its antecedents. *Research on Aging, 8,* 426–440.

Sheldon, A., McEwan, P., & Ryser, C. (1975). *Retirement: Patterns and predictions.* Rockville, MD: National Institute of Mental Health.

Szinovacz, M. (1982). *Women's retirement: Policy implications of recent research.* Beverly Hills, CA: Sage Publications.

Vinick, B., Stanley, E., & Ekerdt, D. (1989). *Retirement expectation vs. experience among married couples.* Paper presented at the annual meeting of the Gerontological Society of America, Minneapolis, November.

Wilson–Ford, V. (1991). Poverty among black elderly women. *Women and Aging, 2,* 5–20.

Women's pay still falls short. (1991, November 14). *Columbus Dispatch,* p. 20.

9

은퇴와 은퇴상담의 미래

은퇴상담 요약

일반적인 모형

은퇴상담의 일반적인 모형에는 세 단계가 있다. 경청의 단계, 평가의 단계, 개입의 단계다. 경청의 단계에서 상담자는 내담자에게 계속적인 간섭 없이 감정과 그들 자신의 이야기를 그들의 언어로 이야기할 수 있는 기회를 준다. 상담자들은 관계와 신뢰를 형성하는 여러 가지 기술을 사용하여, 내담자들이 그들의 감정을 조절하고, 그들의 어려움에서 의미를 찾을 수 있도록 도우며, 직면한 문제를 명확히 인지할 수 있도록 협조한다. 평가의 단계에서, 상담자는 질문을 더 많이 하며 내담자의 문제의 심각성과 그들의 자원의 강도와 대처 기술을 평가한다. 평가에서 얻은 정보는 상담자가 비지시적,

협동적 혹은 직접적인 개입의 전략 중에서 어느 것을 사용할 것인지 결정하도록 해 준다. 은퇴상담자는 지속적으로 내담자의 독립성을 격려할 뿐 아니라 유지하도록 지원한다. 그러나 내담자가 조절 능력을 잃었거나, 망상 증세를 보이거나, 힘에 부친다고 느끼는 등의 경우에는 상담자가 적극적으로 개입해야 한다.

위기개입과 비판노인학에서 사용되는 개념들은 은퇴상담의 일반적인 모형의 기반이 된다. 이 모형은 은퇴와 같은 발달의 전환점들은 때때로 위기로 변할 수 있는 정상적인 생애 주요 사건이라고 여긴다. 위기를 포함한 발달의 전환기들은 병리적인 것이 아니다. 그것들은 모든 사람들이 다양한 방법과 정도로 경험하는 것으로 받아들여진다. 은퇴상담은 개인적인 영향과 사회적인 영향을 모두 중요시하는 사회심리학적인 방향도 포함한다. 개인적인 요소들은 노인들의 육체적, 정신적 건강, 성격, 자아강도, 대처 기술을 고려한다. 상황적인 요소에는 문화적, 인종적 영향과, 가족 및 다른 사회적 지지 구조, 환경적인 장애물을 포함한다. 사회적, 환경적 힘은 사람들이 은퇴를 어떻게 인식하는지에 영향을 주며, 심지어는 그들이 은퇴를 인생의 한 단계로 생각하는지도 결정한다.

일반적인 모형에 포함된 비판노인학의 가장 중요한 공헌은 주관적, 해석적 인식에 의거하고 있다는 것이다. 예를 들어, 우리는 은퇴에 대한 여러 가지의 개념적인 설명이 있으며, 그것이 보편적 인생단계가 아니라는 것을 살펴보았다. 남자와 여자는 은퇴를 서로 다르게 인식하며, 전문인과 비전문인도 은퇴에 대한 견해가 같지 않으며, 사회적인 소수 집단은 지배적인 문화와 다를 뿐 아니라 서로 간에도 다른 견해를 갖는다. 많은 아프리카계 미국인들은 은퇴했다는 꼬리표보다 장애인이라는 꼬리표가 낫다고 생각한다. 어떤 한국계 미국인들은 은퇴를 여가와 취미생활을 위한 시간이라고 여기고, 또 다른 한국계 미국인들은 일을 그만둘 때로 생각한다. 어떤 사람들은 은퇴라는 것 자체를 무시하고 그 단계를 다른 직업을 경험하거나 시간제로 일할 기회로 사용한다. 인생의 대부분을 주부로 보낸 여성들은 은퇴를 유급 노동의 끝이라고 생각하는 경우가 드물다. 대신, 그들은 은퇴를 보살핌의 의무와 관련된 가족 주기의 변동으로 파악한다. 이와 같은 은퇴에 대한 여러 가지 인식은 노인학자들이 생각했던 것보다 훨씬 다양하다. 주관적이고 현상학적인 접근을 사용하는 상담자들은 은퇴에 대한 다양한 생각을 인정하고 각 내담자가 은퇴를 어떻게 개념화하는지 알아낸다.

비판노인학의 중요한 측면 중 두 번째는 일반적 상담 모형 중 경청 단계에서 가장 강조되는데, 바로 상호 토의와 대화다. 이것은 협동과 협력, 위계적이고 지배적인 관계의 회피 그리고 진정한 감정 표현을 필요로 한다. 진정으로 도움을 주는 관계는 대부분의 내담자들이 경험해 본 적이 없는 환경 속에서 말을 주고받으며, 대화를 나누는 가운데 발달한다. 대화는 내담자들에게 압도적인 불안과 우울의 감정으로부터 안도를 느끼게 해 주며 불안 발작을 막을 수도 있다. 내담자들이 그들의 경험을 회상할 때, 그들은 그들의 고통에 의미를 부여한다. 많은 연구자들이 내담자들에게 노후 인생에서 의미를 찾도록 도움을 주는 것의 중요성과 치료적 이익에 대해 썼다.

마지막으로, 은퇴상담의 일반적 모형에 적용되는 비판노인학의 세 번째 중요한 요소는 상담자들이 내담자로 하여금 독립성, 지혜, 해방감을 얻는 데 방해가 되는 환경적인 요인들을 찾아내도록 격려하는 것이다. 유능한 은퇴상담자들은 인종, 민족, 성별, 수입 그리고 직업적 지위가 내담자들의 인생에 미치는 영향을 살펴보고 이런 장애물들을 다룰 방법을 찾는다. 예를 들면, 임금 기반의 사회보장제도가 전업주부들이나 낮은 급여를 받는 노동자들에게 부정적인 영향을 미친다는 것을 알게 된다. 상담자들은 또한 연금 프로그램에 참여할 기회가 전혀 없었던 여성이나 소수 인종자들이 은퇴를 하면 어떻게 되는지도 알게 된다. 상담에 해방적인 진취성을 통합하는 은퇴상담자들은 내담자들이 차별과 사회경제적인 힘이 그들이 현재 느끼는 박탈감을 형성했다는 것을 이해하게 도와준다. 내담자들이 경제적 공황과 높은 실업률이 불평등을 심화시킨다는 것을 이해함에 따라 이런 힘들의 영향도 다룬다. 또한 상담자들은 억압적인 은퇴 정책의 변화를 촉구하며, 내담자 자신들도 변화를 위해 노력할 것을 격려한다.

은퇴상담의 구체적인 유형들

은퇴상담은 은퇴 전 상담, 은퇴 결정 상담 그리고 은퇴 적응 상담으로 이루어진다. 은퇴 전 상담은 대체로 중년(40세와 60세 사이)에 은퇴 전의 단계가 있다고 가정하는 것이므로, 노화와 사망, 중년에 경험하는 가족과 결혼 관계의 변화, 직업에서의 변동 등과 같은 발달의 문제들이 강조된다. 은퇴상담자들은 내담자가 은퇴 전에 어떤 문제에 대해 가장 고민하고 있는지 알아낸다. 예를 들어, 만일 내담자가 존재에 대한 걱정을 하고 있거나 발달에 따른 시간과 젊음의 손실을 슬퍼하고 있거나, 출산에 대해 걱정하고 있다면 애도상담이 필요할 수 있다. 혹은 불충분한 재정이 두드러지는 문제일 수 있다.

이런 내담자들은 경제적인 지원이 필요하며 재정적인 어려움의 근원을 이해하는 데 도움이 필요하다. 이런 경우에 은퇴상담자들은 사회보장제도(양로연금, 실업보험 등)에 대해 잘 알고 있어야 하며, 내담자의 앞으로의 수입을 예상할 수 있어야 하며, 조기 은퇴나 장애인으로 등록하는 것의 유리함과 불리함을 알아보아야 하며, 은퇴 후의 다양한 투자 방법에 대해 알고 있어야 한다. 은퇴상담자들은 사용 가능한 은퇴 전 개입의 범위에 대해 알아야 한다. 그룹 프로그램들이 내담자의 필요를 충족시켜 줄 수 있지만, 깊이 있는 도움을 요하는 내담자에게는 개별적인 은퇴 전 상담이 필요할 수 있다. 그러나 이런 프로그램들은 확충되어야 하고, 사회 기관들은 이를 더 자주 제공해야 한다. 이런 프로그램들은 여성, 영어를 하지 못하는 근로자, 경제적 자원이 적은 근로자 등 모든 근로자들에게 제공되어야 한다.

은퇴 결정 상담은 언제 어떻게 은퇴를 하느냐의 문제가 점점 더 복잡해짐에 따라 더욱 중요하게 되었다. 많은 사람들이 그들에게 제공되는 다양한 선택사항의 복잡함에 압도당하며, 그들 개인에게 경제적, 사회적, 심리적으로 가장 좋은 방법이 어느 것인지 파악하는 데 도움을 필요로 한다. 많은 사람들은 은퇴를 일찍 할 것인지, 정년에 할 것인지, 아니면 늦게 할 것인지 확실하게 결정 내리지 못하고 있다. 은퇴 결정 상담은 또한 언제 은퇴하느냐에 대해 제한된 선택사항을 가지고 있는 근로자들, 구체적으로 건강의 악화, 직업 전환, 나이에 의한 차별 등으로 인해 은퇴를 강요당하는 사람들에게도 도움을 준다. 상담자들은 본의 아닌 은퇴를 해야 하는 사람들의 전형적인 반응, 즉 불안, 우울, 자살충동 등을 이해해야 하며, 이런 상황으로 고통받고 있는 사람들에게 어떻게 개입해야 하는지 잘 알고 있어야 한다. 마지막으로, 은퇴 결정 상담자들은 어떤 방면을 평가해야 하는지 알아야 한다. 즉, 어떤 요소가 성공적인 은퇴 적응을 가져올 것인지 그리고 내담자가 언제 어떻게 은퇴할 것인지 결정할 때 어떤 요소가 가장 중요한지를 알고 있어야 한다.

은퇴 적응 상담은 더 많은 사람들이 은퇴를 하고 이 생애 단계에서 더 많은 시간을 보냄에 따라 더욱 중요해질 것이다. 은퇴상담자들은 여러 가지 은퇴 적응 문제에 대해 배우며 언제 구체적인 개입 방법을 사용할 것인지 배운다. 교육을 잘 받은 은퇴상담자라면, 예를 들어 불안의 경우라면 서너 가지의 개입 방법(행동 경향, 인지적 개입, 약물치료)이 있다는 것을 알고 있어야 하며, 다양한 상황에서 어느 것을 사용할지 결정할 수 있어야 한다. 은퇴상담자들은 애도(사별) 상담, 인생 회고, 항우울제를 사용한 약물치료, 전기 충격 치료 등 우울에 대한 개입 방법을 잘 알고 있어야 하며, 이런 개입 방법이 노인들에게는 다른 영향을 줄 수 있다는 것을 인식하고 있어야 한다.

정리하자면, 은퇴상담자들은 내담자들이 은퇴상담의 어느 단계에 있는지 판단할 수 있어야 하며, 내담자들이 어떤 종류의 문제를 가지고 고민하고 있는지 파악하고, 어떤 개입 방법을 사용할지 결정할 수 있어야 한다.

은퇴와 은퇴상담의 미래

향후에는 은퇴에 관하여 몇 가지의 변화가 있을 것이다. 은퇴의 의미가 변화할 것이며, 좀 더 유동적인 개념화가 일어날 것이며, 미국 인구의 다양성을 더욱 잘 반영할 것이다. 은퇴는 이 모든 것을 포함한다. 은퇴 자원이 충분한 사람이 전업 직장을 마치는 경우부터, 경제적인 기준과는 상관이 덜 하지만 일을 해야만 하는 사람들과 장애나 병으로 인해 일을 그만두어야 하는 사람들의 경우까지 포함한다. 은퇴 후의 대안적인 생활방식이 더 확산될 것이다. 피고용인이 더 짧은 시간동안 일을 하게 되는 부분적인 은퇴와, 근로자들이 점차적으로 근무 시간을 줄이는 단계적인 은퇴는 더욱 보편화될 것이다. 몇 가지 은퇴 적응 문제들은 이런 대안적인 선택사항으로 인해 완화될 수 있을 것이다. 단계적 은퇴와 부분적 은퇴는 급작스런 퇴직으로 인한 변화에 준비가 안 된 사람들에게 환영받을 것이다. 이런 조건 속에서, 근로자들은 은퇴를 연습하고 실험할 것이며 은퇴에 어떻게 적응할 수 있는지 알게 된다. 그들은 마음을 바꿔서 다시 전업으로 돌아갈 수도 있고, 완전히 은퇴할 수도 있다. 어떤 경우에서든지, 은퇴를 하겠다는 결정이 결정적인 것은 아니다. 노인 인구가 늘어나고, 사람들의 수명이 길어지며, 정년퇴직에 대한 법이 없어짐에 따라, 은퇴는 여러 가지 형태를 갖게 될 것이다.

은퇴상담의 수요는 점점 증가할 전망인데, 은퇴하는 사람들의 수가 늘어나기 때문만이 아니라, 미래의 연구 대상(cohorts)들이 과거의 연구 대상들보다 공식적인 도움을 더 잘 수용할 것이며, 상담을 받는 것에 대해 거리낌이 덜 할 것으로 예상하기 때문이다. 새로운 은퇴 문제들이 생기겠지만, 빈곤, 타의적 은퇴, 결혼과 가족 문제와 같은 특정 문제들이 여전히 가장 중요할 것으로 예상할 수 있다.

은퇴자들의 빈곤은 앞서 다룬 이유들 때문에 더욱 증가할 것이다. 높은 실업률은 특히 문제가 되며 근로자들이 은퇴에 적절히 준비하는 것을 방해한다. 연금은 이미 받기가 어려우며, 간헐적으로 일하는 사람들에게는 연금 수령권을 얻기가 더욱 힘들다. 저임금 직업을 가진 소수 인종자들과 육아와 보살핌 활동에 대한 대가를 받지 못하는 여성들은 은퇴 혜택을 받기가 어렵다. 은퇴상담자들은 은퇴에 영향을 주는 경제적인 문제들을 깊이 이해해야 하며, 불평등한 은퇴 정책의 변화를 촉구해야 한다.

나이가 많은 근로자들이 은퇴하도록 압력을 받고, 의료적 도움과 건강보험의 혜택을 받을 수 있는 기회가 적어짐에 따라 타의적으로 은퇴하는 사람들이 늘어날 것이다. 은퇴상담자들은 해직, 고용 억제와 건강 악화로 인해 강제적으로 은퇴하는 사람들이 더 많아지는 것을 보게 될 것이다. 연구결과는 지속적으로 타의적 은퇴자들이 자의적 은퇴자들보다 은퇴에 잘 적응하지 못하며, 불안, 우울증, 자살충동을 더 많이 느낀다는 것을 보여 준다. 이런 문제들을 다루는 방법은 제6장과 제7장에서 다루었다.

결혼 기간이 길어지고 보살핌에 대한 요구가 강화됨에 따라 가족과 결혼 관계에서의 문제들은 더 많은 은퇴자들이 도움을 요청하도록 할 것이다. 병든 배우자나 나이 든 부모를 간호하는 것이 은퇴에 미치는 영향에 대해 우리는 잘 알지 못하지만, 간호가 매우 많은 스트레스를 주며 여성들이 대부분의 간호를 담당한다는 것을 알고 있다. 또한, 홀로됨과 은퇴가 어떻게 상호 연관되는지에 대해 연구된 바도 거의 없다.

마지막으로, 은퇴 비용이 점점 증가하고 있다. 노인 연금 수령 가능 연령은 이미 높아졌고 앞으로도 계속 높아질 것이다. 많은 사람들이 경제적으로 조기 은퇴를 감당할 수 없게 됨에 따라 조기 은퇴자들은 흔치 않게 될 것이다. 개인적인 예금액은 점점 줄어들고 있으며, 연금 수령액은 이미 감소했고, 임금도 줄어들고 있다.

미국에서 은퇴가 이중 구조를 향해 치닫는 경향을 막기 위해서 몇 가지의 개입이 필요하다. 첫째로, 건강보험은 소수 인종을 포함한 모든 사람에게 제공되어야 한다. 건강보험의 부족은 사람들이 적은 개인 자산으로 의료비를 부담하게 함으로써, 예상 수명을 줄이며, 은퇴에 적응하기 더욱 어렵게 하고, 더 심각한 빈곤을 가져온다. 건강보험의 광범위한 적용은 건강악화로 인한 타의적 은퇴를 줄이고 소수 인종자들이 노년까지 계속 일할 수 있도록 할 것이다.

현재 고임금 근로자와 전문직 종사자들에게 주로 주어지는 연금제도는 더 평등하게 분배되어야 한다. 접근성이 더 높은 연금제도는 여성과 소수 인종자들의 경제적 빈곤을 줄이고 그들의 노인 연금에의 의존도를 낮출 것이다. 또한 그들에게 더 많은 은퇴 선택권을 주고 그들의 경제적 지위를 높여줄 것이다.

고임금 근로자들에게 유리한 임금 기반의 연금제도는 우리가 변화시켜야 할 세 번째 영역이다. 현재로서는 연금제도가 불평등을 평생토록 장기화시킨다. 젊었을 때 빈곤한 사람들은 늙어서까지 빈곤하게 되며, 젊었을 때 부유한 자는 늙어서도 부유하게 된다. 여성들은 자녀 양육을 주로 담당하며, 더 간헐적으로 직업을 갖고, 남성들보다 적은 임금을 주는 직업을 가지며, 전문인으로 일하더라도 같은 직종의 남성에 비해 더 적은 임금을 받는다. 이런 차별적인 정책으로 인해 더 부정적인 영향을 받는다. 고용주들이 여성과 소수 인종자들에게 비슷한 일을 하는 백인 남성보다 더 적은 임금을 주고, 유리 천장 등의 차별이 변화되지 않은 채로 있고, 교육, 직업, 건강 자원이 불평등하게 분배되어 있는 한, 은퇴 불평등은 계속 존재할 것이다.

우리는 은퇴와 은퇴 불평등, 은퇴 문제들에 대해 잘 교육받고 은퇴자들 고유의 문제들을 잘 이해하며, 노인들의 다양한 경험에 예민한 은퇴상담자들이 필요하다. 개인적인 문제들과 구조적인 문제들을 통합적으로 연구하며, 사회심리학적 접근을 사용하는 은퇴상담자들은 내담자가 억압적인 힘으로부터 해방되어야 함을 강조할 것이다. 이들은 환경적인 어려움을 인식하고 그에 대처할 것이다.

은퇴상담자들은 유연하고 열린 마음을 가지고 있어야 하며, 불안과 우울을 치료하고 또 빈곤과 인종차별에 대항하는 등, 내담자들과 여러 수준에서 함께 일해야 한다. 많은 경우, 상담에서 개인적인 고통과 구조적인 불평등 모두를 다루게 된다. 이때 다양한 개입방법이 사용된다. 모든 경우에, 목표는 같다. 노인들의 고통을 줄이고 더 만족스러운 은퇴 경험을 만드는 것이다. 이렇게 하여 은퇴상담자들은 모든 배경의 사람들에게 도움을 줄 수 있다.

요약

은퇴상담의 일반적인 모형은 경청의 단계, 평가의 단계, 개입의 단계를 포함한다. 경청의 단계에서 상담 전문가들은 내담자들이 그들의 감정을 표현하고 주관적인 인식을 나누도록 격려한다. 평가 단계에서 모은 정보는 상담자들이 비지시적, 통합적 혹은 지시적인 개입방법 중에서 무엇을 선택할지를 돕는다.

위기개입과 비판노인학(critical gerontology)의 개념들이 은퇴상담의 일반적 모형의 기반을 이룬다. 은퇴와 같은 발달의 전환점은 누구나 조금씩 다른 방법으로 경험하는 정상적인 인생의 사건으로 받아들여진다. 은퇴상담은 개인적인 영향과 상황적인 영향의 정보에 따라 결정되며, 둘 다 내담자의 은퇴 경험에 영향을 준다고 가정한다. 주관적인 해석, 상호 토의와 대화, 의미에 대한 탐색 그리고 해방이 강조된다.

은퇴상담에는 여러 가지가 있다. 은퇴 전 상담은 중년기와 관련된 문제를 중심으로 다루며, 은퇴에 대한 재정적 준비에서부터 노화에 대한 대처방법까지 아우를 수 있다. 은퇴 결정 상담은 사람들이 언제 그리고 어떻게 은퇴할지 결정하도록 돕는다. 은퇴의 과정 중에 우울증과 자살충동을 경험하기 쉬운 비자발적 은퇴자들에게 특별히 주목해야 한다. 은퇴 적응 상담은 은퇴 후 문제를 경험하는 사람들을 돕는다. 구체적인 개입 방법은 특정 은퇴 문제 상황에 적용되어야 하기 때문에, 상담자들은 내담자들이 어떤 종류의 적응 문제를 겪고 있는지 조심스럽게 평가해야 한다.

노인 인구가 다양해지고 인종적, 사회문화적 영향들이 은퇴에 대한 사람들의 생각에 영향을 줌에 따라, 은퇴의 정의는 계속 변화할 것이다. 미래에는 더 다양한 은퇴 후 생활방식이 생겨날 것이다.

은퇴상담의 수요는 급증하고 있다. 은퇴자들의 수도 증가하고 있으며, 그들의 문제들은 점점 더 복잡해지고 있다. 은퇴상담자들은 은퇴, 보편적인 은퇴 문제들 그리고 구체적인 은퇴 개입 방법들에 대해 더 많이 공부해야 한다. 그들은 다양한 전략을 사용해야 하며 사회심리학적인 사고방식을 포용해야 한다. 그렇게 해야만 상담자들이 성별, 인종, 직업적 배경과 상관없이 노인들의 모든 문제들을 성공적으로 다룰 수 있다.

찾아보기

인 명

Abrego, P. 176
Albrecht, R. 55
Arnone, W. 162
Atchely, R. 16, 17, 18, 21, 22, 53, 81, 180, 247

Baldwin, B. 61, 117
Barlow, D. 200, 214
Bass, S. 17
Beck, A. 219
Beck, S. 20, 100
Behling, J. 86, 160, 243, 244
Bengtson, V. 23
Biddle, B. 50
Bixby, L. 92
Blau, Z. 50
Blazer, D. 200, 216, 228
Bloom, B. 61
Borgatta, E. 174
Bosse, R. 83, 84, 92
Bould, R. 20, 179
Boyack, V. 163
Brammer, L. 176
Brody, E. 255, 256
Burgess, A. 117
Burgess, E. 55
Burkhauser, R. 94
Burnside, I. 253

Burtless, G. 92
Busse, E. 21
Butler, R. 221

Campione, W. 94
Caplan, G. 60
Carner, T. 65
Cavanaugh, J. 164
Charles, D. 163
Coberly, S. 20
Cottrell, L. 50
Covey, H. 57
Cumming, E. 52
Cunningham, D. 18

Dannefer, D. 64
Davidson, J. L. 239
Dejong, G. 162, 164
Deren, J. 248, 249, 256
Dixon, S. 61, 116
Donner, A. 18
Dorfman, L. 23, 101, 103
Durbin, N. 174

Egan, G. 125
Ekerdt, D. 21, 22, 57, 83, 84, 92, 120, 253
Emery, G. 219
Erikson, E. H. 123
Evans, L. 84, 85

Fanshel, D. 52
Field, H. 160, 162
Fields, G. 94
Fillenbaum, G. 18, 57, 92, 100
Ford, A. 102
Formanek, R. 251
Foster, A. 243
Fox, J. 56
Friedman, E. 54

Gallagher, D. 220, 221
George, L. 18, 56, 57, 100
Germane, P. 66, 92
Gibeau, J. 246
Gibson, R. 18, 19
Gilliland, B. 124, 132
Giordano, J. 158
Giordano, N. 158
Glamser, F. 162, 164
Golan, N. 61, 116, 120
Graebner, W. 16
Grambs, J. D. 241
Gratton, B. 100
Greene, R. 245
Greenough, W. G. 155
Griffin, B. 175
Gross, E. 174

Grunes, J. 175

Hanoch, G. 20, 22
Hardy, M. 93
Harel, Z. 134
Haug, M. 100, 102
Haven, C. 103
Havighurst, R. 54, 55
Hayes, C. 248, 249, 256
Heckert, D. 101
Henretta 86, 92, 94
Henry, W. 52
Holley, W. 160, 162
Holzer, C. 251
Honig 20, 22
Hoopes, R. 156
Hooyman, N. 55, 63, 65
Howard, J. 18, 22
Hoyword, M. 93

Jackson, J. 19
James, R. 124, 132
Johnson 86
Jones, N. 177
Jung, C. G. 123, 148, 151

Kamouri, A. 164
Kasworm, C. 18
Keating, N. 84
Keith, P. 103, 240
Kenyon, G. 64
Kerschner, P. 163
Kilty, K. 20, 25, 42, 83, 86, 100, 160, 176, 180, 184, 226, 243, 244, 246, 247
Kimmel, D. 91, 97
Kingson, E. 246
Kirsch, N. 252
Kiyak, H. 55, 63, 65
Klein, M. 65
Kohout, F. 101
Kutner, G. 52

Langer, S. 52
Lantz, J. 65
Lawton, M. 66
Lazarus, L. 132
Leaf, P. 251
Lee, G. 247
Leibowitz, Z. 177
Levinson, D. 149
Levkoff, S. 83
Levy, S. 103
Lewittes, H. 103
Lichtig, A. 202
Lindemann, E. 60
Lowenthal, M. 103
Lowy, L. 21, 63

Lubben, J. 102, 253

Maddox, G. 56
Mamion, U. 157, 245
Marshall, J. 18, 84
Mayer, M. 252
Merton, R. 84
Miller, M. 132
Miller, S. 252
Minkler, M. 59, 240, 241
Mitchell, O. 94
Monk, A. 245
Moody, H. 63
Morgan, J. 20
Morris. R. 17
Murray, H. 43

Nestel, G. 97
Neugarten, B. 53, 148
Nowak, C. 126

Odell, B. 56
Oniriboga, D. 103
Ozawa, M. 240, 241
O' Rand, A. 86, 92, 94

Palmore, E. 18, 57, 92, 94, 100, 101, 103
Parad, H. 61
Parnes, H. 97
Passuth, P. 23
Paul, C. 20
Pegram, M. 65
Peretti, P. 97
Pfeiffer, E. 21
Phillips, B. 52
Pincus, A. 222
Price, K. 91
Pyron, H. C. 245

Rapaport, L. 60
Rechnitzer, P. 18
Reinharz, S. 64, 65
Reker, G. 24, 64, 123
Richardson, V. 20, 25, 42, 53, 83, 88, 100, 149, 176, 180, 184, 205, 226, 243, 244, 245, 246, 247
Riddick, C. 100
Rife, J. 184, 243, 244, 246
Robinson, P. 20
Rones, P. 178, 202
Rosow, I. 52
Rowles, G. 64, 65
Ruhm, C. 92, 94
Rush, J. 219

Sands, R. 65, 88, 149, 205
Schlossberg, N. 175, 177

Schneider, C. 50
Schultz, J. 18, 20, 53, 86, 92
Seccombe, K. 247
Shapiro, S. 66
Shaw, B. 219
Sheafor, M. 102
Sheldon, A. 245
Shaw, L. 96
Skinner, E. 66
Slaikeu, K. 116, 177
Smith, L. 62
Smith, S. 164
Spar, J. 66
Standing, G. 179, 202
Stanley, E. 120, 253
Stone, R. 59, 240, 241
Strean, H. 52
Streib, G. 50
Szinovacz, M. 94, 96, 240

Teaff, J. 86
Thomas, E. 50
Thompson, L. 220, 221
Thurner, M. 103
Tiberi, D. 163
Togo, A. 52

Vinick, B. 92, 120, 253

Walker, J. 91
Wan, T. 56
Waxman, H. 65
Weisman, M. 251
Wetzel, V. 18, 19
Whitlock, G. 62
Wilson, C. 97
Wilson-Ford, V. 241
Winkleross, H. 245
Wolinsky, M. 209, 224
Wolozin, H. 94
Wong, P. 24, 64, 123
Worden, W. 149, 150, 151, 222

내 용

beta-blockers 215
DSM IV 201

가족상황 182
개인연금제도 16
경제공황기 16
경청 단계 148, 175
고립무원 255
공포장애 200, 231
공포증 213
공한증 252
공황 212
광장공포증 200, 231
꿈에서 깨어나는 기간 22

낙심한 늙은 노동자 20
노동관 57
노출 215
노출기법 232

단절이론 49, 52
대처 전략 215

만료기간 22
문장완성검사 42
물질 남용 210
밀월 기간 22

반감기 215
반향 215
방향의 재설정 22
범불안장애 231
벤조디아제핀 215
부동 단계 176
부분적 은퇴자 20
부정 176
부지런한 체계 21
불안장애 213, 231
비은퇴자인-은퇴자 상태 19
비자발적 은퇴자 186, 192
비판노인학 63, 65, 268, 269, 277

사회보장법령 16
사회보장연금 242
사회적 결속 210
사회적 관계망 210
사회적 지원 210
성격 183, 193
수긍 단계 176
수입 181, 193
쉼과 이완 22
신경증적 우울증 203
실험집단 163
심기증 218
심리치료 232

아노미현상 68
안녕감 198
애도 150
애도 작업 147
애도상담 270
애도치료 253
약물치료 232
역할 206
역할이론 49
연금수입 243
연금재원 244
연방법 243
예상적 사회화 단계 84
위기개입 268, 277
위기이론 49
은퇴 개념 16
은퇴 위기 115
은퇴 일상 기간 22
은퇴 전 기간 22
은퇴상담 268
은퇴연금 239
은퇴하지 않은 은퇴자 유형 19
의무퇴직정책 17
이사 185
인지적 변화 215, 232
인지적 재구조화 215, 232
일상 22

자기 지속성 175, 176
자낵스 215
전기 충격 요법 219
전환기를 거치며 겪는
 여러 단계 176
조울장애 203
주제통각검사 43
지속성 이론 206
지속이론 49, 55
질적 노인학 64, 65

촉진적 경청 125
최소화 176

통합 단계 177
투사적인 방식 43

편집증 219
폐쇄공포증 200

항우울제 219
해석적 위기 개입 121
허니문 단계 82
현상학적인 접근 269
환원주의 64
활동이론 49, 55

저자 소개

Virginia E. Richardson

1980년에 University of Michigan에서 사회심리학과 사회복지학 박사학위를 받았다. Ohio State University 사회복지학과에서 13년간 노인복지상담학 교수를 역임하였다.

은퇴와 은퇴상담에 관하여 여러 책을 저술하였으며, 2006년 『21세기를 위한 노년복지활동』(Columbia University Press)을 발간하였다.

역자 소개

이장호

Univ. of Texas at Austin 교육심리학과 Ph.D.
(상담심리학 전공)
현) 서울대학교 명예교수
서울디지털대학교, 동신대학교 초빙교수
(노인상담, 상담이론 등)
저서: 상담심리학(4판), 노인상담(공저),
상담심리학의 기초(공저) 외 다수

김연진

한국기술교육대학교 대학원 석사
(진로 및 직업상담 전공)
현) 한국기술교육대학교 교양학부 강사

김현주

단국대학교 상담심리학 전공 석사과정
현) 동화출판사 계간 문학의 문학 잡지 팀장

여정숙

University of Maryland 영어교육학 석사
단국대학교 상담심리학 전공 박사과정
상지대학교, 경기대학교 영어영문학과 시간 강사
현) 경기도 청소년지원센터 학교폭력예방교육 강사

오경민

단국대학교 특수교육학과 박사 수료
현) 명지대학교, 원광대학교 출강
개명아동발달지원센터 원장

윤석주

성결대학교 Ph.D. cand.(기독교상담)
단국대학교 상담심리학 전공 박사과정
현) 성결대학교 외래교수
성결대학교 진로상담실 전문상담원

이은경

단국대학교 교육학과 상담심리전공 박사과정
현) 서울 명원초등학교 교사
저서: 상담으로 풀어가는 초등교실 이야기(공저)

이회란

단국대학교 교육학과 상담심리전공 박사과정
현) 나사렛대학교 강사
서울소년분류심사원 인성프로그램 강사
서울소년분류심사원 보호지도위원

정선화

단국대학교 교육학과 상담심리전공 박사과정
현) 성남시청소년지원센터 소장

조성자

단국대학교 상담심리전공 박사과정
서울가족복지상담센터 상담원
현) 신흥대학, 동원대학 출강

은퇴상담

Retirement Counseling

2008년 5월 8일 1판 1쇄 인쇄
2008년 5월 13일 1판 1쇄 발행

지은이 · Virginia E. Richardson
옮긴이 · 이장호 · 김연진 · 김현주 · 여정숙 · 오경민
윤석주 · 이은경 · 이회란 · 정선화 · 조성자

펴낸이 · 김 진 환
펴낸곳 · 학지사
121-837 서울특별시 마포구 서교동 352-29 마인드월드빌딩 5층
대표전화 · 02)326-1500 팩스 02)324-2345
등 록 · 1992년 2월 19일 제2-1329호
http://www.hakjisa.co.kr

ISBN 978-89-5891-684-0 93180

정가 14,000원